基金项目：河南省高校哲学社会科学应用研究重大项目"中国
河南高等教育实践研究"（项目编号：2024-YYZD-07）

现代高等教育理论与发展探索

沈定军　彭　丽　丁童心　著

哈尔滨出版社
HARBIN PUBLISHING HOUSE

图书在版编目（CIP）数据

现代高等教育理论与发展探索 / 沈定军，彭丽，丁童心著. -- 哈尔滨：哈尔滨出版社，2024. 8. -- ISBN 978-7-5484-8110-2

Ⅰ. G640

中国国家版本馆 CIP 数据核字第 202413UH66 号

书　　名：现代高等教育理论与发展探索
XIANDAI GAODENG JIAOYU LILUN YU FAZHAN TANSUO

作　　者：沈定军　彭　丽　丁童心　著
责任编辑：韩伟锋
封面设计：张　华
出版发行：哈尔滨出版社（Harbin Publishing House）
社　　址：哈尔滨市香坊区泰山路 82-9 号　邮编：150090
经　　销：全国新华书店
印　　刷：廊坊市广阳区九洲印刷厂
网　　址：www.hrbcbs.com
E - mail：hrbcbs@yeah.net
编辑版权热线：（0451）87900271　87900272
开　　本：787mm×1092mm　1/16　印张：11.75　字数：260 千字
版　　次：2024 年 8 月第 1 版
印　　次：2024 年 8 月第 1 次印刷
书　　号：ISBN 978-7-5484-8110-2
定　　价：76.00 元

凡购本社图书发现印装错误，请与本社印制部联系调换。
服务热线：（0451）87900279

前 言

当我们踏入 21 世纪的大门，世界正以前所未有的速度发生变革。在这个知识爆炸、信息流通的时代，高等教育作为社会进步的重要推动力，其地位和作用越发凸显。面对日新月异的科技发展和日益复杂的社会需求，现代高等教育理论与实践必须与时俱进，不断探索新的发展模式，以适应时代的挑战。

回顾过去，高等教育经历了从精英教育到大众教育的转变，这一转变不仅极大地拓宽了受教育的范围，也为社会的进步与发展注入了新的活力。然而，随着全球化的深入发展和信息技术的迅猛进步，高等教育面临着诸多新的挑战。正是在这样的背景下，我们编写了这本《现代高等教育理论与发展探索》。本书旨在系统梳理现代高等教育的理论体系，深入探讨高等教育发展的内在规律，以及在全球化和信息化的背景下，高等教育如何适应时代的发展需求，实现自身的创新与变革。

在编写过程中，我们力求做到全面、系统、深入。我们不仅对高等教育的历史演变进行了回顾，也对当前高等教育的热点问题进行了深入探讨。同时，我们还结合国内外高等教育的实践案例，对高等教育的理论与实践进行了对比分析，以期为读者提供更为全面、深入的认识。当然，我们也深知自己的学识有限，本书难免存在不足之处。我们真诚地希望广大读者能够提出宝贵的意见和建议，共同推动现代高等教育理论与实践的深入发展。

目 录

第一章 高等教育概述 … 1
- 第一节 教育及其规律 … 1
- 第二节 高等教育概述 … 6

第二章 高等教育发展 … 12
- 第一节 高等教育发展轨迹 … 12
- 第二节 中国高等教育发展历程 … 16
- 第三节 中国当代高等教育发展面临的主要困难 … 20
- 第四节 中国当代高等教育发展对策 … 29
- 第五节 中国当代高等教育未来发展趋势 … 35

第三章 高等教育创新发展理论 … 41
- 第一节 创新教育与高等教育的质量 … 41
- 第二节 创新型人才培养与大学生综合素质教育 … 45
- 第三节 让大学融入自主创新的大循环 … 48
- 第四节 高校创新教育的问题及策略 … 50

第四章 高等教育与创新素养发展关系 … 61
- 第一节 解读大学教育的理论工具：组织、规训、话语 … 61
- 第二节 大学生活的现实考察 … 77

第五章 高等教育人才培养模式建构 … 83
- 第一节 人才培养模式含义 … 83
- 第二节 高等教育现行人才培养主要模式 … 87

第六章　高等教育学科专业建设改革与人才培养 ……… 96
第一节　人才培养对专业建设的要求 ……… 96
第二节　围绕人才培养优化专业结构 ……… 99

第七章　高等教育师资队伍建设与人才培养 ……… 106
第一节　师资队伍建设与人才培养的关系 ……… 106
第二节　就业导向人才培养模式下师资队伍建设 ……… 111

第八章　高等教育发展创新历史借鉴 ……… 124
第一节　历史的借鉴 ……… 124
第二节　跨学科理论的借鉴 ……… 128
第三节　现实问题的审视与观照 ……… 129

第九章　高等教育创新的实施及过程 ……… 136
第一节　创新过程分析 ……… 136
第二节　创新教育的实施条件 ……… 138
第三节　实施创新教育的常见方法 ……… 144

第十章　高等教育信息素养提升与培养 ……… 159
第一节　信息技术条件支持下的教师专业发展 ……… 159
第二节　教育信息化战略规划人才及其培养 ……… 164
第三节　教师信息素养的结构及其提升措施 ……… 169

参考文献 ……… 178

第一章 高等教育概述

第一节 教育及其规律

一、教育的概念

教育有广义和狭义之分。

（一）广义的教育

广义的教育是指人类有意识地以影响人的身心发展为直接目标的社会活动。它包括家庭教育、社会教育和学校教育。

（二）狭义的教育

狭义的教育是通过专门机构进行的，主要是指学校教育。学校教育具有以下显著的特点：

第一，教育目的明确。
第二，有专门的教育机构。
第三，有专门的教育者。
第四，教育内容经过精心设计。

二、教育的本质

教育的本质，即教育是什么，被普遍视为教育学的第一问题。弄清楚教育的本质，学习者就可据此把非教育、伪教育与教育区别开来，教育实践者也可据此对自己或他人的教育行为进行监控和评价。对于教育到底是什么的问题，教育学界众说纷纭。但从各派的争论中可以得出以下共识：

（一）教育是人类特有的活动

教育是人类特有的活动，可以从以下几方面体现出来（见表1-1）。

表1-1 教育是人类特有的活动

教育是人类特有的活动	具体阐述
人类的教育是有意识的活动	动物和人类都会爱护和照顾后代。然而动物对后代的爱护和照顾只是一种本能需要，人类教育发生的基础却不只是本能的需要，还有人的主体性所意识到的个体需要或社会需要。人类的教育一开始就是建立在主体意识基础之上的，不仅仅为了解决个体生存问题，更重要的是满足改造环境和发展自身的需要
人类的教育是系统传递知识、经验、技能和思想的活动	动物不能把经验概括成知识和技能等系统地传给下一代，而人类则是有语言、有意识的，能够把经验积累起来并将之变成丰富的知识、技能、思想体系等，有效地传给下一代

（二）教育以培养人作为直接目的

教育以培养人作为直接目的，这主要表现在以下几方面（见表1-2）。

表1-2 教育以培养人作为直接目的

教育以培养人作为直接目的	具体阐述
教育的对象是"人"	教育与政治、经济、科学、文化、环境以及日常生活等各方面的联系，都是通过"人"产生和发展的。教育对社会的影响其实就是"人"对社会的影响。因此，人对社会的影响是积极还是消极取决于教育对人的影响是积极还是消极。作为教育者，必须把学生当成一个有血有肉有情感的人来对待，教育才有可能实现培养人的终极目的
教育的过程是影响"人"	在教育这个漫长的过程中，教育者必须针对人的心理和生理特点并遵循科学的方法，付出极大的耐心和爱心，教育才有可能达到培养人的目的。不然，不仅实现不了教育目的，还有可能对人造成不好的影响甚至是创伤
教育的结果是变成"人"	在工厂里，工人生产出实实在在的物品，几乎都是可以看得到、摸得着的，但作为教育对象的人却不一样。从外表来看，他在受教育之前是这个样子，受教育之后，还是这个样子，似乎看不出他有什么变化。而实际上，他的认知、心理有可能已经发生了翻天覆地的改变。教育者对他的所有影响内化为他的内在认知，或者是思想情感，抑或是各个方面的改变和提升。接受教育的人从无知到有知，变成一个既提升了自己又对社会有益的高素质的人

（三）教育过程的根本矛盾是教育目标与受教育者实际发展水平之间的矛盾

教育过程的根本矛盾是教育目标与受教育者实际发展水平之间的矛盾，主要表现在以下几方面（见表1-3）。

表 1-3 教育过程的根本矛盾是教育目标与受教育者实际发展水平之间的矛盾

教育过程的根本矛盾是教育目标与受教育者实际发展水平之间的矛盾	具体阐述
教育目标与受教育者实际发展水平之间的矛盾影响着教育过程中其他要素之间的矛盾	教育过程牵涉多方关系，如受教育者实际水平与教育内容之间的矛盾，教育者的教学能力与教育内容之间的矛盾，社会发展情况与教学手段之间的矛盾等。但这些矛盾归根结底都来自教育过程的根本矛盾，即教育目标要求与受教育者实际发展水平之间的差异所构成的矛盾。只要这个根本矛盾消失了，其他的矛盾也就随之消失
教育目标与受教育者实际发展水平之间的矛盾影响着整个教育过程	教育过程中所采取的一些措施都是为了缩小甚至消除这一矛盾所造成的差距。每当一个阶段的差距消除，这一阶段的教育过程就算完成，教育随之进入了新的阶段，并遇到新的矛盾。教育正是在不断解决这样的矛盾中得到发展。从另外的层面上看，教育目标反映了特定社会的需求，因此这一矛盾实际上是社会发展需求与人的实际发展程度之间的矛盾。教育是解决这一矛盾的最好途径

三、教育的基本规律

教育作为一种社会活动，其过程要遵循一定的规律。教育规律是一切教育工作必须遵循的客观法则，包括教育必须同国民经济和社会发展相适应，教育必须保持内部结构比例的合理，教育必须与受教育者身心发展水平相适应等基本规律。其中最基本的规律有两条：教育与社会发展关系的规律、教育与人的发展关系的规律。教育与社会发展关系的规律又称为教育的外部关系规律，教育与人的发展关系的规律称为教育的内部关系规律。

（一）教育的外部关系规律

教育外部关系规律是指教育活动过程与整个社会及其他子系统的活动过程存在着的相互作用的必然联系。教育外部关系规律可以表述为教育必须与社会发展相适应，这一适应包含两方面的意义。

第一，教育要受一定社会的经济、政治、科技、文化等所制约。

第二，教育要对一定社会的经济、政治、文化的发展起作用，以推动社会的进步。

（二）教育的内部关系规律

教育的基本任务是培养人，培养一代又一代新人，促进人的发展。人的培养是一个复杂的过程。在这个过程中，有很多因素。它们之间存在着必然的联系，对不同层次、不同方面的教育效果起着一定的作用。最基本的关系和功能主要包括以下几个方面：

第一,教育与教育对象身心发展和人格特征的关系。教育过程不仅要受教育对象的身心发展和个性特征的制约,还要引导和促进教育对象的身心发展达到预期的培养目标。

第二,人的全面发展与教育各组成部分之间的关系。在教育过程中,必须促进德、智、体、美、劳全面发展。

第三,教育者、学习者、教育影响力之间的关系。在教育过程中,要充分发挥教师的主导作用、学生的主动性,善于利用教育影响力,取得最佳的教育效果。

教育内部关系的基本规律就是这些关系和功能的总和。这些关系的作用制约着整个教育过程。在教育过程中,我们必须正确处理这些关系,充分发挥它们的作用,才能达到预期的育人目的。

四、教育规律的发展趋势

教育规律是随着社会发展而不断发展的,从教育发展趋势来看出现了如下发展趋势(见图1-1)。

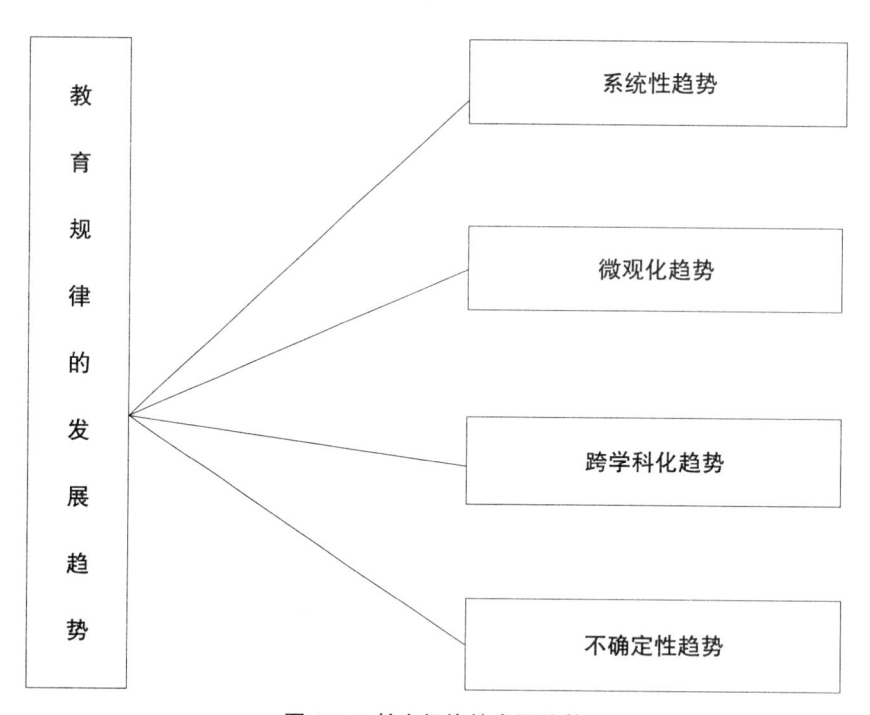

教育规律的发展趋势：
- 系统性趋势
- 微观化趋势
- 跨学科化趋势
- 不确定性趋势

图1-1 教育规律的发展趋势

（一）系统性趋势

随着社会的发展，人们在研究教育规律时逐渐摆脱了以往的随机性，在寻求教育规律的同时关注不同的教育领域，总结出教育与社会生产力、教育与人口、教育与政治经济制度、教育与社会文化之间相互制约的规律。根据这些相互制约关系，考察教育内部要素的相互关系，归纳出教学、学习、班级管理、师生互动等规律。这些规律是教育工作者不得不了解、不得不遵从的规律。也是影响教师能不能当好教师的关键因素。教师对教育的系统性规律掌握得越好，就越能成为好教师。

（二）微观化趋势

当教育方法过于宏观时，就会缺乏可操作性，不能具体指导教育行为。例如，教育与生产力之间的规律过于宏观，无法对人们的教育行为产生较大影响。如果人们在研究教育规律时，更多地关注微观层面的问题，因此便有了一系列的研究，如理解性教学、理解性学习、反思性教学、反思性学习、建构性教学、建构性学习等。甚至出现了更为微观的研究，如备课方法研究、课堂教学过程研究、课堂组织对教学效率的影响研究、教师语言艺术对教学效率的影响研究、教师课堂教学时间对教学效率的影响研究等。这样的研究使得教育越来越微观化。

（三）跨学科化趋势

今天的教育打破了学科界限，追求人的全面发展在如今的教育中体现得更加明显，虽然课程界限分明，但解决问题的思路和方法绝对不是单一的。教育的这种趋势就要求今天的教师必须要有多学科宽领域的知识。

（四）不确定性趋势

随着社会的不断发展，人们的身体、心理、情感和精神发展呈现出新的发展趋势。随着这一变化，教育的发展也不断经历着从不确定性到确定性，再到不确定性的过程。今天的教师在工作中面临诸多不确定性因素，许多教育的突发性事件成为教师最棘手的问题。所以，今天的教师要有应对教育不确定性趋势的心理准备、知识准备和能力准备。以往我们从来没有听说教师行业是个高危行业这个概念，如今这个话题高频率出现在媒体网络和各种社交平台，使教师这个太平的职业变得越来越不太平，这就是教育不确定性趋势的表现。

第二节 高等教育概述

一、我国高等教育的学制

目前，我国高等学校学制，从形式结构上看，主要有普通高等学校、职业大学和成人高等学校三类（见图1-2）。

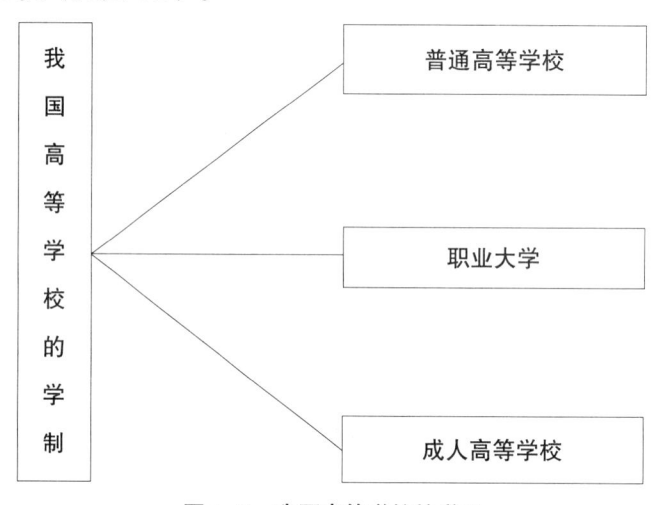

图1-2 我国高等学校的学制

（一）普通高等学校

普通高等学校一般为中央部委或地方办的全日制院校，入学经国家规定的专门考试择优录取，实施学历教育。全日制普通高等学校根据其培养目标及学习年限的不同，分为下列三个层次（见图1-3）。

1. 高等专科学校

高等专科学校招收高中毕业生或具有同等学力的青年，修业年限为2~3年。除学习必要的基础理论外，主要注重实际应用技能的训练，培养中级的技术人员和管理人员。

2. 大学和专门学院

这是我国高等学校系统的基本层次，主要包括部分综合性大学和大量的分别以工、农、林、医、师范、政法、财经、体育、艺术等科目为主的大学或学院，主要学习基础理论和专业知识与技能，培养各类高级专门人才。这类学校招收高中毕业生或具有同等学力的青年，修业年限一般为4年，少数专业为5年。

```
                    ┌─── 高等专科学校 ───┐
普通高等学校的层次 ───┼─── 大学和专门学院 ──┤
                    └─── 研究生院 ───────┘
```

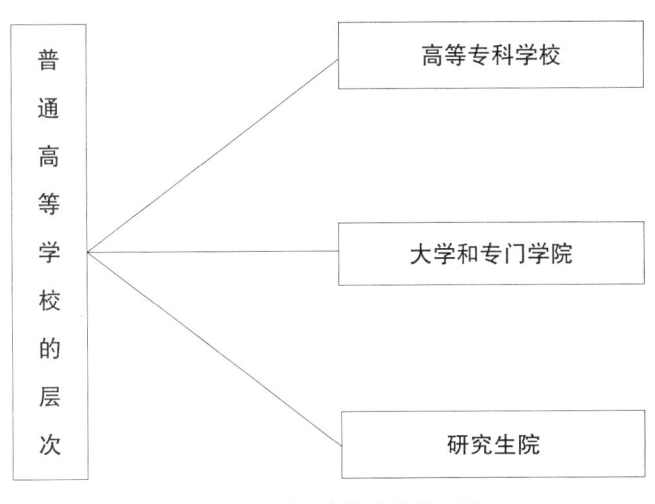

图 1-3　普通高等学校的层次

3. 研究生院

研究生院一般不是教育实体，而是组织和管理研究生教育的单位，设在大学、专门学院或有关科研单位中。目前，我国研究生教育划分为硕士研究生教育和博士研究生教育两个层次，培养目标分别是具有从事本专业实际工作或者科学研究工作能力的高级专业人才和具有独立从事本学科创造性研究工作和实际工作能力的高层次专业人才。通常硕士研究生教育的修业年限为 2～3 年，博士研究生教育的基本修业年限为 3～4 年。

（二）职业大学

职业大学一般是由省、市举办的全日制的、职业性质的短期大学。修业年限一般为 2～3 年，相当于专科学校。职业大学一般是根据本地区的需要而兴办的，学习内容是各种职业所需要的基础理论和实际技能。学生来源为本地区的高中毕业生或具有同等学力的青年。

（三）成人高等学校

成人高等学校属于就业后的继续教育体系，一般为业余学习，也有全日制或半日制的。主要招收在职人员，也有一些学校招收部分社会青年入学。学习年限根据实际情况有较大的伸缩幅度。目前，我国成人高等学校系统在形式上可分为以下几种（见图 1-4）。

成人高等学校的分类
- 广播电视大学
- 职工大学和职工业余大学
- 函授学院和普通高校的函授部
- 教育学院和中学教师进修学院
- 普通高等学校附设的夜大学

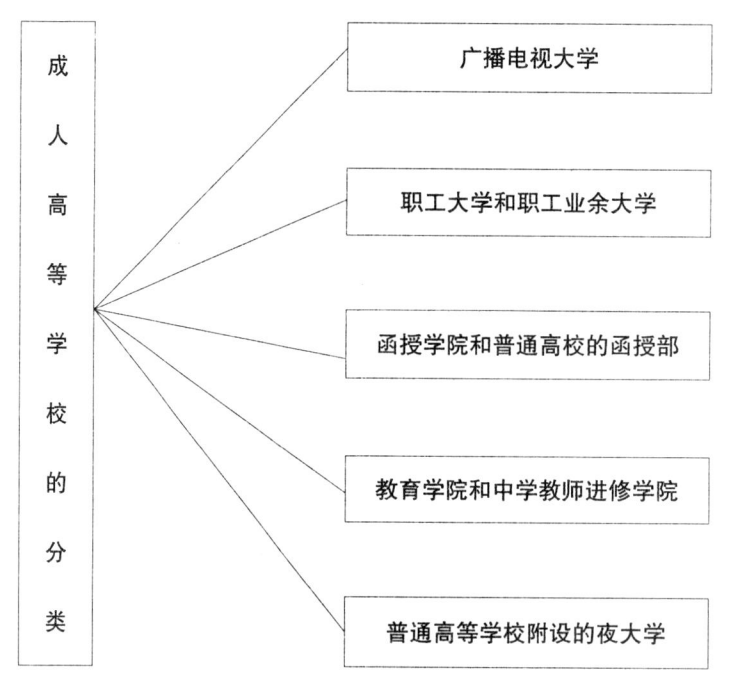

图 1-4　成人高等学校的分类

1. 广播电视大学

广播电视大学是一种新型的开放性大学，它主要利用现代化教学手段实施远距离教育，可以突破空间以及时间的限制，面向全国、全社会，在远距离更大范围内办学，学制灵活。培养规格以全日制普通高等专科毕业生水平为准。主要招生对象为社会上具有高中毕业程度的人员以及应届高中毕业生，通过考试录取。

2. 职工大学和职工业余大学

职工大学和职工业余大学一般按行业或企业兴办，对口学习，易见成效，主要招生对象是社会企事业单位的职工，培养层次大多为专科。学习方式为脱产或业余形式，脱产学习期限一般为 2～3 年，业余学习期限一般为 4～5 年。

3. 函授学院和普通高校的函授部

函授教育是以自学为主、面授辅导为辅的一种远距离教育形式。我国函授教育除独立的函授学院外，大多是普通高等学校所举办的函授部。招收对象一般为具有高中毕业程度和大专文凭的在职职工，通过入学考试择优录取。学习期限：高中毕业起点，本科为 5～6 年，专科为 3～4 年，专科起点升本科一般为 2～3 年。学生毕业后颁发专科学历证书或本科学历证书。

4. 教育学院和中学教师进修学院

教育学院和中学教师进修学院是作为提高中等学校教师和学校行政管理人员水平的教育形式。一般采用脱产学习的方式，补充与提高有关学科知识、教育理论与教学方法以及学校管理的知识与能力。经过规定时间的培训或进修，达到一定要求，颁发结业证书。

5. 普通高等学校附设的夜大学

利用普通高等学校的师资设备，举办成人高等教育，既有利于挖掘潜力，扩大学生数量，也能提升教学质量。此类大学招收对象以专科教育为主，部分为本科。夜大学的学习年限一般为3年。

除了以上由具体机构承担的成人教育以外，我国还建立了高等教育自学考试制度。高等教育自学考试制度是鼓励有志青年自学成才，通过考试为国家选拔人才的新型教育制度。参加自学考试的对象，不受学历、年龄限制。自学考试由省、市、自治区高等教育自学考试委员会组织，按照专业计划，分学科进行考试，累计学分达到毕业标准，颁发毕业证书。

二、高等教育的功能

高等教育的功能如图 1-5 所示。

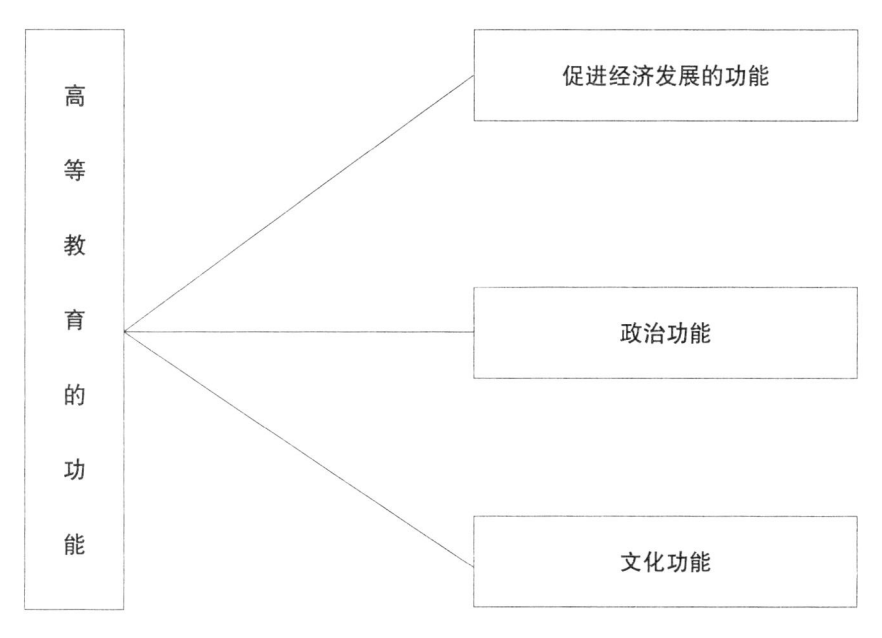

图 1-5　高等教育的功能

（一）促进经济发展的功能

高等教育主要是通过培养高级专门人才来推动经济的发展，其推动作用主要表现在以下几个方面（见表1-4）。

表1-4 高等教育促进经济发展的功能

高等教育促进经济发展的功能	具体阐述
促进经济增长	高等教育促进经济增长主要表现在两方面：一是可以培养经济发展所需要的高级专门人才；二是高等教育可以通过调整和更新教育内容的方式，用最新的科技成果武装高校毕业生的头脑，使之适应产业结构的更新换代
通过生产和再生产科学技术，促进经济的发展	科学技术是教育的重要内容，教育对科学技术的作用，主要体现在两方面：一是再生新的科学技术；二是生产新的科学技术。科学技术的再生产是相对于科学技术的生产而言的。科学技术的生产是直接创造新科学的过程，即科学研究过程；科学技术的再生产则是将科学生产的主要产品经过合理的加工和编排，传授给更多的人，使他们能够充分地掌握前人创造的科学成果，为从事新的科学技术生产打下基础的过程
能够产生一定的经济效益	高等教育对个人收益有很大的贡献，高等教育可以提高受教育者的科学文化技术水平，改善其劳动质量，从而提高受教育者收入。同时，高等教育可以增加受教育者的无形收入。高等教育不仅对个人具有重要的投资价值，对一个国家来说，教育同样具有极其重要的作用。例如，美国经济之所以强盛不衰，其主要动力是来自高水平的人力资源、发达的教育水平和先进的教育科技发展策略等
本身就是一项巨大的产业	教育服务以其特有的独立性，呈现出直接产业性。经过多年的改革开放，我国的综合经济实力有了很大的提高，越来越多的家庭舍得把钱用于改善生活、增进健康和子女的培养上，特别是希望子女得到高层次的教育。同时，向高等教育的扩大，又吸纳了大量的社会劳动力。所以，从这个意义上说，教育服务具有直接产业性

（二）政治功能

高等教育在受到政治制约的同时，也会对政治制度产生一定的作用。具体来说，高等教育的政治功能主要表现在以下几方面（见表1-5）。

表 1-5　高等教育的政治功能

高等教育的政治功能	具体阐述
通过教育,宣传一定的政治观点、理论、方针、路线,在政治斗争中造成舆论	要使政府制定的政治纲领、方针、路线、政策为群众所接受,也必须进行宣传。学校是造成政治舆论的一个重要场所。学校是知识分子与青年聚集的地方,政治敏锐性很强,在高等学校中更是如此。学校的政治局势安定与否会对社会产生一定的反作用,它常常对社会政治舆论起着推波助澜的作用
组织学生直接参加社会政治活动	这样做的目的,一方面,直接促进社会和政治活动的发展;另一方面,使学生在斗争中形成一定的政治观点,积累参与政治活动的经验
培养具有一定政治态度、思想意识的人	高等教育通过培养具有一定政治态度、思想意识的人,在维护和巩固一定的政治制度中发挥积极作用

此外,任何政权,在国家管理上都需要一批专门的人才。为此,需要办一些专门为培养政治干部或者提高干部水平的学校,如我国的党校、行政人员管理学院与培训中心等。这些人员的选拔、培养或提高对国家政治面貌有很大影响。

（三）文化功能

高等学校作为一种文化机构,是通过具体的教育和研究活动来影响和反作用于文化的。概括来说,高等教育的文化功能主要表现在以下几方面（见表1-6）。

表 1-6　高等教育的文化功能

高等教育的文化功能	具体阐述
具有传递、保存文化的功能	高等教育传播文化。它使人们能够快速、经济、有效地拥有人类创造的精神文化财富的精华,并迅速发展成为具有吸收、欣赏和创造文化能力的"文化人"。同时,高等教育将人类精神文化财富内化为个人精神财富。这样,教育也具有保护文化的功能
具有传播、丰富文化的功能	教育作为文化交流的重要手段,具有丰富文化的功能。教育使人们学会更好地沟通,并从人际沟通中受益。文化交流与教育的互补性日益增强
具有选择、提升文化的功能	高等教育对文化的选择,即是为了适应时代发展的要求,对社会文化的糟粕必须摒弃,精华则有待发扬。高等教育可以对文化进行筛选,汲取文化的精华作为教育的内容,并通过一整套价值标准和评价手段进一步保证和强化这种选择的方向性
具有创造、更新文化的功能	高等教育是国际、国内学术交流的主要领域。通过相互交流,高等教育可以发挥其吸收、融合各种文化的功能。高等教育通过对外开放,在国际文化交流的过程中,选择、引进优秀的外来文化,把其积极因素融合到自己民族文化中,从而创造出更符合本国国情的新文化。

第二章 高等教育发展

第一节 高等教育发展轨迹

中国经济与社会改革开放 40 多年,也是中国高等教育学科创建发展的 40 多年。改革开放 40 多年,回顾一个时代的成就,总结一个时代的经验,面对新的时代的机遇与挑战,瞻望新时代的发展前景,具有重要的历史与现实意义。同样,回顾与总结高等教育学科创建以来一个时代的成就与经验,探讨学科发展的规律,为跨进一个新的时代做好准备也很有必要。

中国高等教育研究的开展,同西方一样,都是因应高等教育现代化的需要而产生的。但所走的道路却有所不同:西方只是把高等教育作为一个研究领域来开展研究,在研究过程中,逐渐形成有别于普通教育学的理论体系;而中国的高等教育研究,则是以学科建制为发物,40 多年来,沿着两条并行而有所交叉的轨道前进。

在高等教育学学科建设上,多年来,在两方面进行了研究并取得了一些重要的研究成果。第一个方面是作为本门学科研究对象的高等教育基本概念与基本理论的研究,如对"高等教育"的定义、高等教育的本质与社会功能、高等学校的基本职能等的探讨,以及对高等教育的学术性与职业性、通才教育与专才教育、专业教育与素质教育、高等学校的教学过程与教学原则、知识与能力的关系等的研究。同时,还从高等教育的角度,探讨一些教育的基本理论,如教育价值观、教育的内部关系基本规律和外部关系基本规律。这些基本概念与基本理论的深入研究,为高等教育学科从经验性向理论性发展打好了基础。第二个方面是本门学科的学科体系与方法论的研究,也即元教育科学的研究,包括高等教育学科的性质、研究的范围与重点、高等教育学科体系、建构高等教育学科理论体系的逻辑起点、高等教育学科的价值取向,等等。

在高等教育学学科建设上,有三个研究组织所起的推动作用值得一提。

一是中国高等教育学会所属的高等教育学专业委员会。这个研究会于 1993 年、1994 年和 1995 年连续开过三次年会,都是以高等教育学科建设为主题,广泛交流了高等教育的基本理论与学科建设的观点。1997年召开的第四次年会，进一步探讨了高等教育学理论如何能转化为可操作性的知识与方法，以推动中国高等教育的改革与发展。其后每两年一届的学术年会，从理论层面上探讨中国高等教育改革实践中的热点问题。

二是由华中科技大学、湖南大学、南京航空航天大学共同组织的"大学教育思想研讨会"，每两年开会一次。每次年会主题都是从理论高度探讨中国高等教育在发展的各个阶段所提出的思想认识问题，如市场经济与高等教育的关系、高等教育的文化功能、大学生的素质教育、知识与能力的关系、知识经济与高等教育的关系等基本理论问题。

三是中国高等教育学会。21世纪以来中国高等教育学会组织了各种形式的活动，如组织"20世纪中国高等教育"课题研究，出版了8卷本《20世纪的中国高等教育》；开展高等教育学专业优秀博士学位论文评选工作；组织高等教育国际论坛和高等教育学专业博士生分论坛；组织编撰高等教育学专业研究生教学推荐用书的编写及正在组织的"建设高等教育强国"大型研究课题，等等，对活跃高等教育研究氛围、培育高等教育研究新生力量、丰富高等教育研究成果，都具有重要的积极意义。

高等教育学只是高等教育科学的学科群中一门基本的综合性主干学科。由于高教实践的需要，多年来，中国的高等教育科学已经出现了众多分支学科，形成了一个庞大的学科群。这些分支学科，相对于二级学科的高等教育学来说，可以说是三级甚至四级学科了。中国的高等教育科学所包含的分支学科，大体上可以分为三类：第一类是从高等教育学这门基本学科分化出来的分支学科，如大学德育论、大学教学论（课程论）、大学学习学、中外高等教育史、比较高等教育、高等教育研究方法及各类学科的教学论等。第二类是高等教育学与其他学科结合产生的交叉学科，如高等教育哲学、高等教育经济学、高等教育社会学、高等教育管理、高等教育结构学、大学生心理学、高等教育系统工程等。第三类是应用高等教育学理论，以研究不同类型高等教育所构成的学科，如高等工程教育、高等师范教育、高等医学教育、高等农林教育、高等专科教育、学位与研究生教育、留学生教育、成人高等教育、高等教育自学考试等。当然，以上分类只是相对的划分。上面所列举的各门分支学科，都有系统的专著出版，并且大多已作为课程列入高等教育专业研究生的教学计划。有的分支学科，又进一步分化为若干次一级的分支学科。其中以高等教育管理学发展最快、分支最多，已分出高等教育行政学、高等教育评估学、高等教育管理心理学及高等学校教学管理、高等学校科研管理、高等学校后勤管理、高等学校财务管理等次一级学科或专门研究领域。其发展之快、参加的研究人员之多、研究成果之丰富，是其他学科所不可比拟的。中国高等教育学会所属的高等教育管理专业委员会及各个地区的研究会，也是高教方面最为庞大的组织。同时，高等教育管理这一分支学科，差不多是与高等教育教育学的研究同时起步的。朱九思等主编的《高等学校管理》和王亚朴主编的《高等教育管理》，是最早公开出版的两部专著。其后又有余立与薛天祥主编的《高等教育管理学体系》、刘文修与汪培栋主编的《高等学校管理》、母国光与翁史烈主编的《高等教育管理》等专著数十部。这些专著，或着重研究高等教育管理原理，或着重阐述高等教育宏观管理与微观管理各个部门的工作，各有特点。

另一研究成果最丰富的是高等工程教育研究。工科大学现多改为理工大学或科技大学，在高等教育研究上最为活跃，除出版全国性的《高等工程教育研究》期刊之外，许多工科大学与工业部门出版的高教研究期刊达100多种。特别值得一提的是清华大学、西安交通大学、上海交通大学、东南大学、浙江大学、重庆大学等13所原教育部直属重点工科大学所组成的"协作组"及后来扩大成立的"高等工程教育研究会"，在推动高等工程教育研究、为国家制定工程教育政策提供意见等方面，起了重要的作用。

其他比较活跃、研究成果丰富的分支学科或研究领域，还有大学德育论、大学学习学、比较高等教育、大学生心理学、学位与研究生教育、成人高等教育、高等职业技术教育、高等教育自学考试等。至于高等教育史、高等教育经济学、高等教育结构学、大学课程论（教学论）等分支学科，虽然研究成果相对较少，但都有一些富有学术价值与实用价值的专著。上述各分支学科的发展，形成了以高等教育学为主干的高等教育科学庞大的学科群。

高等教育学科在中国的发展，是与中国高等教育的改革与发展的实践紧密结合、同步进行的。上述学科建设，本来就是在高等教育改革与发展的实践推动下进行的。但学科有其自身的逻辑体系，而实践提出的问题则往往是综合的。因此，更多的研究工作是围绕高等教育改革与发展中不断提出的实际问题进行的，以提供决策咨询或指导实际工作。高等教育在改革与发展实践中所提出的问题，涉及方方面面，难以列举。这里仅就人们关注较多的几个问题的研究做一简略综述。

有关高等教育思想观念的研究对推动高等教育改革与发展发挥了积极的作用。40多年来，中国高等教育理论界围绕高等教育培养目标，讨论了教育观、人才观、教学观、质量观，以及传统教育思想与现代化的关系等众多实践中的问题。讨论的实质集中于教育的价值观上，形成了21世纪适应新时代的许多新理念。

关于高等教育同社会发展关系的讨论对于解放思想、深化改革、扩大开放发挥了重要的促进作用。教育同社会的经济、政治、文化之间，存在内在的必然联系和本质之间的关系，这就是教育的外部关系规律。这条规律的作用，在高等教育领域特别明显与重要。因为高等教育所培养的是专门人才，他们将直接进入社会各个部门就业。

社会的任何变革都会直接、迅速地影响高等教育。中国的社会主义现代化建设，是以经济为中心，从计划经济向市场经济转变。在经济全球化的时代，信息技术和高新科技在社会生产和生活中发挥的作用越来越大。因此，高等教育与商品经济、市场经济、知识经济的关系，以及发展大众高等教育等方面的问题，就成为不同时期的热门研究课题，有关研究成果有形无形地影响着高等教育的发展与进步。

高等教育宏观结构调整与体制改革一直是中国高等教育改革的重点。高等教育的宏观结构，包括科类结构、层次结构、布局结构、管理结构等。郝克明与汪永铨主编的《中国高等教育结构研究》[①]一书，对中国高等教育所进行的宏观结构调整，进行了全面系统的论述和国际比较研究。更多的文章，集中于科类与层次结构调整高等教育机构的分类与定位的研究上。至于体制改革，研究的重点有招生与就业体制，着重于探索高考制度改革与就业指导问题；投资体制研究如何以政府投入为主，多渠道筹集办学资金的模式；管理体制着重研究如何加强地方与高校的办学自主权，改变单一的行政管理方式为行政、立法、经济、评估的多元管理方式，加强管理的科学化与民主化；民办高等教育早期着重于研究民办高等教育在中国发展的可能性与必然性、如何立法以保障民办高等学校的办学自主权及其健康发展，其后则着重于研究如何提高办学水平、规范办学行为，以及学校法人产权与投资回报等。还有关于教学、科研、生产一体化问题，一直为高等教育理论界所关注，高等教育研究者借鉴国外的"合作教育"模式与经验，对一体化的理论、机制进行了持续不断的研究与试验。值得特别提出的是，中国高等教育改革的研究，近年来已从静态结构、体制改革研究进入动态的运行机制的研究，即把高等教育作为一个社会有机系统，将其放在相关社会结构中，探讨社会诸因素在高等教育运行过程中的连接关系及其运转方式，使体制改革具有切实的可操作性。

另一个受到人们较多关注并在高等教育应用研究中发挥重要影响的是院校研究。进入 21 世纪之前，遍布全国的数以百计的高等教育研究所（室）根据各高校改革与发展需要，针对本校存在问题进行研究，为学校领导决策提供参考意见。这一时期，院校研究处于各高校自发状态，零星可见一些介绍美国院校研究的情况和有关院校研究理论与方法的文章。进入 21 世纪后，院校研究呈现出很好的发展势头，中国高等教育学会成立了院校研究分会，每两年召开一届学术年会，同时举办院校研究国际讲习班，在研究理论、交流经验的同时，培训院校专业研究人员。一批专业研究人员针对现实需要，开展院校研究理论与方法研究，发表了不少研究论文，出版了一批院校研究专著，包括翻译出版美国院校研究理论著作，推动了院校研究水平的提高，使院校研究在高校改革与发展中发挥更大的作用。

总之，中国的高等教育研究，在解决中国高等教育改革的实践问题、为国家高等

---

① 郝克明，汪永铨. 中国高等教育结构研究 [M]. 北京：人民教育出版社，1987.

教育决策提供意见、推进中国高等教育事业的发展上做了大量富有成效的研究工作。

学科建设与问题研究两条轨道相辅相成：学科建设为问题研究提供理论基础，问题研究为学科建设扩大视野不断注入新的实践源泉。因而，40多年来，中国的高等教育研究从兴起到发展，取得了丰硕的成果，主要表现为：建立了以高等教育学为主干的高等教育科学学科群，成立了遍及全国的高等教育研究机构，培养了一大批专业人才，高等教育研究刊物大量涌现，刊发了数以万计的高等教育研究论文，出版了数以百计的专著和教材，并根据中国高等教育改革与发展的实际需要，承担并完成了一大批重大攻关项目，为推进中国高等教育事业的发展，做了大量的富有成效的理论与政策的研究工作。总之，中国的高等教育研究已成为社会科学领域最具活力的领域之一，已经形成了一个规模宏大、成果丰富、人气旺盛的新兴学科领域。其所研究的问题，遍及高等教育理论与实践的方方面面，吸引了众多有关学科的学者和高等教育实际工作者参加，也吸引了大批青年学生攻读高等教育硕士、博士学位，形成了一支庞大的研究队伍。尤其重要的是一批高等教育学的中青年学者，已经和正在茁壮成长，成为学科领域的骨干力量，活跃于高等教育理论前沿，为中国高等教育的学科建设和问题研究及培养人才作出了重大贡献。

中国高等教育学中青年学者的共同特点是：都是在40多年来先后进入这一学科领域，对发展中国的高等教育理论都有坚实的基础、突出的贡献和坚定的信心。而其不同的特点则是各有自己的研究重点与成就：有的着重于学科基本理论或分支学科的研究；有的着重于宏观的高等教育理念、结构、体制、管理、评估的研究；有的专心于微观的课程、教学、德育、大学生学习、大学生心理素质的研究；有的长于高等教育发展史或国际与比较高等教育研究。他们的研究成果丰富，有很多创新观点。其中有许多学者已经崭露头角，在国内高教理论界享有盛名，成为相关研究领域的学术带头人、博士生导师。他们亟须一个交流学术观点、展示研究成果的平台。

第二节 中国高等教育发展历程

中华人民共和国成立后，作为现代民族国家建构的重要组成部分，我国逐步完成了对旧高等教育机构的收编与改造，为中华人民共和国的高等教育发展奠定基础。改革开放后，我国当代高等教育在经历了艰难的奠基期、坎坷的挫折期后，迎来了振奋的恢复期，并以惊人的速度迈入大发展时期。

一、奠定基础期（1949—1965）

1949年12月，全国第一次教育工作会议在北京召开，此次会议，可视为中华人民共和国教育的开端。其后，国务院、教育部先后颁布或印发一系列规程、条例，发布教育工作指示，对我国高等教育机构的办学宗旨、任务、教学组织、课程、办学规模、专业设置等做出规定，对我国高等教育管理体制进行积极探索，取得了奠基性成就。

（一）接收改造旧高校

中华人民共和国成立之初，我国政府逐步对国民党政府遗留下来的中央大学、交通大学、同济大学、复旦大学等一百余所旧高校进行初步改造，废除国民党党义与训导制；接收由国外教会资助的辅仁大学、燕京大学、津沽大学、协和医学院、金陵大学、华中大学、东吴大学、震旦大学等高等教育机构，收回教育主权；分期分批接办中法大学、广州大学、光华大学、大夏大学等50余所私立高等学校；在接收改造旧高校的同时，创办了中国人民大学、哈尔滨工业大学等新型高等教育机构。

（二）进行初次院系调整

为推进中国社会经济建设，提高人才培养质量，1952年，教育部根据中央精神与百废待兴的社会需求，通过借鉴苏联的办学经验，对全国高校院系、学科进行调整。调整的核心是突出理工学科，强化应用学科，如新增设钢铁、地质、矿业、航空、水利等专业或专门学院。虽然上世纪50年代的院系调整拆解了一些具有很好发展基础、发展前景的综合性大学，在一定程度上影响了这些大学的可持续发展。但此次院系调整，适应了中华人民共和国成立初期紧迫的社会需求，促进了国家经济建设。

（三）探索宏观管理模式

1953年10月，政务院公布《关于修订高等学校领导关系的决定》，提出要"有步骤地对全国高等学校实现统一与集中管理"。高等教育部统一颁发全国高等学校的建设计划、财务计划、财务制度、人事制度、教学计划、教学大纲、生产实习规程以及其他重要法规、指示或命令。1958年4月，中共中央发出《关于高等学校和中等技术学校下放问题的意见》，其中规定：除少数综合大学、某些专业学院和某些中等技术学校外，其他高校和中等技术学校可以下放。在高等学校的教学中，不再执行统一教学计划、教学大纲和统编教材。高校教师亦由地方管理。此后，根据社会需求与高等教育自身发展状况，我国高等教育经历了数次收放调整。可以说，大部分调整是可行的，对稳定发展高等教育产生了积极影响。

（四）扩大高等教育规模

在改造旧大学、完成高等学校院系调整的基础上，1958年9月，国务院发布《关于教育工作的指示》，其中指出："争取在15年左右的时间内，基本上做到使全国青年和成年，凡是有条件和自愿的，都可以受到高等教育。"由于这一目标的提出，是年，全国高等学校由1957年的229所猛增至791所；在校生由1957年的441181人增至659627人。这一期，高等教育发展虽带有跃进倾向，但仍为中华人民共和国的高等教育事业发展奠定了基础。

二、挫折困顿期（1966—1976）

1971年，国务院决定对全国高等学校进行合并调整，一批院校或停办或被合并，高等教育规模急速减缩，全国高等学校由1965年的434所，减至1971年的328所，从1966年起，全国高校停止按计划招生达六年之久，停止招收研究生达12年之久。1970年，高校虽然恢复招生，但"群众推荐"的选才方式严重影响了生源质量。故有人认为：这10年中我国至少少培养了200万大学生、200万中专生和10万研究生，与世界先进国家拉大了差距。

三、恢复振兴期（1977—1998）

1977年8月，邓小平在全国科学与教育工作座谈会上提出改革招生制度的重要建议，10月，国务院批转了教育部《关于一九七七年高等学校招生工作的意见》，恢复全国统一招生考试。改革开放后，在党中央的高度重视下，我国高等教育秩序迅速恢复，并获得快速发展。1978年上半年，中央在北京分别召开全国科学大会与全国教育工作会议，会上提出要大力发展教育事业，数次强调要尊重教师劳动，提高教育教学质量。1978年8月，教育部在河北涿县召开部属高校座谈会，广泛讨论如何加速高等教育发展、扩大高等教育规模以促进社会经济建设等问题。是年年底，国务院批准恢复和增设169所普通高等学校，中国高等教育振兴时期的大幕徐徐拉开。此间，国家召开三次全国高等教育工作会议，反复强调深化改革、加速发展、提高质量、提高效益等问题。

（一）加强研究生教育

1983年后，教育部将研究生培养作为高校管理的工作重点，以确保高等教育为社会输送高层人才。1984年7—12月，教育部、国务院学位委员会等部门连续发出关于研究生培养与学位授予问题的一系列"通知"，对研究生教育的层次、类型、学习年限等方面做出规定。与此同时，国内著名大学先后成立研究生院，加强研究生培养。

（二）重视高等教育质量

一方面，国家通过挖掘高校内部潜力积极扩大高等教育规模，为社会发展提供丰厚的人力资本；另一方面，特别重视高等教育质量，加强一流大学建设。早在1990年6月，中华人民共和国国家教育委员会在讨论、制定教育事业十年规划和"八五"计划时，即提出在未来10～15年内，国家要有计划、有重点地投资建设若干所重点大学，即后来的"211工程"。1993年2月，中共中央、国务院印发了具有里程碑意义的《中国教育改革和发展纲要》及其实施意见，指出：为迎接世界新技术革命的挑战，要集中中央、地方以及其他各方力量，分期分批地重点建设100所左右的高等学校，在部分高校选择一些将会对国家经济、科技、国防、社会发展等领域产生重大影响的研究领域作为重点研究基地，以提高我国高校的学术影响力，进而提高高等教育质量。

（三）深化高等教育体制改革

《中国教育改革和发展纲要》不仅提出要重视高等教育质量，而且针对新时期我国高等教育发展与面临的形势、任务等，提出我国高等教育发展的战略目标、战略方针和具体改革思路，强调在经济体制改革的总体背景下，积极推进高等教育体制改革。在此期间，逐渐理顺了宏观管理中的"条块分割"，完成了高等教育招生收费双轨与并轨工作，这在一定程度上缓解了国家经费投入不足的问题。

（四）推行新一轮次的院校合并

20世纪90年代以来，在政府的直接组织与促动下，我国通过强强或强弱等不同的合并方式，在全国范围内组建了一批新的较大规模的"综合性大学"，其主要目的是通过合并重组形成一定的规模效应，进而向世界一流大学发起冲击。当然，无论是强强合并抑或强弱合并，其在合并之初，均产生了较大的震动，大学在获得发展的同时亦为此付出了极大的磨合代价。

四、快速发展期（1999年至今）

1999年1月，国务院批转教育部《面向21世纪教育振兴行动计划》，该计划一方面提出"积极稳步发展高等教育"，在提高规模效益的同时，不断提高教育教学质量。另一方面，要全面振兴教育事业，使高等教育规模实现较快增长。据教育部公布的《2022年全国教育事业发展统计公报》显示：截至2022年，全国共有各级各类学校51.85万所，各级各类学历教育在校生2.93亿人，专任教师1880.36万人。全国共有高等学校

3013 所。其中，普通本科学校 1239 所（含独立学院 164 所），比上年增加 1 所；本科层次职业学校 32 所；高职（专科）学校 1489 所，比上年增加 3 所；成人高等学校 253 所，比上年减少 3 所。另有培养研究生的科研机构 234 所。各种形式的高等教育在学总规模 4655 万人，比上年增加 225 万人。高等教育毛入学率 59.6%，比上年提高 1.8 个百分点。普通本科学校校均规模 16793 人，本科层次职业学校校均规模 19487 人，高职（专科）学校校均规模 10168 人。

大发展时期，我国在积极扩大高等教育规模的同时，中央政府对高等教育改革与发展做出重大调整，一手促规模，一手抓质量。早在 1998 年北京大学百年校庆典礼上，中央即提出"为实现现代化，我国要有若干所具有世界先进水平的一流大学"的主张。1999 年，教育部批准北京大学、清华大学等 7 所大学为"985 工程"重点建设大学。此后，南开大学、天津大学、吉林大学、山东大学等 30 余所大学相继成为"985"大学。

目前，上述大学在国家财政的大力支持下，通过积极开展学科建设、汇聚培养国内外优秀人才、加强科学研究、扩大对外学术交流、探索新型管理模式等途径，已呈现良好的发展势头，在国际上产生了一定的影响。

第三节 中国当代高等教育发展面临的主要困难

一、我国目前高等教育现状分析

随着经济的飞速发展，国际的竞争越来越激烈，越来越多的国家想在世界的大舞台上立足，科技的竞争和人才的培养日益重要，越来越多的国家认识到教育的重要性，我国亦不例外。自 20 世纪 90 年代以来，我国高等教育无论在办学规模、办学质量、办学理念、办学方式，还是在师资水平、学生人数、高教投资、管理监控上都得到较快的发展，但仍低于发展中国家的平均水平，远远未能超前于社会发展和经济发展。改革开放以来，我国经济保持了平均 8% 的较快增长率，富裕起来的中国人，在经济上具备了"接收更好更高教育"的经济能力，并且在心理上也产生了对高等教育的更迫切的需求。然而，现有的高等教育的供给无论在数量上还是在质量上都显得严重不足。当今我国高等教育面临的诸多问题，如果不加以探讨并尽可能提出相应的对策，对于实现我国高等教育发展新阶段的目标极为不利。

二、当代中国高等教育面临的问题

1. 当代中国高等教育结构与体制存在的问题

从20世纪90年代后期开始，我国高等教育发展进入了"快车道"，这一时期，我国的高等教育招生规模和增长速度均为中华人民共和国成立以来之最，这在世界教育史上也是空前的。如此迅速的高等教育规模扩大在反映中国的经济和社会发展对高等教育巨大需求的同时，其扩张的跳跃性与结构之间不相适应的矛盾也日益凸现出来，突出表现为以下方面：

①高校办学目标不明确。我国高校在办学层次、办学方向、办学模式等方面尚未完全适应从"精英"教育到"大众"教育的转换，导致了高校目标定位不明确、专业设置不规范等特点。高校类型的分类在认识上不明确（研究型和职业型）；高等院校过分求大求全；高校办学质量评价标准偏颇；高校面向社会的观念缺失等。

②高等教育层次结构失衡。发达国家经济发展表明，金字塔型的人才结构更能促进经济腾飞。为此，西方许多国家建立了由大学、短期大学、社区学院、初级学院构成的结构合理的高等教育结构体系。然而，我国高等教育的层次结构却严重失衡。我国普通高校专科、本科和研究生教育三个层次的学校数与在校学生数，呈两头小、中间大的"腰鼓型"结构。

③高等院校管理体制不合理。政府管理职能尚未完全放开以适应市场经济的需求，实现"逐步建立政府宏观管理、学校面向社会自主办学的体制"[①]的目标。高校之间的竞争并非来自各高校事实上存在的差异性，而是集中体现在政府分配给各院校的职能、权利及资源基础上。同时，政府控制着高校的自主权，如高校招生计划、调入职工、专业调整的审批、职称职数的控制等，导致高校自治权的丧失。

④高等教育区域布局及城乡结构失调。我国高等教育区域布局存在严重的地区及城乡差异。一方面，大部分高等院校分布在东部经济发达地区，而占国土面积2/3的广大西部地区只拥有19.5%的普通高校。这一布局严重制约了西部地区的经济发展和社会进步，使东西部之间的差距进一步拉大。另一方面，我国高等教育布局基本上是以城市为中心，高校办在中心城市以上大中城市里，高等教育城乡呈两极化。

2. 我国高等教育质量的困境

（1）高等教育机构质量准备是否到位

中国高等教育办学规模的迅速扩大和毛入学率的大幅提升，人们有目共睹。但是，高等教育机构在大众化号召中一哄而上及其后续表现却并不尽如人意。

①高等教育在跨越式发展的过程中，部分高等教育机构的思想准备尚不充分。无

---

① 黄霖. 远程教育管理概论[M]. 成都：天地出版社，2008.

论是高等教育管理机构还是教育实施机构，或者是教育需求机构，面对扩招缺乏足够的思想准备，面对大量涌进校园的学生，传统的精英教育理念及管理模式是否能维系大量学生拥入后的大规模教育，以及如何对其进行合理、有效的培养、管理和教育等，对于这些问题普遍缺乏足够的思考。这是导致人们对高校的管理能力及教育水平产生怀疑的原因之一。

②高校办学力量准备不足。大量学生入学需要教师、校舍、教学设施、图书资料、馆舍场地及其他必需的活动空间，但现有的教学资源有限，是高等教育质量受到质疑的又一原因。

③在新的情境下，高等教育在注重学生人文素质的熏陶和生存技能训练两方面都显得力不从心。大量毕业生面临的就业压力迫使高等教育机构改变以往的"严谨"转而为"功利主义"大开方便之门。毕竟，一方面，社会需求是一个未知数，几年后大量的毕业生就业问题是又一个现实而严峻的问题，而技能训练的非专业性和盲目性（表现为对热门专业的一哄而上和对冷僻专业的无人问津），使得毕业生很难或无法胜任其应会的工作。另一方面，高等教育机构费尽力气为学生就业拓展空间，但很少从这种艰难中意识到自己在人才培养的规格、技能等质量问题上所存在的不足。此外，人文素养的熏陶由于受就业压力的驱使而很难到位。同时，部分高等教育机构的管理制度支撑乏力。

（2）高等教育质量是否滑坡

最近几年，中国高等教育进入大众化阶段，但是中国社会对高等教育质量的定性也倾向于两种极端，一是认为随着高等教育扩招，质量随之下降。二是认为即便扩招，质量也并未降低。前者，是社会对当前高等教育质量的普遍质疑，将扩招视作质量下滑的罪魁祸首；后者，则大多是高等教育机构的自我辩护。随着高等教育办学模式的多样化，其质量标准也应当是多样化的。细细思量这两种声音，我们不难看出，在判断质量方面，扩招被从普遍意义上作为一种界点（分水岭）。那么，高等教育规模扩大了，质量究竟是否下降，抑或，对质量的判断是停留在并未降低的层面还是应该有更高的追求，多样化的质量标准应该如何把握，大众化的质量又如何来保证，等等，所有这些都给高等教育领域带来了一系列值得深思的问题。另外，在大众化进程中，精英教育质量是否受到了冲击，如何处理精英教育的既定理想与大众化高等教育的严峻现实之间的观念冲突。

（3）究竟什么是高等教育质量

长期以来，高等教育质量研究苦于没有自己的理论原点，故在其研究领域也大多亦步亦趋。什么是高等教育质量？对照当前在我国高校及社会中司空见惯的各种现象，我们很容易产生这样的疑问：成绩是质量、证书是质量、学位是质量，还是考试本身就是质量？到底什么是高等教育质量？这是一个非常复杂的问题。它的复杂性之一在于其概念界定的差异性及多样化；其复杂性之二，即基于差异性及多样化基础上的高等教育质量评判的模糊性及非满意性。因其复杂所致的认识的不尽相同，是当前高等教育的质量困境之一。

（4）当前我们需要什么样的高等教育质量

高等教育质量是否意味着对消费者需求的满足，抑或由于主体的多元化及需求的多样性而衍化为无所不包、无所不能的东西。那么，什么样的大学才是人民满意的大学呢，亦即大学应具备哪些特征才能令人民满意呢？这其实就涉及高等教育的价值判断问题，归根结底也可视为高等教育质量及质量观的集中反映。如果我们将质量视为物体对人们的需求的满足程度，高等教育质量应尽可能地考虑到高校所为之服务的对象（社会及受教育者）的真正需求何在，真正地体现以服务对象为中心。那么，高等教育服务对象的真正需求是什么呢？难道大学应该满足世俗的需求而日益脱离其本应恪守的"高深学问"的道德底线，抑或日益成为社会的附庸？问题当然并非非此即彼的两个极端，那么能否在两者之间寻求一个最佳结合点，既使高等教育能保持其"最后的学术及道德尊严"，又满足社会及教育消费者的现实需要？所有这些疑问也是中国高等教育转型时期质量判断所不容回避的问题及所面临的困境之一。

（5）高等教育质量评判可否等量代换

在区分高校办学质量的过程中，因为质量是非直观的，于是派生出了一系列较为直观的量的符号（诸如高校的招生分数线、毕业生就业率、教师科研经费、论文数量、职称级别等）来衡量高校的办学质量。这里，量的符号代替甚至行使了质的"本能"，人们很容易将北京大学、清华大学等一流高校与国内其他普通高校区分开来，但对于后者的进一步甄别却往往力不从心。这恰是因为非等量代换或不等价替代干扰和混淆了我们的视听。显然，当一所高校在质量的上述符号因素（声誉、论文数量、科研成果、招生分数线、就业率等）明显处于劣势（或并不突出）的情况下，一种极有可能发生的现象就是以校园环境、学校占地面积、图书资料拥有量甚至生活舒适度等指标取而代之（我们姑且称之为"非同一性的等量代换"）。于是，在后述指标的参与下，也会产生相对令人满意或次优质的高校评价结果，社会也会因此而比较认可。而在质量评判中非同一性的等量代换或同一性的非等量代换都可能误导民众的教育消费，进而给高等教育质量的持续发展带来损失。

3. 我国高等教育评价存在的主要问题

（1）评价指标的凝固性

我国高等教育评价往往是用严谨的公式化表述评价指标，很少考虑评价指标的合理性。这自然暗含着预定指标是绝对无误的，无须再科学论证。评价指标一旦被确定，就构成了一种在教育与评价过程中起决定作用的计划,高等教育的功效在于向既定指标运动,最终完全切合指标的要求。评价指标的这种凝固性,难以追随社会需要的变化,实现时空上的超越。它直接导致的弊端是:其一,行为目标的局限性。事先确定过于零碎的评价指标不符合教育教学的规律,教育活动被评价指标所束缚,无法施展个性,僵化了生动复杂的教育教学过程,忽视了教育教学内容的多样性及方法的艺术性。其二,由于高等教育评价的对象大多是抽象的工作状态或人的发展水平,其中包含着难以直接感知的内容,所以高等教育产生的效果往往不全是评价指标所能预料和覆盖的,这必然导致高等教育的内涵及产生的某些效果不全在评价之列。但我国的高等教育评价片面追求评价体系的可测性,过分注重对指标的定量分析,为了追求数量化信息,就直接地把各种状态赋值,进行"二次量化"。这带来了两个问题,一是过分强调指标体系的可测,忽视或放弃了许多抽象层次高、找不到典型价值事实或无法用具体行为涵盖的评价对象,而这些方面恰恰是比较具有原则、具有指导意义的,忽视它们,在实践中就会产生只顾具体行为指标,而忽视内在素质和整体水平的提高。二是各个指标的价值标准和程度范围的不同造成分数之间的不等距性;评价者的水平差异和标准不一,也造成分数之间的不等价性。这些均会导致教育评价结果失真。

(2)评价主体的单一性

我国高等教育评价是以行政管理为目的的,客观上妨碍了其他价值主体的参与。尽管我国高等教育评价的组织形式在一定程度上采用了"官民结合"的做法,但评价主体实质上就是教育行政部门,由于受其地位、权威的影响,评价人员的主体性难以发挥。这种单一的评价主体在评价目的上往往是为满足评价者对被评者的鉴定排序而开展评价工作,而不是为了教育增值的目的。另外,社会评价一般是指用人单位和学生个人的评价,由教育行政部门所进行的高等教育办学效益和人才质量评价,往往忽视了社会对人才质量检验的权威作用。

(3)评价模式的封闭性

我国高等教育评价模式的基本思路是:根据评价对象确定评价目标,进行指标分解,界定具体行为并规定分等标准—分配权重或赋以分值—用评价标准对被评者做出判断—加权求和得出评价结果。评价方案本身不涉及价值取向,也不管被评者的价值取向如何,把被评者的行为限定在既定的指标体系所规定的范围内并加以强化,并且内容的表述上似乎只局限于指标量化形式,难以发挥教育评价的诊断功能和激励功能。具体体现在:

①价值标准固定化和行为化,难以反映评价对象的全面价值。按"指标—量化"模式进行评价,只能对尚未达到基本标准的教育活动起导向、激励和评鉴作用,而对那些基本达到评价方案所规定的价值标准的评价对象,则很难反映其真正的全面价值和特色。

②评价方案程序化，难以反映评价对象的个性。评价的对象是多种多样的，因而高等教育评价也是一项个性化很强的实践活动。我国高等教育评价在实际评价过程中，往往把一种模式简单地照搬到各个领域的各种对象上，不管它们是否具有统一的价值标准，也不管是否达到基本要求，一律按一种思路研制评价方案，这样就造成了评价目的模糊、评价思路僵化、评价结果不敏感等弊端。

③强调评价的客观化，评价对象难以真正参与。教育是一种复杂的社会现象，由于大量的人为因素的存在，任何教育活动都无法用固定的模式去评价与控制。然而，"指标—量化"模式强调精确，要求评价者与被评者保持一定的距离以确保评价的客观。再者，我国的高等教育评价一般是自上而下进行的，体现了上级对下级的检查与督导，因而评价者很难真正站在被评者的立场上，深入到被评者之中，搜集大量的第一手感性资料。正因为如此，这种高等教育评价很难得到评价对象的真正拥护与参与。

④刻意追求量化测定，评价信息难以有效地反映评价对象的本质特征。例如，某高等学校教学工作评价指标中有一个二级指标"师资队伍"，而且是作为"教学条件"这个一级指标的具体化列出的。其评价指标的"A级标准"是这样制定的：主讲教师中高级职称占比例≥50%；高级职称中任课教师的比例≥50%；主要基础课及技术基础课教师参加科研所占比例≥40%；主讲教师中青年教师所占比例≥30%；青年教师中任课教师（不含指导毕业设计）的比例≥50%。就这一标准本身而言，除某些资料还有待推敲外，无疑是有道理的，但似乎并没有抓住问题的本质。师资队伍的强弱、整体素质的好坏，根本因素在于聘什么人做教师。刻意追求指标的量化测定似乎很科学，实际上这是一种误解。教育评价是否科学并不在于所提供的信息是定性还是定量的，而在于信息是否准确地反映了事物的本质特征。

（4）价值取向的收敛性

我国高等教育评价的组织者在制定评价方案时，往往以教育行政管理文件为依据，按自身的教育价值观及其价值取向设置评估标准，不考虑多重主体的价值取向，以致高等教育评价隶属为教育行政管理的工具。这样，高等教育评价实际上只能评价教育活动有关部分及其狭窄的领域，而且在许多情况下这种评价结果被视为高等学校整体水平的代表。因此，越来越多的学校为了得到能在外观上反映出来的更为理想的评价结果，甚至不惜牺牲有助于学校和学生发展的活动，而只将教学与学习限制在狭小范围之内。

4. 高等教育的公平与效率问题

效率与公平问题正在吸引大众的眼球。如果处理不好这个问题，必然会给高等教育的发展带来空前的挑战。此外，目前对公平与效率谁是主导地位还没有一个确定的结论，这也将影响高等教育的平衡发展。

（1）高等教育公平的内涵与现状

我国在19世纪末期才出现具有现代意义的高等教育，在这一百多年中取得了快速的发展。尤其是1978年改革开放以后，随着社会的进步及经济发展，我国高等教育步入前所未有的发展轨道，取得了长远的进步。进入21世纪后，我国高等教育则实现了重要的转变：由"精英化"阶段向"大众化"阶段转变。在巨大的成就面前，我们也不能忽视我国高等教育存在的问题。

①高等教育公平的内涵

所谓公平是指公正和平等，指以一定的价值规范对人们的权利或财产在性质上和数量上平等状况的推断。高等教育公平一般包括高等教育权利平等和高等教育机会均等两个基本点，还可以进一步区分为进入机会公平、过程公平、结果公平、拥有或享受质量的公平、选择公平等。

首先，高等教育机会均等。瑞典教育家T．胡森认为，就个体而言，"平等"有三种含义：第一，起点平等。这是指每个人都有接受教育和学习生活的机会。第二，过程平等。即在教育过程中个体受到平等的对待。第三，结构均等。[①] 这种均等指向最终的学习结果和目标，即学生获得学业成功的机会均等。教育机会均等是全世界所有国家和所有与教育有关的人最关心的问题，是教育平等、教育民主化的核心内容。

其次，高等教育权利平等。教育权利即公民的受教育权利。教育上的平等权利是政治经济领域的平等理念在教育领域的延伸。接受高等教育的权利平等，即每个人不论其民族、性别、家庭出身和宗教信仰如何都享有平等地接受高等教育的权利。

②高等教育公平的现状

法国著名学者莫里斯·迪韦尔热说，社会结构的第一个要素是不平等。[②] 作为社会结构和功能的有机组成部分，人们都希望高等教育实现从入学、教育过程到教育结构全方位的平等，并以此作为对不平等社会制度的弥补。现阶段我国还处于发展中国家的行列，没有充分的资金全面支持高等教育，不可能做到全国经济扶持一视同仁。我国高等教育公平的问题还存在着很多的问题，"精英教育"的路线在提升中国教育世界竞争力的同时加剧了教育领域内部资源的失衡，加剧了教育差距，这些问题亟待解决。

（2）我国高等教育公平存在的问题

①地区差异造成高等教育机会不均等。全国各地区的经济发展不同，高校建设的水平也不相同。我国几个经济、文化较发达的城市集中了全国大多数名牌高校，而西部边远少数民族地区的高校则稀少。而无论是从地域型还是受益型的高等教育发展规模看，我国经济发达地区与落后地区之间的绝对差异不仅没有缩小，反而呈明显扩大

---

① 胡森.社会环境与学业成就[M].张人杰译.昆明：云南教育出版社，1991.
② 莫里斯·迪韦尔热.政治社会学政治学要素[M].杨祖功，王大东译.北京：东方出版社，2007.

趋势。地区的差异造成了高校录取分数的巨大差异。经济发达的地区更愿意为本地的学校投资，那里的大学发展有更多的机会，而经济不发达地区的大学通常无法获得足够的投入，在全国性高等教育市场竞争中处于非常不利的地位。不管经济发展水平如何，在同一地区内部，由于存在高等教育的严格分类，这些高校之间的教育机会问题也存在差异。

②经济阶层不同造成高等教育机会不均等。一般家庭经济状况对高等教育入学机会关系的分析集中于两个方面。一方面，经济因素对就学机会的影响，在一定的分数以上，考生的综合素质也是决定是否被学校或特定专业录取的重要原因，城镇、干部家庭背景的考生具有相对较好的初等教育，在体能训练和特长训练上都有优势。在报考志愿上也存在着不公平的现象，城镇考生在相对丰富的信息来源上有很大的优势，而农村考生缺乏这方面的信息，不能很好地掌握报考信息，导致盲目选择学校和专业。而且农村考生及家长有一定的刻板印象，对专业选择有一定倾向性。不同阶层的子女受教育的程度不同，对高校和专业的选择也不相同。高收入家庭的子女在专业选择上一般倾向于经济、法律、管理、艺术等专业，而低收入家庭的子女一般选择农业、林业、矿业、教育等专业。这就在专业选择上造成了一定的差异，形成了不均等的现象。而且很大程度上阻碍了学生自身优势的发挥及潜能的发掘。另一方面，从高等教育投资回报率的角度来看，理论上说回报率高的高等教育类型可能吸引更多的学生，但问题是个人教育投入较低的专业一般其收益也不高。对经济条件一般而急于上大学的学生来说，费用相对便宜的高等教育类型会更吸引他们。

③就业性别倾向造成高等教育机会不均等。从男性、女性就学领域上看，女性学生一般选择人文、教育、艺术、健康相关的学科等，而且，这些专业的女生比例呈上升趋势，男生则集中在社会科学和自然科学与工程相关的学科。这种专业选择上的差异造成了就业机会的不均等，不同的专业造就了不同的就业机会。高校毕业生的就业机会不均等的现象有史以来就有，高校的层次不同、地域不同，造成了毕业生就业层次不同、收入不同。而且在专业选择上也存在着性别差异。根据就业单位对性别的要求，高校学生会选择有利于自己性别的专业，增加就业机会。这在很大程度上造成了高等教育机会不均等现象。

④公办、民办高校招生机会不均等。民办高等教育已经成为我国高等教育的重要组成部分和高等教育大众化的重要推动力量。民办高校与公办高校存在着一定的差异，不论从社会舆论，还是从社会地位上来看，民办高校都不同程度地存在着自己的劣势。因此二者在招生上也存在着一定的差异，不同分数的学生选择不同层次的高校。一般低于公办高校录取分数的学生会考虑民办高校，这样在生源上就造成了公办、民办高校的差异，不同层次的分数形成不同层次高校的学生，这在入学机会上是不均等的，对民办高校的发展也是没有好处的。

（3）我国高等教育不公平的根源

①高等教育制度根源。招生考试制度影响高等教育公平。我国现行的高考制度，尽管在形式上具备公平的特征，即分数面前人人平等，然而由于各省市区域的录取比例不是按照考生数量分布来划定的，各地录取分数线存在很大的差异。

②高等教育投资力度不够。高等教育是教育的高级阶段，国家近年来虽然给予了大力扶持，但整体上还是投资力度不够，并且呈现出两极分化的局面。从发展过程看，我国高等教育投入不足和不公直接影响着地方院校，特别是欠发达地区高校的发展。

③经济发展不平衡。我国经济发展的不平衡影响着高等教育公平。我国经济存在城乡和区域经济发展不平衡现象。城乡经济发展不平衡，体现在城乡居民收入的巨大差距上，这就决定了农村对教育的投资量远远低于城市，导致农村学生接受高等教育的机会也远远低于城市学生。各地区的经济差距导致各地区对教育经费拨款的金额存在很大差距，这无疑又会扩大各地区学生受教育机会的不公平。

④社会方面的原因。不同社会阶层的人具有不同的价值观念和文化素养，他们的价值观、人生观直接影响到对子女的教育观念。如果父母受过高等教育，则更期望子女也能接受高等教育，来自经济条件较好家庭的学生在学习条件、学习资源等方面拥有先天的优势，他们在起点上领先于那些来自经济条件较差的家庭的学生。

5. 高等教育自身的道德与科学精神问题

（1）教育工作者方面

个别高校现在学生成绩造假和学术腐败问题日益严峻。而这一问题所折射出的正是学术道德水平的下降和学术风范的缺失。这种负面作用必定直接影响到在校学生本身，更严重的将会影响这个社会的道德发展。另外，近几年高等教育自身也出现了一些背离科学精神的做法，如过于频繁的各种评审、评优与评奖；过于量化的各种指标评价体系等。这些带有较强行政主导色彩和功利驱动背景的做法催生了学术浮躁和急功近利，弱化了学术道德与科学精神。

（2）学生本身

现在有个别的大学生思想品德教育接受能力与水平不是很高，越来越追求刺激与享受，不顾社会道德与风尚。例如，校园恋爱随处可见。对于一个成年人，我们没有限制其恋爱的权利，但有些校园恋爱致使大学生荒废学业，浪费时间和金钱。又如，校园暴力事件时有发生，个别学生思想道德水平较低，法律意识淡薄，综合素质不高，不但影响学生的身心健康，还在社会上造成不良影响。

第四节 中国当代高等教育发展对策

一、当代高等教育结构与体制问题的治理策略

高等教育结构的调整与优化是一个从失衡状态转向平衡，进而过渡到和谐状态的动态过程，不可能一蹴而就。要根据经济建设和社会发展的需要，适时调整，创造合理有序的竞争环境，使国民相对公平地参与我国高等教育的大众化进程。

（1）优化布局结构，促进高等教育均衡发展

要改变高校布局结构不合理的局面，首先，政府要制定相应的法规和政策，确保高等学校布局适应国家重大战略的调整。高校布局的调整要与现阶段国家西部大开发等重大战略的调整相适应，国家在新建高校、学科布点和扩大高校办学规模等方面，应对中西部落后地区实施重点扶持政策。同时，支持发展以本地区生源为主和适应当地经济社会发展需要的高等学校或学科专业。其次，在国家统筹协调的基础上，各地区应坚持走内涵式发展道路，促进本地区高校布局调整。采取宽进严出的办法，努力扩大中西部落后地区高校的生源，培养适应中西部地区经济和社会发展所需的人才。最后，国家要建立东部及沿海发达地区高校对口支援中西部落后地区高校的管道和机制，积极创造条件，为中西部落后地区高校教师提供多层次、多渠道的培训、交流和再教育机会，尽快提高中西部落后地区教师的教学和科研水平。

（2）优化层次结构，满足社会对不同层次人才的需求

从目前高等教育的基础、毕业生就业和产业结构变化的需要来看，各层次教育结构的调整基本思路应注意以下方面。稳定博士研究生增长的速度，适度扩大硕士研究生招生比例，着重发展面向社会急需的应用类专业硕士，适度增加本科层次招生，扩大社会急需专业的招生比例。稳定专科层次的规模，重在培养各类高级职业技术（高技能）人才。

（3）优化学科专业结构，适应和推动社会经济发展

我国高等教育学科专业结构的优化，首先，要适应我国产业结构、技术结构及其对人才结构要求的变化，满足我国经济社会发展对基础科学人才、应用性和技术（职业）人才等各类专业人才的需要。其次，要以综合化为基础，合并相近专业，创建交叉型、边缘型专业，培养跨学科的复合型人才。最后，要增强专业结构调整的超前性、预见性。专业调整应以市场为导向，从不同类型、不同层次、不同条件的学校的实际出发，

做出正确选择。总的来看,基础学科专业人才的培养要精要强,努力保证新兴学科和国民经济建设急需专业的发展,适当提高和扩大应用类人才培养的层次和规模,扩大各类技术(职业)性人才的培养规模,关停并转重复性、陈旧性、缺乏市场需求的专业。

(4)优化形式结构,适度发展非普通高等教育

近年来的高等教育大发展主要集中在普通高等学校规模扩展上,其他类型的高等教育增长幅度较小。从目前普通高等学校规模膨胀造成的办学条件压力、大学毕业生就业压力及贫困大学生比例增大的压力等因素看,适当加大各类非普通高等教育增长的比例,使更多的人有通过非普通高等学校获得接受高等教育的机会,是比较适当的选择。各类成人高等教育发展的潜力也远远大于普通高等教育,因此,形式结构的优化在高等教育进一步发展和整个高等教育结构的优化中显得比较重要。国家应当在稳步发展普通高等教育规模的同时,适度加大非普通高等教育发展的力度,特别是要利用现代信息网络技术,发展远程高等教育,支持包括中外合作办学在内的各种合作办学形式的发展,充分利用社会办学资源和国外办学资源,调动相关主体的办学积极性。

二、改革我国传统高等教育评价的策略

1. 观念上,相对突出以教育发展为本的价值取向

高等教育评价的价值取向,在今后一个时期应当是在满足高等教育发展需要的程度与水平上有所提高。或者说,在对高等教育评价作用的认识上,相对突出以教育为本的价值取向。以教育发展为本的价值取向可以表述为这样一些理念:

(1)强调高等教育自身的可持续发展

高等教育评价促进高等教育的可持续发展,意味着形成性评价将进一步强化,发展性评价将成为主流;高等教育评价更多地体现高等教育自身的利益;高等教育的发展将消除各种利益关系的障碍,展示自身的本质和品位,成为社会政治经济发展的原动力。

(2)帮助高等学校做得更好,以此为目的和内容

高等教育评价以高等学校的可持续发展为评价对象和内容,那么现代意义上的学校发展意味着什么呢?佩鲁在《新发展观》中指出,发展"既指发展的活动,又意味着结果的状态。发展不仅是数量的增加,规模的扩大,还内在地包含着质量的提升和结构的优化"。[①] 从新发展观的视野来看,高等学校的发展不仅包含规模的扩大、办学条件的改善、师资队伍建设水平的提高,而且更包含高等学校适应性增强,更意味着资源结构的优化、办学效益的提高。应该说,这是更重要的发展。

---

① 佩鲁.新发展观[M].张宁,丰子义译.北京:华夏出版社,1987.

2. 体制上，对高等教育评价主体进行结构性调整

对高等教育评价的主体进行结构性调整，就是要改变评价主体的单一性，逐渐扩大评价主体的范围，变单一的官方结构为教育界、知识界和用人单位广泛参与、多方介入的多主体结构。

（1）重新定位政府行为的角色

政府行为的角色应实现由集权模式到指导模式的转变。首先，要有意识地培育、鼓励各学术团体、专业协会、民间组织的评价活动，促进社会评价的繁荣。其次，政府在评价中要尊重学校、教师意见，共同设立评价指标体系，听取其对评价工作和评价结论的意见，充分调动学校内部评价主体参与评价的积极性。最后，规范自身行为，选择评价重点，做好评价服务。政府应规范自身评价行为，建立自我约束、自我完善机制，提高政府评价的科学性和高效率。政府评价行为的重点在于建立各类评价团体或机构的评价认证制度，组建评价协会，对各评价主体进行指导、监督；制定明确的评价政策，包括物质、精神等方面的鼓励和支持，以调动评价主体积极性，保证高等教育评价持久开展；制定高等教育评价法规，确立或确保各类外部质量保障机构的性质、权利、义务、责任，规定各类机构的资金、人员等来源，使高等教育外部质量保障活动走上规范化的轨道；搞好评价信息管理和服务工作，加强政府部门、高等学校各层次各类评价组织相互交流；在评价立项筹划、元评价和利用评价结果等方面发挥自己的作用。

（2）建立中介性教育评价组织

建立教育评价的社会中介组织，开展中介性高等教育评价，是我国高等教育评价走向社会化、民主化、制度化的内在要求，也是促进我国教育管理体制改革走向深入的一项重要举措。国外对教育评价中介组织意义的认识，主要体现在把教育评价中介组织置于政府与高等学校，或社会与高等学校的利益冲突中。伯顿·克拉克曾经从高等教育系统与国家学术权威整合的角度论述了介于国家和高等学校之间的中介组织的作用。他指出："一个国家高教系统可以主要由学术权威担任协调，不管协调的好坏，而不是通过国家官僚的命令或市场型相互作用。"[1] 中介性的高等教育评价既不同于政府，又不是高等学校自身，它们处于一种相对超脱的状态，既可站在"政府之外"，较冷静地思考政府对于高等教育质量需求的合理性，以"旁观者"的角度看清政府在反映社会需求方面的某些保守性、滞后性；又能以超然的眼光看待高等学校的各种需求，理解高等学校的价值取向与政府的价值取向之间的矛盾与统一，从而更好地在评价中协调政府与高等学校的价值需求，使高等教育评价更加客观公正。

---

[1] 伯顿·克拉克.高等教育系统[M].杭州：杭州大学出版社，1989.

（3）构建相对独立的高等学校内部评价主体

高等学校不仅是评价的客体（对象），也是评价的主体，是高等教育评价的基础。因为，高等学校评价的客体可以是学校、专业、课程或教学等，实质上就是从事该方面具体工作的群体和个人。他们是在整个高等教育评价活动中具有主观能动性的被评客体，因而集主体和客体于一身，是高等学校内部的评价主体。从世界范围来看，由于高等教育体制的逐渐转变，当今世界各国越来越重视高等学校的内部自我评价。例如，美国高等学校广泛开展的内部自我评价，已成为美国高等教育发展的一种潜在动力。一方面，重视内部自我评价反映了教育评价过程中被评对象的主动意识，把内部自我评价看成评价活动的一个重要环节，这样能够促进评价者和被评对象之间不断对话，求大同存小异，使评价结论尽可能客观、科学。另一方面，重视内部自我评价也就是重视形成性评价。教育过程既然是一个不断发展的过程，在这个充满矛盾的过程中，要想使学校组织顺利发展，必须不断解决这些矛盾。然而，单靠外部教育评价起推动作用周期太长，因而高等学校内部必须形成自己的评价组织，不断进行自我评价，及时解决出现的问题。高等学校内部自我评价，既可以促进本校更好发展，又可以为外部总结性教育评价提供基础。

3. 活动上，开展发展性高等学校评价

套用林肯"民有、民治、民享"的观点，发展性高等学校评价应该是评价权力在学校、评价主体是学校、评价目的为学校的评价。在学校自评和外部他评的关系上，发展性高等学校评价以学校自评为主、外部他评为辅。高等学校是发展的主体，就应该而且必须是评价的主体，只有当高等学校发展的自我保障机制建立、完善并运转起来，高等学校自觉加强并持续地成功自评和调整以后，才标志着高等学校主体地位的真正确立。在评价学校过去、现在和未来的关系上，发展性高等学校不是简单地鉴定过去的发展成绩、判断现在的发展水平，而要注重梳理从过去到现在的发展历程，总结经验教训；分析现在的发展状况和优劣，及时做出调整；根本目的在于促成高等学校未来的特色化、可持续发展。在纵向比较和横向比较的关系上，发展性高等学校评价以个体内差异评价为主，注重高等学校的进步幅度和"增值"大小，而不主张无条件地进行高等学校之间的横向比较。在指标评价和非指标评价的关系上，发展性高等学校评价以非指标评价为主。与指标相比，作为价值标准呈现的另一重要方式，非指标化的概括性问题，更具个性、针对性，效度更高，建设性更强，因而非指标的高等学校自评，其科学、合理、有效的过程往往比结论更重要。在综合评价和专项评价的关系上，发展性高等学校评价以针对发展重点的专项评价为主。高等学校的发展总是非均衡的，每一个发展阶段都会有其主要发展目标和相对突出的主要矛盾，发展性高等学校评价要及时有针对性地进行评价，以促进高等学校更好发展。另外，由于高等学校发展是

连续变量，因此发展性高等学校评价必须是始终相伴的连续不断的过程，而不是周期性地进行总结性评价；由于发展性高等教育评价建设性的要求，教育评价活动重在提出高等学校改革和发展的建设性意见和建议，而不是停留在对高等学校的发展成效做出评判。

4. 机制上，重视和开展高等教育评价的元评价

高等教育评价的元评价（Meta-evaluation）是提高高等教育评价质量的重要机制。主要原因有以下几点：

（1）任何权力都必须受到必要的制约

目前我国高等教育的主办者和投资者主要是国家及其各级教育行政部门，作为评价主体，他们可以组织大规模的教育评价工作，具有较高的权威性和较强的控制性，而评价客体对评价主体却基本上没有制约作用，即是说，评价主体实际上处于一种不受制约或基本上不受监督的地位。另外，我国的高等教育评价的程序中确实缺少对评价主体必要的制约与监督机制。因此，对高等教育评价进行元评价，是建立这种制约机制的重要方法之一。

（2）高等教育评价不可避免地存在误差

由于受认识水平和认识手段的限制，人们在对高等教育进行评价时难免出现误差，这种误差的实质是评价结果不能真实地反映评价主体的价值观念与价值标准，因此得到的评价结论不够客观、不够准确，从而会影响教育决策。因此，要减少评价误差，提高评价的质量，就必须对误差的大小及其产生的原因进行分析和判断，即需要对高等教育评价本身进行价值判断。

三、促进高等教育公平的对策

1. 大力发展区域经济，扩大不同层次高校的覆盖面积

经济的发展是教育发展的前提，大力发展经济是引导教育发展的强大动力。一方面，对于重点高校覆盖面比较集中的现象，我国必须调整重点大学的地域限制，让重点院校走进偏远地区，或者扩大重点院校偏远地域的招生名额。总之应该在原有的基础上解决重点高校分布不均的问题，重点高校不应该仅仅集中在较发达的地区，也应该设立在经济相对落后的偏远地区，促进各地区高校的共同繁荣。另一方面，应该均衡国家对各地区的教育投入。"211""985"院校的生源较好，重点研究项目较多，国家投入的资金相对较多，普通院校的教育资金供给较少，因此跟不上教学需要，这样就会造成"马太现象"。因此，国家在均衡各地区教育资金支持比重的同时也应该大力扶持各地区经济发展，使区域经济也能扶持本地区的高校开支，双管齐下，促进高等教育公平。

2. 大力扶持贫困家庭，促进低收入家庭子女受教育机会均等

随着重点高校农村学生比例逐渐下降，可以看出不同阶层的子女在受教育过程中的机会是不均等的。对此，国家应在以下两方面进行努力：

（1）为低收入家庭子女提供经济扶持

对偏远山区有进入高校学习权利的学生来说，上哪所大学选什么专业不是重中之重，他们选择学校和专业参考的是学费的多少。低收入家庭子女在没有资金支持的情况下很难顺利进入高校学习。因此，国家应该加强对低收入家庭子女提供经济扶持。

（2）扩大重点高校录取范围

重点大学的入学机会看似均等，但实际上存在着地域差异。经济发达地区的学生进入重点大学的机会较多，而经济相对落后地区学生进入重点高校、重点专业的机会较少。国家应该对这部分学生提供一定的优惠待遇，使他们进入重点大学的机会与经济发达地区学生的机会相当。在报考和入学两方面加强我国高等教育的公平。

3. 大力加强对用人单位招聘制度的监管

由于某些高校某些专业对性别的特殊要求，导致男、女生选择高校和专业的机会不平等，在就业方面也造成了差异。用人单位的某些岗位设置为仅招聘男性，女性的就业机会就大大缩小，正是性别上的从业差异导致了选择专业的性别差异。正如前文所说，女生一般选择人文、教育、艺术、健康相关的学科等，而且，选择这些专业的女生比例呈上升趋势，男生则集中在社会科学、自然科学和与工程相关的学科。这就是其就业机会不均等的原因。其实这种陈腐的观念不应该传承下去，女生不一定就适合安稳、轻松的工作，具有挑战性的工作女生一样可以胜任，只是内心的刻板印象在作怪。男生也可以选择教育或艺术专业，弥补男性教师稀缺的现象。因此，国家应该对用人单位这种性别歧视的现象进行大力监管，对用人单位的招聘条件予以限制和规定。

4. 大力均衡公办、民办高校学生来源

目前我国民办大学在高等教育大众化进程中发挥了积极的作用，但这些学校受到许多政策上的限制。国家应该均衡民办高校和公办高校入学机会，民办高校不应该仅仅接收公办高校的落榜生，国家应该给予扶持政策，对民办、公办高校一视同仁，在政策、制度、资金等方面都做出相应调整。

第五节　中国当代高等教育未来发展趋势

一、高等教育多样化

多样化作为当今我国高等教育改革和发展的主要方向，反映在从高等教育体制、管理到大学办学、教育的各个领域，体现为大学体系的层次化、办学模式的特色化、办学主体的多元化、办学形式的多样化、质量标准的多重化。实行分类办学，促进高校多样化发展，是21世纪中国高等教育的必然走向。

1. 我国当前社会的多样化，为高等教育的多样化发展奠定了坚实的基础

（1）社会需求的多样化

近些年，我国经济经历了快速发展，综合国力得到极大提高，产业结构取得了实质性的进展，所有制结构也从单一性向多样化演变，经济结构和社会结构发生了深刻的变化。这些变化使得社会对高级人才的需求呈现多样化的特点，原来单一的人才培养模式已不能满足社会发展的需要。

（2）学习需求的多样化

随着高中阶段普及率的提高，高中入学人数不断增加，接受高等教育的人口基数不断扩大。由于人们在学习动机、学习意识、学习态度、学习目标及个性、智力、能力等方面表现出来的千差万别，因此多样化的高等教育才能满足不同学习者的需要。

（3）投资渠道的多样化

我国适龄学习人数不断增加，有限的教育资源已不能满足人民群众日益增长的接受高等教育的需求。这就需要我们不断地扩大优质高等教育资源的供给，只有通过发展多样化的高等教育、多渠道的资金筹措，才能实现高等教育的大众化。

2. 多样化是高等教育发展的必由之路

中国高等教育多样化方面也有较大发展，从而有力地推动了大众化的历史进程。

（1）办学主体多元化

经过多年办学体制的改革，我国高等学校的单一的政府办学体制已发展为"一主多元"的办学体制，即以国家办学为主，积极发展民办高等教育、私人办教育、企业办教育、公民合作办学、公立高校转制、中外合作办学等。

（2）办学形式多样化

目前，我国既有公立普通高等学校、成人高等学校，又有民办高等学校、高等教育自学考试、高职高专等。

（3）培养目标多向化

培养目标是一个具有多层结构的系统。按高等学校组织结构分，有学校培养目标、院系培养目标、学科专业培养目标。按学历层次分，有专科教育培养目标、本科教育培养目标、研究生教育培养目标。培养目标的多向化，必然导致高校人才培养模式的多样化。

（4）质量标准的多重性

社会需求、学校类型、学科门类、学生个性的多样性，这些都决定了教育质量标准的多样性。为此，我们要根据不同类型学校不同的培养目标，制定多种质量标准，既要有整体性质量观，又要有满足个人需求的质量观；既要有学术型人才质量观，又要有应用型人才质量观，树立多样化的高等教育质量观，引导高等学校的多样化发展，从而全面推进高等教育大众化和现代化。

3. 努力促进高等教育的多样化发展

实现高等教育的多样化，这是当前以及今后我国高等教育改革和发展的必然走向。

（1）确立先进的教育观念

在多样化发展的今天，高等教育的统一质量评价观念已不能适应新的发展形势。因此，我们必须彻底解放思想，切实更新观念，树立与多样化发展相适应的多重质量观。要对各级各类高校进行科学分类，确立不同质量标准。高校应坚持正确的质量观，找准自己的位置，按照不同的类型的优势，办出自己的特色和水平。

（2）主动调整高等教育结构

高等教育要注重专业结构、层次结构、区域结构等的调整和优化。学校类型的调整，应合理配置综合性大学、多科性大学、单科性院校，注重营造多学科融会的学术环境，加强校际合作办学，以实现资源共享、优势互补、共同发展；学校层次结构的调整，创办一批一流大学，大力发展高等教育；学校地区结构的调整，既有为全国服务的大学，又有为地区服务的大学，要加强西部高等教育发展，实现高等教育均衡化。

（3）加强监控力度，完善评估体系

国家应建立教育质量认证制度，健全各个层次和各种类型高等学校的教育质量评估标准，确保高等教育质量。高校要重视教育质量的全过程监控和评价，建立教学质量信息体系和督导体系，确立科学的教学质量评估考核项目及指标。通过有效的质量监控管理，促进高等教育多样化的健康发展。

二、高等教育大众化

高等教育大众化，是一个国家或地区社会经济、文化发展的必然产物，是社会现代化的重要标志，也是高等教育现代化的基本内容之一。高等教育大众化，是指一个地区、国家的高等教育系统为所有适龄青年提供的一种高等教育的普及程度。高等教育大众化是一种全新的高等教育发展观念，也是实现高等教育现代化的一个发展过程与发展趋势。

1. 实现高等教育新跨越的战略机遇

进入21世纪，中国高等教育正在迎来实现新跨越的新机遇。高等教育大众化，中国正以其适度的速度与大众化发展模式，不断向前推进。

（1）社会经济发展的巨大需求，是高等教育实现新跨越的动力基础

一方面，随着经济结构的深刻变革和经济增长方式转移到依靠科技进步和提高劳动者素质上来，随着新型工业化之路越走越宽广，经济发展对专门人才特别是高层次创造性人才的需求会越来越迫切。另一方面，社会对高等教育的需求仍在强劲增长，要求高等教育规模持续发展。这些强大的需求，为推动高等教育实现新的跨越注入了新的活力。

（2）国际经济、科技、教育的竞争态势，要求实现高等教育的新跨越

面对知识经济的革命性变革，世界各国都把目光聚焦到人才、科技和教育的竞争上，都加大了对科技、教育的投入，实施了一系列推进科技、教育创新的重大政策措施，努力巩固和扩大已经拥有的优势地位，为自己的国家赢得更大的战略主动地位。面对这种形势，我国如果只是按照常规模式按部就班发展，就会继续扩大已有的差距，就有永远落后于发达国家的危险。

（3）创新型国家建设的战略使命，亟须推进高等教育改革创新

创新型国家战略目标的实现，科技创新和自主创新是关键。高等学校在创新型国家建设中，居于核心地位，发挥着关键作用。世界发达国家的经验证明，高等教育的跨越式发展是实施国民经济和社会跨越的先导。工业革命之后英国迅速成为当时最强大的国家，与此同时，一场高等教育的革命在英国发生，牛津大学、剑桥大学等一批高等学校迅速发展。19世纪后期德国迅速崛起，而柏林洪堡大学的理念，即从原来牛津大学、剑桥大学那种以教学为主的一个中心的理念变成了教学科研两个中心的理念，推动了德国高等教育的发展，推动着德国的迅速崛起。

2. 推进高等教育大众化的战略谋划

进入21世纪以来，我们已经形成高等教育的多层次结构和多样化发展的格局。

因此，我们要为高等教育的新跨越注入新的内涵。这个新内涵，关键是要坚定不移地以科学发展观统领高等教育发展全局，一是坚持"巩固、深化、提高、发展"的八字方针；二是正确处理各类高等教育的关系，实现整个高等教育的全面协调发展；三是要坚持高等教育规模、质量、结构、效益内在统一的协调发展，更加重视高等教育的质量提高、结构调整、布局优化，提高高校科技创新和社会服务能力，主动担当创新型国家建设的历史使命。

3. 促进高等教育新发展的战略举措

实现高等教育的跨越式发展，关键在于改革的重大突破；实现高等教育的新跨越，更要依靠结构调整和制度创新。

（1）树立可持续的高等教育发展观，向高等教育普及化目标迈进

我国必须把大力发展高等教育作为提升我国综合竞争力与人力资源总体水平的一项重大战略选择，树立高等教育普及化的宏伟发展目标，进一步把我国建设成为世界高等教育强国。

（2）充分发掘高等教育资源，建立充满生机活力的高等教育体系

随着高等教育大众化时代的来临，要求我们借鉴国际做法，深化投资体制和办学体制改革，通过吸纳社会资金，发展私立高等教育，鼓励校企合作、中外合作办学，兴办二级学院等手段来充分发掘高等教育资源。同时，要求推进教学改革，调整高等教育学科专业结构和培养目标，改进教学方式、教学手段，使高等教育的供给内容、供给方式、供给时间能满足不同人群的多样化需求，从而建立以人的发展为本、充满生机和活力的高等教育体系。

（3）提高高等教育质量与办学效益，积极实施高等教育质量工程

建立与大众化相适应的多元质量标准，构筑国家、社会、高校共同参与的高等教育质量保障机制。当前及今后一段时期，中国高等教育必须坚持科学管理，提高质量，特色发展，为大众化阶段我国高等教育改革与发展指明方向。

三、高等教育国际化

高等教育国际化，是当今世界各国高等教育的一种发展趋势，是现代高等教育的重要特征和发展理念。伴随世界经济一体化进程的加快，尤其是中国加入世界贸易组织，高等教育作为教育的龙头必将开放其服务市场，国际化趋势日益明显。

1. 世界经济发展的一体化，决定了高等教育发展的国际化

高等教育国际化，是由时代、社会、自然、人与教育大系统的发展趋势所决定的，是高等教育适应世界变化的需要，是实现经济发展战略的需要，是全面深化高等教育自身变革的需要。

2. 大学教育变革与适应的驱动，指明了高等教育国际化发展方向

高等教育国际化，是高等教育面向世界发展的一种理念，是高等教育面向世界各民族和地区，培养国际性优秀人才的一种教育理想。高等教育国际化，就是要将高教改革和发展置于世界背景之中，积极开展教育国际交流与合作，博采世界各国教育所长，努力推进本国高等教育现代化。

高等教育国际化是高等教育发展的内在要求。而高等教育要适应变化的世界，进一步深化改革，需要学习、借鉴和吸收各国成功的变革经验，以推动高等教育思想、教育方针、手段、目标、课程设计等构成高等教育的物质要素在全球范围的交流与合作。与此同时，各国政府在制订高等教育发展计划时，也越来越注重借鉴和吸收别国在高等教育发展过程中积累的经验和先进的教育思想。本着"走出去、请进来"的原则，大学教师、学生和科研人员的国际流动需要不断得到加强。各种具有国际特征的跨国的国际教育机构，如国际教育局（IBE）、东南亚教育部长组织（SEAMEO）、联合国教科文组织（UNESCO）等，越来越成为国际高等教育进行交流、合作的舞台。

3. 站在全球化角度，构建高等教育的发展战略与发展模式

伴随知识经济时代的到来，经济全球化、信息网络化、科技同步化、环境一体化，许多发达国家和不少发展中国家已越来越清楚地意识到其对本国高等教育发展的意义及构成的挑战，纷纷制定各种战略和策略，以促进本国的大学向着国际化的方向发展。

（1）确立国际化的现代教育理念

大学走向国际化，必须以开放的思想实现培养观念目标的国际化。必须牢固树立高等教育国际化的理念，确立先进的国际教育观、国际人才观、国际质量观，努力把握高等教育国际化发展的立足点，将高等教育国际化的发展与各个国家经济社会的发展战略相结合，与教育改革的长远规划相结合，创建一批世界一流的大学，引进一批世界一流的教授，攻克一批世界一流的科研课题，建设一支世界一流的教学科研队伍，培育一批世界一流的高级人才。

（2）扩大教育内容的全球化视野

高等教育国际化，其基本的、核心的要素是教育内容的国际化。大学不仅应开设更多关于其他国家和国际问题的课程，而且所有课程应当体现国际观点。课程国际化，必须从教学管理制度上确立国际课程的位置，教学计划的编制技术和课程设置方案设计应当采取国际通行惯例。

（3）拓展利用国际人才学术空间

广泛的国际联系与交流，对大学完成自己所担负的历史使命至关重要。面向知识经济时代，面对越来越多的国际性问题，单靠一国的力量难以解决，开展广泛的国际

交流与合作，增强与国际同行的协作开展国际问题研究，实现项目开发与科技攻关的国际化，既能对历史做出及时的回应，确保大学历史使命的完成，又能展示大学的良好社会形象，提升大学的国际地位。

（4）多种类多形式多层次合作办学

根据世界经济一体化、教育发展国际化趋势，各国大学要努力通过采取引进优质教育资源，开拓多类型的合作办学途径，加强高层次国际型人才的合作培养。合作办学可采取与国外某所或多所大学合办，可一校或多校联手，亦可由多国提供资金、设备、人员创办国际性大学，如欧洲大学研究院、阿拉伯海湾大学高等教育中的"跨国公司"等。还应建立健全高等教育国际交流与合作的法律、章程、规则和制度，高等教育国际化活动才有法可依、有章可循。

第三章 高等教育创新发展理论

第一节 创新教育与高等教育的质量

12世纪中叶,世界上第一批大学于欧洲诞生以来,在数百年的发展过程中,大学曾经被人们比作象牙塔,成为社会精英研究高深学问的殿堂。工业革命至今,高等教育逐步走出了象牙塔,逐渐成为国家经济社会发展的基础,同时成为社会公众接受教育、获取科技知识的重要场所。教育理念、教育方式的创新和高等教育的质量成为社会普遍关注的重大课题。

一、创新教育与提升高等教育的质量是经济社会发展的迫切要求

当今世界,知识越来越成为提高综合国力和国际竞争力的决定性因素,大学在知识传播、知识应用、知识创新和人力资源培养过程中处于核心地位。随着时代的发展,高等教育为国家经济建设和社会发展的服务能力不断增强,在基础研究和高新技术研究及促进科技成果转化方面起到了越来越重要的作用。

二、社会公众普遍关注创新教育与高等教育的质量

中国的大学教育承担着提升中国的人力资源开发水平的重大责任,高含金量的大学文凭越来越成为社会公众实现个人梦想的基本条件。中国现代意义上的高等教育只有100多年的历史,规模一直比较小,但20世纪90年代中后期以来,实现了跨越式发展。2006年,全国普通高校招生540万人,是1998年招生108万人的5倍,高等教育毛入学率由1998年的9.8%上升到2005年的21%,进入了国际公认的大众化发展阶段。随着中国外交、经济,特别是教育的发展,以及受中国传统文化的吸引,有更多的学

生选择到中国来学习。1998年来华留学人数为4.3万人，到2005年，来华留学人数已达14万余人，涉及190个国家和地区。改革开放和高等教育由精英化阶段进入大众化阶段以后，国内公众和国际来华留学生接受高等教育的机会大幅度增加，一定程度上满足了他们接受高等教育、获取知识技能的愿望。但同时新知识、高科技对高等教育教学内容的选择、更新提出了新要求，就业岗位范围和科技含量的增加让社会对高等教育培养人才的种类、业务水平和思想素质的要求越来越高，网络技术在时间、空间上的优势对高等教育传统课程及教学模式提出了新的挑战等，人们更加关注国内外创新教育的最新进展和高等教育的质量。

三、以学生为本，完善创新教育理念

在知识经济时代，社会更加需要具有创新意识、创新精神、创新思维、创新能力并能够取得创新成果的创新型人才。在创新型人才培养过程中，关键是教育理念和培养方式的创新。同济大学近年来探索了"KAP"人才培养模式，强调创新型人才培养必须以学生为本，重视"知识（Knowledge）、能力（Ability）、人格（Personality）"三位一体的协调发展。大学教育首先是知识的传播，这个过程应重视博、专结合。高等教育仍然是专业教育，但专业教育要建立在更为广博的知识基础上。大学在知识传播过程中，要让学生了解人文社会、数理自然、艺术审美及现代高科技的科普知识等通识。博学是创新的重要基础，也是激发人的思维的前提。大学对学生能力的培养不光要训练开发学生的归纳演绎、分析综合等逻辑思维能力，还要培养提升学生发现问题、动手实践和人际交往等能力。这些能力往往与科学研究紧密结合，是知识的应用和知识再创新的过程。人格的养成要把中国传统文化中强调的品德、情操、理想、信念等要素的道德人格和强调自信、问责、敬业、诚信等要素的独立人格的培育结合起来，使学生能够独立思考、创新思维、追求真理、追求真知、开阔视野、开阔胸怀，关心国家民族命运，关心全人类共同的福祉。

四、创新教育与提高高等教育质量的实践探索

围绕"KAP"的教育理念，在多年的教育改革中，我们把培养"口径宽、基础扎实、人文与科学技术交融，具有创新意识、创新精神和潜在领导能力的人才"作为目标，把培养学生的探究兴趣，提高学生的研究能力，养成学生的批判精神作为提高教育质量、培养创新型人才的关键环节，进行了重点探索和实践。

（一）学科建设向交叉集成方向发展

创新型人才培养需要一流的学科建设作为支撑。我们在学科建设中改变单兵作战、单科突进的方式，强调以学科协同发展为主要途径，以人才和知识集成为核心，建立面向国家战略任务和国际学术前沿的跨学科平台与团队。这些学科平台在校内具有高度的开放性和共享性，相关专业教师和学生可以方便地共享资源、贡献智慧，形成跨专业的交流、集成。科技的发展呼唤文理渗透、理工结合，这也是创新型人才培养的趋势。同济大学在上海市高等院校布局调整过程中，已经组建了以城市建设和防灾为纽带的城乡建设战略学科群，以及以清洁能源地面交通工具研究为核心的现代装备制造学科群；中远期要规划形成可持续发展学科群、医学和生命科学学科群和文化创意学科群。

（二）课程设置力求博、专平衡

创新型人才在于个性的全面、自由、和谐发展。在课程设置上，我们力求建立一个内容广泛的课程体系，让学生可以根据自己的兴趣自由地选修课程，避免课程设置过分专业化而造成学生知识面越来越窄的倾向。作为以传统理工为主的大学，加强人文学科建设，不仅要培养本专业学生，还要为理工科学生开设文化历史、文学艺术、社会学等方面的选修课程。同时，聘请一批校内外知名学者、科学家、文学家、艺术家来校讲课，开设高质量、品牌化的系列讲座，以拓展学生的知识面，培养爱国情感，加强思想教育，提高人文素质，进一步丰富和完善素质教育课程体系。

（三）教学与科研相互促进

高校强大的科研实力和教师从事的科研项目都应成为提高教学质量、培养大学生研究能力和创新能力的巨大资源。教师的科研活力和创新成果转化为教学内容，可以激励、引导和培养学生的探究兴趣和创新意识。相应地，大批具有强烈求知欲的优秀学生向教师提问、与教师的交流，在参与教师的科研中共同探索，又可以使教师在启发学生的过程中不断得到新的收获。

（四）建设实践基地，培养学生综合素质

实践能力不强、创新精神薄弱是创新型人才培养的突出问题。同济大学十分重视实践环节教育，建立了不同类型的实践基地。2003年成为"国家大学生创新性实验计划"的十所高校之一，已经建成16个校内大学生创新基地。进入创新基地的学生自己寻找课题，自主成立不同专业学生组成的研发团队，主动寻求老师和社会帮助等。

学校还与所在地政府、相关企业在学校周边共同建设大学科技园区，规划建设"知识经济圈"，加强产学研合作，既帮助当地政府调整经济结构，转变经济增长方式，又为学生创造更多便捷的校外实习、实践机会。学校在全国各地建立社会实践基地，形成大学与社会无阻隔、无间断的沟通机制，让学生体验和适应社会需求，创造条件让学生经历社会实践，体会团队合作，感悟创新过程，锻炼他们创造、创新、创业的能力。

（五）跨国交流拓展学生国际视野

科学发展的灵魂在于不同思想和文化的撞击，激烈的科学争论与兼容并蓄的科学宽容往往能够引发重大的创新突破。我们把学生接受多元文化的熏陶、加强国际交流合作作为开放环境下培养创新型人才的重要手段，与世界著名大学广泛开展科研合作、学生交换，创造条件让教师、学生获得国际学习的经历。同时，学校不断吸引世界各地学生来校学习生活，让不同文化背景和专业基础的学生在校园内自由交流。目前，同济大学国际交流形成了中德、中法和中意三个系列，与联合国环境规划署联合创办了环境与可持续发展学院，与联合国教科文组织合作建立了亚太地区世界遗产培训与研究中心等。每年校际交流的师生达到2000余人，在校的留学生人数也接近2000人，并在德国和日本建立了孔子学院。

（六）教学管理建立质量保证体系

教学管理是一项系统工程，严格的教学管理是提高教学质量的前提。学校探索形成一个具有质量指标、师资建设、资源配置和过程管理四大环节，涉及基础教学设施、教学档案管理、校园网络建设、毕业设计（论文）质量、图书馆资源管理系统等180多个质量控制点的自调整闭环控制系统。这个系统以教学质量为根本，以转变教育思想观念为先导，以师资队伍建设为关键，以教学内容、方法、手段和课程体系的改革为核心，以制度、体制和机制的建设为保障，形成了一个面向社会的、全方位的、稳固的教学创新体系。整个系统还定期了解社会用人单位对毕业生质量的反馈和要求，不断进行专业调整和质量提升，使学校人才培养更加适应社会的需求。

第二节 创新型人才培养与大学生综合素质教育

大学的根本任务是人才培养。培养什么人、怎样培养人、为谁培养,是我国社会主义教育事业发展中必须解决的根本问题。在建设创新型国家和构建社会主义和谐社会的历史进程中,大学承担着更加重要的使命。如何着力培养适应国家民族需要、符合时代发展要求的综合型、创新型高素质人才是摆在每一位高等教育工作者面前的新课题,值得深入探索。

一、创新型人才培养是加强大学生综合素质教育的必然诉求

谈到创新型人才培养,我们必然会想到大学生综合素质教育的问题。因为创新教育是综合素质教育的重要组成部分,创新型人才培养也是加强大学生综合素质教育的根本诉求之一。

自1999年第三次全国教育工作会议召开以来,全面推进素质教育已经成为我国教育工作的主旋律,1999年6月,中共中央、国务院颁布《关于深化教育改革全面推进素质教育的决定》以后,素质教育更是被提升为党和国家的重大决策。加强大学生的综合素质教育,主要体现在四方面:一是思想素质,这是社会主义教育的根本目的之一,主要解决知识为谁所用的问题,其中包括政治素质、道德素质等内容。二是专业素质和人文素质,主要是专业知识及专业知识以外的文化知识等。三是科技创新素质,主要指的是科技创新能力和实践动手能力等。四是身心素质,包括身体素质和心理素质及国际化视野等方面。

加强大学生综合素质教育,是我们对教育状况和人才状况深刻反思的结果,是中国高等教育改革和发展的应有趋势,是实施科教兴国、人才强国战略,建设创新型国家的必然要求,也是进一步加强大学生思想政治教育、培养社会主义事业合格建设者和可靠接班人的内在需求。

综合素质教育以对人全面能力的认知和开发为前提,这为创新型人才的培养奠定了重要基础。在推进素质教育的全过程中,强调创新教育则是贯穿于素质教育始终的重要内容。这种创新教育不仅表现为具体工作能力,也是针对创新的内在意识、心态和认识。因此,作为综合素质教育的重要目标,培养创新型人才要求我们高度重视和完善学生的教育培养体系,要在大学生当中大力弘扬以爱国主义为核心的民族精神和

以改革创新为核心的时代精神;要更加重视创新意识的培育,倡导创新精神,大力提倡敢为人先、敢冒风险的精神,大力倡导敢于创新、勇于竞争和宽容失败的精神,努力营造鼓励创新、支持创新的有利条件。同时,要加强人文社会科学建设,促进社会科学与自然科学相互渗透,推进科技教育与人文教育的协调发展。

二、新时代大学创新型人才培养体系的主要内容

加强创新人才培养是时代赋予大学的使命。其重点是建设具有时代特征的创新教育体系,营造良好的创新氛围,培养学生的创新意识和能力,积极引导大学生参与创新活动实践。

(一)要进一步加强对大学生的创新意识教育

高校在实施素质教育的过程中,必须旗帜鲜明地把创新精神作为大学生的核心素质之一。一方面,要在全员、全过程、全方位的育人氛围中,使全校教职员工正确理解、科学评价创新教育,树立创新人才培养的历史责任感和使命感。另一方面,要引导大学生认识创新素质的重要性,积极塑造创新人格,并把创新的自我价值与社会价值相结合,把求新与求真相结合,不断增强创新的责任感和内在驱动力。

(二)要更加强调对大学生创新能力的培养

创新能力主要指发现新问题、提出新方法、建立新理论、发明新技术的能力,是创新型人才必须具备的基本能力。创新能力包括创新学习能力和创新实践能力两大方面。其中,创新学习能力包括敏锐的感知能力、持久的注意力、较强的记忆力、丰富的创新想象能力及基于发散性思维和批判性思维的创新思维能力;创新实践能力包括一般工作能力、信息加工能力、运用创新技法的能力及成果的表现表达能力等。创新能力的重点在于创新思维能力,而创新能力的最终表现则是把创新的思维、创新的思想转化为解决问题的实践能力,表现在创新的物化成果上。创新能力的培养重在培养创新思维能力、动手操作和实践活动能力及最终解决问题的能力。创新型人才培养就是在进行全面素质教育的前提下,着眼创新能力培养,形成完善的创新能力教育和实践体系,加快提升学生的创新能力。

(三)要积极创造条件,推进创新实践机制建设

创新能力的培养离不开实践锻炼,因此,创新实践是当前高校创新人才培养的重要环节。要善于为大学生创新实践搭建活动平台,提供物质支持,特别要注重创新实践机制建设。要注重第一课堂以外的学生课外实践和科技活动,这既是第一课堂向实

践环节的延伸，是第一课堂的有效补充，也是第二课堂的有机载体。要引导学生在创新实践活动中以社会价值为导向，将个人志趣与社会需要紧密结合。要善于引导、激励学生加入创新实践活动。同时，也要发挥大学科技园、孵化器等在培养创新人才中的特殊作用。

（四）要积极营造宽松的创新氛围

进行相关创新教育、实践的同时，要善于在氛围、环境、导向上开展工作，让良好的创新氛围在学生创新意识培养中发挥潜移默化的作用。要加强对学生科技教育与人文教育协调发展的认识和探索，重视人文艺术类学科、活动对科技创新的触动作用。要大力支持在创新活动中组建不同学科背景的学生团队。尤其应指出的是，要鼓励学生从事创新活动，更要注重培育创新文化、精神，创造宽松的氛围，营造包容失败的环境。

大学生创新能力培养对当前的教学改革提出了要求，可以概括为三点：一是对教学模式改革提出了要求，要改变以往教学活动中片面强调以教师为主体的模式，变为以教师为主导、学生为主体的模式，从而有利于被教育对象的个性和创造能力的形成。二是对教学内容改革提出了要求，要改变以往以传授已有知识为主的教学内容，变为开放式地研讨新知识为主要内容。三是对教学方法改革提出了要求，要改变传统的教学方法，转向启发式、因材施教的教学方法，使学生成为创新能力培养和参与创新活动的主体力量。

三、高校培养创新型人才的实践和未来规划

创新型人才培养是一个系统工程，要放在社会大系统中来考虑。要在综合素质培养的大平台上，强调社会需求导向，引导学生成为时代需要、敢担时代重任、能当重任的人才。通过社会、学校多因素共同作用，资源互动，构成包括社会需求与学校综合素质教育评估、反馈的综合素质教育循环系统。这也是创新型人才培养的立足点。同济大学在长期素质教育实践中，探索并建立了"知识、能力、人格"三位一体的人才培养模式。其中，知识是基础，既包括扎实的专业知识，也包括广泛的人文科学和自然科学知识；能力是关键，既包括对学生掌握知识、运用知识能力的培养，也包括对学生实践创新和社会工作能力的培养；人格是核心，立德为先，塑造高尚人格对培养创新型人才至关重要。

在创新能力教育和培养实践中，学校推行了教育质量保证体系。这一体系既包括第一课堂，也涵盖了大学生思想政治教育、课外科技、校园文化、社会实践、心理健

康教育等在内的第二课堂教育。强调创新素质培养，第一、二课堂联动，构成这一有机联系整体的必然内涵。

研究型大学在培养创新人才体系中担负重要使命。因此，在加强大学生综合素质教育的过程中，学校注重创新教育，逐渐形成了一整套以"创新、创意、创业"为内容，结构完备、层次清晰、制度规范、功能健全、贯穿育人全过程的学生科技创新体系，不仅使创新型人才培养有了切实有效的抓手，也拓宽了培养各类优秀人才的途径。这一体系主要包括：依托教师科技创新体系，重点构建体现学科交叉的科技平台、基地与项目；扶植一批品牌项目形成科技创新的吸引力，以竞争意识形成学生自主创新的原动力，引导大学生积极参与课外实践和科技活动；重视学生科技创新的团队与梯队的培养，推动学生的创新意识培育的自我良性循环，体现学科交叉，为大学生参与创新形成可持续发展的人才格局；提倡和鼓励大学生从事"以社会需求为导向"的创造发明；鼓励有条件的大学生依托相对成熟的成果和项目自主创业。

充分发挥大学作为自主创新基础和生力军的作用，积极探索大学在建设创新型国家中的使命。学校将在鼓励和倡导教学科研人员瞄准国家和区域经济发展的重大需求，开展创新科技研究的同时，以更加积极的姿态，致力于创新型人才培养，并将创新科技研究与创新型人才培养紧密结合。特别是要强调完善学校与社会循环互动基础上的教学质量保证体系，积极推进"校区、园区、城区"三区联动，着力打造"知识经济圈"，以产业链带动学科链，推动大学创新人才培养方式的转变，为创新型人才培养提供更广的平台和更大的空间。

第三节　让大学融入自主创新的大循环

把高校和企业双方的眼前利益和长远利益结合起来，是非常重要的。要以全行业技术进步为合作目标，建立起能够长久合作的基础和机制，逐步使高校成为企业的研发中心的重要组成部分。

高校要认清自己的长处和短处，要明确自己的定位，就是要成为知识创新的源头、科技成果的孵化器和扩散源、公共科技平台的服务员。

高校在规划布局和建设科研平台时，要考虑到社会和企业的需求，与企业的研发设施形成互补共享的格局；要建立科研平台开放运作的管理模式，引导平台的经营者主动为企业提供服务。高校承担着知识创新的责任，并要与企业结成自主创新的联盟，实现从知识创新到技术创新的跨越。在技术创新体系中，高校是否能够把握好自己的定位，关系到产学研联盟持续发展的前景，关系到技术创新的成败。

知识与技术的关系，实际上是科技与经济的关系。科技游离于经济，或者是貌合神离，就不能形成生产力，就起不到推动国家经济社会发展的作用。要提高我国自主创新能力，科技和经济必须努力形成一个整体，科技要促进经济发展，经济也要给科技进步以动力。科技进入经济的大系统、大循环中，就会获得无穷的活力和灵感。从这个基点上认识产学研联盟和技术创新体系的建设，高校应该要有更大的主动性和积极性。要根据国家经济与社会发展的需要，根据国家中长期科技发展规划，根据区域经济的重点领域来部署、调整学科结构，主动与产业接轨，主动为企业服务。科技能否顺利地进入经济的大系统、大循环，很大程度上取决于高校的学科是否适应经济发展的需要，高校的科研成果是否满足企业开拓市场的需要。产学研联盟促使高校学科贴近产业，帮助高校的科技人员了解市场信息，是科技进入经济大循环的最佳形式。上海实施"科教兴市"主战略以来，已经在许多重要产业领域建立了产学研联盟。今后，政府、高校和企业还应在更多的产业领域推进产学研合作，使科技与经济更广泛、更紧密地融合起来。

在市场经济条件下，企业在技术创新中具有无可替代的作用。企业作为创新活动的主体，应该成为投资、利益和市场推广的主体。当然，高校与企业的运作机制是不同的，利益驱动也不一致。企业在选择主攻领域时，会较多考虑市场需求的关系。而高校作为技术的支撑，除了参与企业的创新活动外，还会更多地考虑学科的长远发展。因此，把双方的眼前利益和长远利益结合起来是非常重要的。企业要加大对技术创新的投入力度，要尊重高校教师的研究工作。而高校要主动承担起支撑技术改造、产品研发的责任，弥补企业研究、开发和设备能力的不足。要有更多的市场意识和经济头脑，分担企业的风险，帮助企业提升技术创新能力。

高校在以企业为主体的技术创新体系中的职责，主要有以下几个方面：由创新知识产生创新技术；以创新技术为企业提供服务；以创新平台的建设聚集高技术企业，吸引企业的投入，提升企业能级；以创新基地等开放式教育环境，培养创新人才等。

高校和企业在产学研联盟中有各自的职责，高校不能越俎代庖，去承担原本不擅长的市场行业。反思高校科研成果产业化的过程，经常是以一个个项目为载体，教授从知识创新、技术开发，一直做到成果转化和市场应用。在繁琐的具体事务中，由于不适应市场竞争，往往得不偿失甚至无功而返。有一些项目虽然获得市场成功，但人才流失、学科发展受到影响。

高校历来以拥有高层次、高水平科研平台而自豪，现在必须更进一步，以科研平台的社会共享程度、以平台对企业技术创新的贡献率来评价。

要形成可持续的产学研合作机制，政府和高校都要继续努力，破解合作过程中的若干难题：一是要建立知识产权保护机制。高校要为参与产学研合作的教师提供法律、专利服务，政府出台鼓励、支持技术服务的政策，使高校和教师没有后顾之忧。二是高校科技人员要学习市场规律，了解和掌握合同法等法律知识，避免"边干边谈""先做后算""君子协定"等不规范操作。三是大学科技园、高校科技园区要转变观念，从服务教授转变为服务博士生，使博士生成为科技成果产业化的主力；要完善成果转化机制，把教授从市场经营的乱麻中解脱出来。四是要增加学生创业基金的投入。高校毕业生尤其是博士生、硕士生是科技型创业的生力军，他们参与导师的科研，也愿意承担成果的转化重任，关键要得到资金的支持。学校要努力通过各种方式聚集创业资金，以支持学生和毕业生创业。五是政府要加大对高校核心竞争能力建设的支持力度，鼓励高校整合学科，组成与产业紧密结合的学科链。学校要在校区建设和校区周边产业规划过程中，打开校门，区域联动，聚集为企业服务的现代服务业，为师生营造思想、学术沟通交流的氛围，使大学校园成为创意、创新、创业和为企业服务的热土。

第四节 高校创新教育的问题及策略

一、高校创新教育中的问题

随着社会形势的发展，我国大学生的数量在不断地增加，但大学生的质量却没有完全得到同步的提高。我国根据社会形势发展的要求，相应地对大学生的创新教育制度等进行了一系列的修改，但距加快发展高校创新教育的迫切要求还存在着一定的距离，显现出诸多问题，具体可以归纳为以下几个方面。

（一）大学生自身的创新意识不强

部分大学生自身的思想没有改变，在高考指挥棒的影响下，仍然以高中生自居。第一，他们中的多数从小学到大学阶段都是在接受灌输式的"三中心"教育，以课堂为中心、以教师为中心、以教材为中心。在这个阶段，他们很少甚至没有接受过创新教育的培养，以至于大学生的创新意识模糊、创新能力不强。在毕业论文写作阶段，一些人阅读大量与本专业相关的书籍、参考文献，目的并不是找出这研究领域的空白点，独辟蹊径地做出自己开创性的研究，而是从参考文献中模仿别人的研究方法、套用别人的研究思路。这样的学习方法，完全是高中阶段的接受式学习方法，没有发挥自己的主观能动性，不懂得创新也不会创新，更不懂得自己发现问题、提出问题、解决问题。第二，部分大学生上大学的目的和动机仅仅是拿到文凭，能够毕业即可，在乎的就是自己的文凭。他们认为只要上了大学，拿到文凭，就可以找到工作，解决就业问题。这些原因使他们从思想上、心理上抵制创新教育，导致大学生的创新教育难以很好实施。第三，在大学阶段，我国大多数高校的科研条件有限，对学生的科研能力没有提出明确的要求，学生很少直接参与到知识的发现和探索过程当中，忽视了对学生进行"在继承中创新、在创新中继承"的教育，直接导致了学生动手能力不强。

（二）家庭和社会对创新的重视不够

高校创新教育的全面开展，需要家庭、学校和社会教育的互相配合、互相支持。但是目前无论是家庭教育还是社会教育对高校创新教育的实施都存在着明显的不足。家庭教育的不足主要表现为以下几点：一是家庭教育的理念错误。许多家长没有从孩子的实际情况和社会的需求出发，而是从自身的爱好出发，从望子成龙、望女成凤的心态出发来教育孩子，最终导致孩子的心理负担过重，个性发展不健康。二是家庭教育的内容错误。许多家长只重视孩子的身体素质，却忽视了孩子的心理素质；只重视孩子的智力开发，却轻视了孩子非智力因素的培养。三是家庭教育的方式错误。家庭教育方式主要有溺爱型和压制型两种。在溺爱型的教育方式下，孩子就是家里的全部，父母为孩子包办一切，孩子过着衣来伸手、饭来张口的生活；在压制型的教育方式下，父母说的话就是圣旨，以骂代教，孩子只有言听计从，久而久之，孩子就会产生一种固定的思维模式，父母让怎么做，自己就会照着怎么做。这两种教育方式泯灭了孩子的创造天性，使他们的思维产生惰性，不愿意动脑、不愿意思考，缺乏创新性。

社会教育的不足主要表现为以下几点：一是政府相关部门对高校创新教育的重视程度不够，没有从制度、政策、资金等方面给予足够支持。二是随着社会主义市场经济的发展，人们的思想观念、价值取向等都出现了多元化的特点，一些消极因素，如金钱万能、投机取巧、享乐主义等，正潜移默化地侵蚀着青少年的思想。同时，某些网络媒体为了牟取暴利，不惜一切手段发表大量充斥暴力、犯罪、色情内容的作品，青少年纯洁的心灵无形之中受到了严重的危害。这些情况的存在，使我们进行创新教育的环境大打折扣。

（三）传统教育观念对创新的制约

认识对实践具有反作用，对实践具有指导作用，教育观念指导着教育实践，正确的教育观念能够促进教育的发展，错误的教育观念则阻碍着教育的发展。第一，传统的教育观念仍然以应试教育为主，以升学率为目标，以"三中心"为中介，注重对学生进行知识的灌输，忽视其个性的发展，力图把教育办成标准化的应试教育，严重制约了大学生创新能力的发展。第二，由于受传统教育思想的影响，不论是学校领导、教师还是学生都形成了一些根深蒂固的思想与观念，对高校创新教育缺乏科学的认识与了解，认为创新教育只是针对尖子生的教育，是名牌大学和重点大学的事情，与普通高校没有关系，没有引起高度的重视，没有将实施创新教育纳入学校的总体发展规划当中，没有落实到日常的教育教学管理当中。第三，教育教学主管部门，特别是学校的领导，很担心进行创新教育会把原来的教学秩序与工作秩序打乱。要打破传统的教育模式，改变观念与习惯，进行改革与创新，在认识与行为上都有一些不适应，不仅会给管理工作带来困难，而且会增加自己工作的难度。

（四）传统应试教育体制对创新的抑制

教育体制一定程度上决定着教育的内容和形式，有什么样的教育体制，相应就会有什么样的教育。传统教育教学管理体制的目标就是升学率，一切以老师、课堂、教材为中心；评价体制主要以学生的考试分数为依据，只要分数高就是优等生；招生制度主要以考试为入学途径，从考试的内容和题型上来说，主要测试对基础知识的考查、对书本知识的记忆，没有突出对学生创新意识、创新思维、创新能力的考查。这种教育体制无法唤起教师和学生的活力，在一定程度上抑制了高校创新教育的实施。

（五）部分高校教师对创新的热情不高

古往今来，人民教师一直都受到社会的尊敬，具有崇高的社会地位。人们用种种美好的比喻来赞颂教师，有的把教师比作"蜡烛"，赞颂其"燃烧了自己，照亮了别人"的牺牲精神；有的把教师比作"一盏灯"，赞颂其"为学生照亮前方道路"的奉献精神等。高校教师都是经过专门训练的人才，他们拥有渊博的知识、丰富的阅历、严谨的治学态度，对工作兢兢业业、勤勤恳恳。然而由于传统教学模式、风险意识和利益关系等种种原因，部分高校教师在创新教育上也存在着一些问题。第一，传统教学模式的影响。由于受传统教学模式的影响，有的教师的教学活动已经成为一种固定的习惯，没有随着社会的变化而变化，没有更好地与时俱进，在教学手段、教学内容、教学方法上缺乏创新，陈旧的教学理念束缚了大学生的创新能动性。把教师与学生互动的教学过程变成了教师的单向行为，教师只是单向的传授者，学生只是被动的接受者。第二，风险意识和利益关系的影响。高校的许多教师在理论上都认识到了开展创新教育的重要性，但由于受风险意识和利益关系的影响，高校教师对开展创新教育有很多顾虑。开展创新教育必须进行改革，改革就要进行探索研究，就要付出大量的时间与精力，是否能得到相应的回报、收到预期的效果，都很难把握，这些大大影响了高校教师对开展创新教育的积极性。

二、发展策略

（一）树立创新教育新观念

传统教育是单纯的继承性教育，强调的是知识的积累过程，追求的是教学内容的稳定和专一，把掌握知识本身作为教学的目的，缺乏创新。这种教育不利于培养学生创新精神和创新能力。知识经济对人才的要求在内涵、规格、模式诸方面都将发生深刻的变化。

人才素质的核心要求我们要在继承性教育的基础上，加强创新教育，树立起新的教育观念；要在传授和学习已有知识的基础上，注意培养、实现知识创新，培养大学生具有自如运用这些知识的创新能力及解决实际问题的能力；要把培养创新人才的重点工作放在培养大学生的创新精神和意识、创新思维和创新能力这几个方面；要把培养学生创新能力和激发发明创新作为教改目标。只有确立了创新教育观，创新型人才培养才有了明确的思想保证。

用什么样的教育教学思想来指导人才培养工作，涉及培养什么人的最高原则问题。高等学校的管理者和教师所持的教育观和人才观直接影响到人才培养的质量。英国李约瑟博士在撰写完《中国科学技术史》后，曾经提出一个困扰中国学者的世纪难题"为什么中国培养不出一个诺贝尔奖获得者？"[1] 著名科学家杨振宁教授曾经说过："西南联大教会了我严谨，西方大学教会了我创新。"[2] 这反映出不同的教育观念对大学生创新能力的培养作用与效果是不同的。

在我国传统的教育教学观念中，教学以系统传授前人的知识为主。它的显著特点是以教师为中心、以课堂为中心、以教材为中心，学生则往往成为被动接受知识的容器，认为教师在课堂上灌输的知识越多，学生学到的东西就越多，学习就会越好。因此，教师在课堂上主要进行着单向知识的传授。由于这种教学观念过分重视知识的传授，忽视能力培养，易将学生培养成为书呆子，更严重地制约着教学内容、教学方法、教学手段的变革，因此突破传统教学观念是高校深化教学改革，培养创新人才的前提条件。要通过教育教学观念的突破，使教师清楚地认识到，要培养创新人才，教师自身应率先具备创新意识和创新精神。要摆正师生在教学中的地位和作用。在教学过程中，教师只是教学活动的设计者、组织者、指导者、参与者和评判者，学生才是教学活动的主体，并且是具有能动性、潜在性与差异性的主体。要充分调动学生的积极性、主动性和创造性。要注重优化教学过程，把传授知识与学生消化理解知识有机地结合起来，要转变教师的单向知识传授为师生之间、学生之间、学生与社会环境之间的多

---

[1] 张孟闻.李约瑟博士及其《中国科学技术史》[M].上海：华东师范大学出版社，1989.
[2] 杨振宁.杨振宁文集传记·演讲·随笔上[M].上海：华东师范大学出版社，2000.

向交流，要提倡研究性学习、探索性学习和协作性学习，要努力实现人才培养方式的深刻变革。

（二）优化创新型人才的成长环境

创新型人才培养环境应体现宽松、民主、自由、开放、进取的特点。一个良好的创新环境，不仅能为具备创新能力的学生提供施展才华的舞台，而且可以激发学生潜在创新能力的发挥。

1. 优化硬环境

要加强创新教育的基地建设，可以实验室、实习工厂、实训基地、图书馆等为基础，适当配置现代化、高科技的技术装备，也可以利用或共享社会非教育资源来建设校外的创新教育基地，通过第一课堂与第二课堂的结合来培养创新人才。近年来，一些院校实验室的全面开发已成为学校教育、科研上水平的标志。它以精心设计的课题、良好的仪器设备、优质的管理和充裕的实验研究基金吸引教师、研究人员和学生参与，为大学生开展课外科技活动提供了良好的环境。

2. 优化软环境

要建立有利于人才培养的教育管理体制，改革教学内容、优化课程体系和人才培养模式，使学生形成良好的知识结构和能力结构，为发展学生的创新思维奠定全面的基础。改革教学手段和方法，尽量采取现代化、高科技多媒体教学和网络教学等为大学生创造良好的教学创新和知识创新环境。在考试评价上，取消百分制，实行等级制。把教师的积极性引导到教学改革上来，建立民主、平等、合作的新型师生关系，为学生创新能力的发挥创造自由、安全的心理环境。

（三）构建多元化的知识结构

科学合理的知识结构是进行创新的重要前提，是形成创新能力的基础。高等教育必须根据创新人才的成长管理，研究建立创新型的知识结构。建立新型的知识结构要具有完整性和有序性，同时需要处理好以下几种关系：

1. 通识教育与专业教育的关系

高等教育应该是通识教育基础上的专业教育。通识教育与专业教育相结合，能为学生提供广博的知识平台，使学生具有进一步综合、选择和创新的能力。

2. 人文教育与科学教育的关系

人文教育注重培养人文精神，没有人文教育就没有灵魂，人类就没有前进的方向。科学教育有助于人们认识物质世界，没有科学教育，社会就难以进步。人文社会科学素养，对于激发人的创造性思维、把握科学技术的社会需求、增强研究活动中的协作能力、提高社会责任感和使命感有着不可替代的作用和影响。我国高等教育长期文理、理工分家，人文教育与科学教育相割裂，给学生带来了思维方式的缺陷和知识面的偏颇，这样的人才毛坯要成为大师级、顶尖级创新人才有先天不足的地方。从事实上看，理工类的诺贝尔奖得主很大一部分都在人文、艺术上有很高的修养，并且明显地感到这些对其获得重大的成就起着重要的作用。推进人文教育和科学教育的有机融合，是实施素质教育、培养创新人才和取得原创性科研成果的关键性措施。

3. 知识、能力和素质的关系

知识是能力与素质的载体，能力是知识和素质的外在表现，素质是知识与能力的核心。知识包括科学文化知识、专业基础与专业知识、相邻学科知识；能力是在掌握了一定知识的基础上经过培训和实践锻炼而形成的。丰富的知识可以促进能力的增强，较强的能力可以促进知识的获取。能力主要包括获取知识的能力、运用知识的能力和创新能力。素质是指人在先天生理基础上，受后天环境教育影响，通过个体自身的认识和社会实践养成的比较稳定的身心发展的基本品质。高的素质可以使知识和能力更好地发挥作用，并促进知识和能力进一步提升。因此，高等学校在教育中要把传授知识、培养能力和提高素质三位一体辩证统一起来，才能有利于创新人才的培养。

4. 智力因素与非智力因素的关系

培养创新人才，不能只重视学生的智力因素的作用，而忽视非智力因素的作用。心理学在研究创新活动的过程中发现，一个人的创新除了必须具备智力因素的基础条件外，非智力因素往往起着重大作用。非智力因素包括智力以外的因素，诸如需要、动机、兴趣、情绪（情感）、意志、性格、态度和品德等，它虽不直接参与认识过程和智力活动，但它对人的创造活动有启发、引导、维持、强化和调动作用。科学研究表明，人的智力差异是很小的，能否成为创新人才不仅取决于是否有广博精深的知识，更取决于是否对人类和社会具有高度的责任感，是否对真理具有强烈的追求，是否有克服困难的顽强意志和坚韧不拔的毅力等良好的非智力因素。一个人能否创新，固然有知识基础、技能、思维方面等智力因素的原因，更有兴趣、情感、个性和信念等非智力因素的影响。非智力因素往往是创新最稳定、最持久、最巨大和最经受得住考验的驱动力。非智力因素在人才成长过程中起着极其重要的作用，它与智力因素相辅相成、相互促进，良好的非智力因素要以智力因素为基础，是智力因素的动力和灵魂。坚持智力因素与非智力因素并重共进，才能有利于创新人才的培养。

（四）完善创新人才培养的新机制

1. 树立多元人才观

改变过去那种统一教学、统一教材、统一学制、统一管理的整齐划一的人才培养模式，采取灵活多样的培养方式，实现培养模式多样化、培养方案个性化。培养方案个性化主要是指注重学生个性发展。没有个性的发展就没有创造力的产生，品质优良的个性是创造力的动力源泉。高等教育要坚持全面发展与个性发展协同性的原则，在强调全面发展的同时，注意学生的个性发展。因材施教激发和培养学生的学习兴趣，保护和激发学生的好奇心和创造欲，挖掘学生的潜能和特长，使学生在获得基础素质、共性素质发展的同时，以个性为特色的个性素质也得到最大限度的发展和彰显，从而促进创新人才的培养。当然，这里所指的个性是一种健康、和谐的个性，而非一些不良个性。

2. 深化教学改革

要更新教学内容，改革教学方法。在现在的大学里，一些教学内容明显落后于时代要求，特别是在一些高校中，一些专业课教学内容明显滞后于新知识、新技术、新工艺。因此，应紧跟时代科技发展前沿，增加现代科技基本原理，介绍学科的新发展、新成果，扩宽专业面。在教学方法上，变"满堂灌"为"启发式"，调动学生的主观能动性。加大实践教学比重，有的高校根据专业特点，建立了"前校后厂"式的实践基地，这对培养学生动手能力很有帮助，调动了学生的创新积极性。

3. 建立有利于创新人才脱颖而出的评价指标体系

三好学生标准、优秀教师的评选标准、教育评价制度，都要综合考虑创新意识、创新能力等因素。

4. 形成和谐、宽松、浓厚的学术风气

要大力倡导和鼓励科研工作，允许各种学术思想的充分讨论，不打压、限制。

（五）大力推进教学内容、教学方法和教学手段改革

为了实现人才培养方式新突破，培养创新型人才，在具体改革实施的层面上必须对传统的教学内容、教学方法和教学手段进行系统改革。

1. 教学内容改革

随着科技和经济的迅猛发展，知识更新越来越快，这就要求教学内容要不断更新，以直接反映科学技术和经济发展的最新成果和进展。但是，我国高校的教学内容和课程体系虽几经改革，但内容陈旧和结构不合理等状况依然存在。无论是自然科学、技

术科学还是人文社会科学,其教学内容与国际先进水平相比,仍存在着相当大的知识差距。有些知识、观点和材料早已为国际所淘汰,但仍在我国高等教学中作为主导观点加以传播。距今几年、十多年甚至时间更久的教材仍在使用,专业知识陈旧现象十分严重。教学内容过分重视陈述性、事实性和记忆性材料的教学,忽视原理性、策略性、发展性和创造性的知识教学;过分重视确定性的内容,忽视不确定性的、前沿性的内容,缺乏对学生智力发展的刺激性和挑战性,难以激发学生的学习兴趣和进一步进行探究的愿望,无助于创新实践能力的形成。

为了更好地培养学生的创新能力,应及时更新教学内容,尽量选用最新、最先进的优秀教材,及时将科学技术和社会发展的最新知识和前沿性成果介绍给学生;根据学科之间相互交叉、渗透而出现的综合化、整体化趋势,拓宽学生的专业知识面,加强促进学科专业知识的交叉与融合;加强科学世界观和方法论的教学;精炼教学内容,重视原理性、策略性、发展性和创造性的知识教学;要为学生留有自主思考、自主学习的空间;善于激发学生的学习兴趣和探究性欲望,逐步培养学生的创新精神和意识。

2. 教学方式、方法改革

我国传统的教学方式、方法在理论教学时过分注重教师教、学生学,教师讲、学生听,过分强调"讲清"和"讲透",采用的多数是"满堂灌"和"填鸭式"等方法。在实践教学中,实验教材和实习指导书将各个实验和实习的目的、要求、步骤、现象、结论写得清清楚楚,教师甚至在实验前还将所需实验仪器、药品准备好,学生在实验中往往是"照单抓药",实验和实习只是为了验证数据和现象而已。这些传统的教学方法难以培养学生的动手能力、创造性思维和想象力。

为了更好地培养学生的创新能力,要全力推进课堂教学方式和方法的改革,要大量采用启发式教学法、案例教学法、专题讲座教学法、现场教学法、模拟现实教学法等。教师在教学过程中应做学生的导师,起"指点迷津"的作用,不能当学生的"保姆"。教师作为教学过程的设计者,必须把教学内容转化为具有探索性、开放性和适应性的教学问题,通过这些问题来创造教学情境;作为组织者,要组织学生实施课程教学方案,并保证顺利完成,教师必须具备驾驭课程的能力;作为指导者,教师要超越时空,说明和解释已知条件下事件发生的状况和特点,揭示知识的建构过程,帮助学生做出正确的选择;作为参与者,教师应和学生一起探索知识产生的过程、结构、特征和规律等;作为评判者,必须通过引导学生对认识结果进行表达、交流、批评和修正,并最终得出自己的结论和认识。

要重视实践教学在创新人才培养中的作用,尽可能地组织学生走出校园,采用课内与课外相结合、产学研相结合的方法,真正做到理论学习与实践相结合。在实验教学方面,应注重培养学生独立从事科研的能力,多开设综合性和设计性实验,多开设有利于学生发明、发现、创新的实验。要建立各类实验室对学生开放的制度，设立学生创新实践科研基金等，鼓励学生自己设计实验，并独立完成实验研究，获得创新性实验成果。

3. 教学手段改革

人类发展已进入信息化时代，社会信息通过电子计算机、缩微存储、网络等方式实现了人类资源共享。一个人如果缺乏信息化素养，就会失去利用最新信息资源的机会。创新人才应该是善于利用现代信息化手段进行学习和创新的人。在这种形势下，教学手段信息化已经成为历史发展的必然，我国传统的"一本书、一支粉笔、一块黑板"为主，辅以挂图、模型等的教学手段已经不能适应信息时代的教学要求，也难以推动教学内容、教学方法的改革。要高度重视多媒体教学、网上教学等教学手段的重要作用，构建能为教学信息化提供优质服务的教学信息化平台，构筑学习型校园。教师要及时学习现代化的教育理论，熟练地应用行之有效的现代教育技术，使用CAI、虚拟现实、网络手段搭建起贯穿课程建设、教学活动、师生互动、教学评价、学术交流、教学管理的信息化教学条件，使之成为教师教、学生学，师生有效交流互动的得心应手的工具，全方位调动学生的各种感觉器官参与课程教学活动，大幅度提高课程教学效率，增大教学信息容量，促进学生个性化学习、研究性学习、协作性学习，从而使课程教学变得更加丰富多彩，并逐步实现"教"是为了"不教""学会"变成"会学"的创新教学目标。

（六）改革课程考试方式

课程考核是人才培养过程中一个极其重要的环节，它不仅是检验学生课程学习成绩及教学效果的一种方法，而且是课程建设水平乃至学校教学和人才培养理念的一种体现，也是重要的"指挥棒"。通过加强考试方式改革，可摆脱"应试教学"和以"分数"评价人才的束缚，告别死记硬背，找到一条能引导学生自觉开展创新学习、提高创新能力、实现终身学习和持续发展的有效途径。

长期以来，我国高等学校的大多数课程考试方式仍然沿袭以书面试卷考试为主的方式，这种考试的内容以书本知识为主，突出表现为重课本、轻实践；重知识、轻能力；重结果、轻过程；重对学生的测试，轻课程自身的建设等特征。在开展创新教育的形势下，这种旧的考试方式已越来越不适应综合评价学生知识、能力、素质的要求。为了培养创新人才，必须重新认识考试的功能和意义，充分发挥考试的功能来引导学生全面发展，从而全面推进教学质量的提高。

课程学习一般要求学生掌握三方面的内容：一是基本知识、基本理论和基本技能。二是发现问题、分析问题和解决问题的能力。三是创新意识和创新能力。在目前许多课程的考试中，一般只注重基本理论、基本知识和基本技能的检测，对于发现问题、分析问题和解决问题的能力涉及较少，而对学生创新意识与创新能力的评价往往被忽视。考试方式改革的目的就是要通过改革考试的内容和形式，摒弃死记硬背的学习方式，引导学生在掌握基本理论、基本知识和基本技能的基础上，积极培养其发现问题、分析问题和解决问题的能力，培养创新意识和创新能力。要根据具体课程的性质，经过改革试点，逐步探索出一套适应具体课程特征、形式多样、有利于学生创新能力培养的考试方法，如课程小论文、创新实践活动成果、开卷考试和闭卷考试等。要树立综合考核观念，其目标不仅是考查学生掌握知识的程度，更重要的是考查学生运用所学知识发现问题、分析问题和解决实际问题的能力，引导学生学会创新。

（七）营造优良的创新人才培养环境

培养创新人才，最重要的是创建和营造有利于人才成长的条件和环境。正如美国哈佛大学原校长陆登庭所说，最令哈佛大学骄傲的，不是培养了6位总统、36位诺贝尔奖获得者，而是为学生提供良好的、充分发展的环境。实践证明，学校构建有利于学生创新学习的环境和条件，建立有利于学生创新的教学管理制度、教学评价及激励机制，在教学过程中营造活跃、宽松、民主、高效的课堂氛围，尊重学生的个性与创新精神，树立多元的学生创新观，允许学生有不同的见解，师生合作、教学相长，平等对待学生，鼓励学生发表见解，甚至敢于挑战权威等方式，都有利于学生创新精神与创新能力的培养。这些都是现代创新教育教学观所大力倡导的，也是实现人才培养方式的新突破，培养创新人才的基本条件。为了营造优良的创新人才培养环境，要加大投入，构建适合学校实际的创新人才培养体系，此外，还需处理好以下关系：

1. 科研与教学的关系

如何处理教学与科研的关系是我国高校面临的共同问题，两者应互补长短，但在实际过程中往往相互割裂、相互矛盾，多数教授精力主要投入于科研，较轻视教学。这种状况不利于创新人才的培养。要加强政策引导和制度建设，恰当处理教学和科研的关系问题，推进教授在投入科学研究的同时，积极投身于教育教学工作，培养创新人才。此外，也应采取措施，引导教学型教师积极投身于科研工作，以进一步提高教学水平。

2. 智力因素和非智力因素的关系

为了培养创新型人才，不仅需要加强学生在知识和能力方面的培养，更要帮助学生树立对社会高度的责任感和良好的道德品质与心理素质，加强情感、意志、性格等非智力因素的培养。现代科技的发展和应用是一把"双刃剑"，它既可以为人类带来幸福和进步，也会给人类带来祸害，甚至灾难。如果掌握尖端科学技术的人，没有养成与其智力水准相应的道德水准，对社会所造成的影响甚至危害常常会更严重。高校是社会精神文明的重要基地，加强学校文化的建设，引导、熏陶和培养高素质的拔尖创新人才，具有十分重要的意义。

3. 传承与创新的关系

我国高校人才培养的一个严重缺陷是人才培养的知识面过于狭窄。根据学科之间的相互交叉、渗透而出现的综合化、整体化趋势，许多学校开始强调拓宽学生的知识基础。但是，如果拓宽基础只是注重学生在知识上的增加，单纯地增加课程学时，不注重克服传统教育中重知识、轻能力的弊端，只会增加学生的负担，最后培养出来的也是不会很好运用知识和缺乏创造性的人。

第四章　高等教育与创新素养发展关系

第一节　解读大学教育的理论工具：组织、规训、话语

伴随着大学的发展，大学的育人功能与社会功能日益彰显，大学之所以能够作为一种社会组织参与社会资源的使用、改造与配置，与其制度化发展历程存在着一定的关系。一方面是人们在认识世界和自我社会调适及发展中对知识的依托，另一方面是大学拥有独特的知识资源（包括人才培养）。知识资源是大学组织内部重要的循环代谢系统，也是与社会之间进行能量交换与转化的基础，在大学组织与外界的各种制约因素博弈过程及其内部运行轨迹逐渐清晰之时，大学内部的运行亦走向自觉。除了获得学术发展方面的声威之外，大学作为真正有教育与孕化功能的实体，也同样有支持这一系统运行的规程与规则，比如学科制度（亦称学科规训），以及与学科规训相联系的课程设置与标准、学科评价及学科奖惩制度等。以上我们是站在大学组织功能外显的角度来讨论的，但另一方面大学教育是过程性的，也是以学生为中心的，大学教育对学生的影响除了体现在以学科教学为主的大学组织化生活中，也在大学的文化生活与人际交往生活中反映出来。大学的文化生活与人际交往生活是大学生在大学阶段在组织化学习活动以外所展开的全方位的综合活动形式，包括政治参与、人际交往活动、课余休闲活动、文化娱乐活动等，其充分体现着大学生的主体性地位及其个性特征。在大学教育过程中，不可避免地有多种因素被包容其中，并在大学发展的过程中逐渐地积淀下来，形成具有现实或潜隐规训作用的制度或规约，而这些制度或规约以其特有的方式制动大学教育的方方面面，学生的发展也受其浸染。组织、规训、话语在理论上为人们解读、考察大学教育提供了可解释性的基本线索而受到关注。

一、组织：规定了大学教育的形态

（一）对组织的理论阐释

组织是社会有机系统中的基本单位，组织由多种资源构成，具有明确的目标和独特的组织结构。通过以人为核心的组织活动协调、管理组织内部环境，并同时与外部环境保持联系。组织使社会秩序的有效维持和社会效益的实现成为可能。大学作为社会系统中的一个组织单位，也具有独属于其维持内部运行、协调内部环境及与外部相联系的独特方式与基本形态。大学组织可以看作寻求具体目标并且结构形式化程度较高的学术结构集合体。其目标是为了知识与学问而存在，形式化使得大学组织和个人的行为变得更为确定，使参与者或观察者能够描绘其社会结构及运作流程，包括责任分工的设计与修订信息或物质的流转，或是参与者之间互动的方法。

组织理论从内部对大学教育系统进行了可解释性的分析。通过对大学组织的分析，使人们能够了解到大学中的人实际在做什么、在怎样做。当人们站在组织的视角，把大学教育作为一种有组织的系统来分析时，人们会发现，知识是包含于大学教育活动中的主要方面。而知识在大学中有其特有的表现形式，即学科，大学组织就是以学科为基础建立起来的。对整个大学组织来说，学科不仅仅把大学组织划分成一个个不同的学院、不同的科系，另外还有为学科的发展提供保障的管理系统和职能部门。按照对学科所承担任务的不同，被分为以知识创造为目的的研究活动，以知识传授为目的的教学活动和为大学的研究活动与教学活动提供职能保障的管理活动。普遍来说大学组织结构由处于不同层次的三个部分构成，三个部分分别是底层结构（以学科为主的层次）、中层结构（指院或系科层）、上层结构（指学校系统层）。三个层次结构各自的职能、任务、目标都有所不同。其中学生的活动多在底层结构和中层结构中，并以底层结构为主。学生的活动也主要与学科相关。大学教育中更佳的端点是底层，底层是包含了广泛大学学术内涵的更佳的端点。

在大学组织中，人们观察到以下事实：在底层的教学和研究活动是真正推动知识发展的活动，是对学生进行影响的活动；知识在这些活动中是被划分成许多相互紧密联系但独立的专业；对知识的专业划分促成系科这样的工作单位结构形成，教学组织、课程组织、学业评价都在这里进行。

（二）大学的组织化生活

大学组织化生活既包括认识过程也包括实践过程，教师和学生同为这一过程的主体，知识是这一过程的客体。学生和教师主体认识改造知识客体需要借助某些中介作为条件来进行，如要通过体系化的课程设置、课程安排、教学方式方法、教学管理、技术路径、教学环境等支持性因素来进行。可以说，教师、学生、知识、各种教育支持因素从不同的方面影响着整个大学的组织化生活。大学组织化生活是学生主体性活动，学生的认知能力已达到相当水平，有较强的学习自主性，但是学生仍然需要教师的指导和帮助，需要教育中介和教育环境的支持才能进行知识的有效学习和自我能力发展水平的调整，因为学生个体不具备对复杂知识体系和认知环境体系的掌控和协调能力。大学为学生提供的知识类型、学生的认知方式对其能力发展有着极大影响，就认知方式来说，认知既是对大学教育发生作用的基础元素，也是大学教育的一种结果。与认知有关的情感、实践活动、交往活动、教育手段等方面也对大学学习生活有着重大影响。首先，情感对人的认识过程起着激发、推动、维持作用。实践活动可以帮助学生加深对抽象理论的感性认识，在与客观实在发生关系的过程中，形成自己的体验，养成一定的情感态度，获得对事物的认识、判断、领悟。主体在大学组织化生活中的交往对学生创新动机和实践能力的加强具有重要价值，因为大学生活是建立在交往基础上的。大学生活的过程安排一方面反映知识的表现形式和对人的影响方式，另一方面反映教师专业培养和教学实践活动对学生影响的实际过程。当然，除了受到构成大学学习生活条件因素的影响外，大学的科研水平、管理水平、校园环境等因素对大学生的认识与实践活动有积极的保障作用。

总体来说，在大学的组织化生活中，各因素之间相互制约，这些因素之间的交叉及其组合关系形成了大学学习生活特有的机制和影响方式，实现着对人的发展的影响。

首先，大学的组织化生活的内容较宽泛，一般由相互联系的学科教学活动、专门的科学研究活动、专门的管理活动构成。但每一种活动都有其区别于他者的特点、方式、过程和规律等，每一种活动都指向特定的目的，对应相应的功能，具有不同的活动主体。科学研究活动是相关的研究人员对客观世界的探索认识活动，其目的是发现和发展未知世界和未知领域，推进对客观世界的整体认识，这一活动的固定主体是教学科研人员；学校管理活动属于手段性的协助活动，目的是协调组织中的人际关系、事务性关系和教育活动关系，保持组织内部各有效力量的正常发挥和运作，其主体是学校的专职管理人员和具体事务负责执行人员；大学学科教学活动的目的是提高学生的认识能力和实践能力，实现学生的身心发展，其关键主体是学生。通过比较可以看出，大学学科教学活动与人的发展最为直接和紧密，分析大学组织化生活中的学科教学活动各个部分、形式、过程本质可以帮助我们从更贴近现实的角度来分析学生的创新素养发展状况。

按照人们的一般认识习惯，人们总是倾向于从与认识或研究对象关系最直接、最紧密、能提供更多信息和线索，而且是人们最熟悉的事物或事物的某一方面入手，开始他们的研究工作。当人们要对大学教育的全过程、全部内容、所包含的全部关系、结构的构成方式及其功能机制做分析和描述时，有必要将交融在"大学教育"范畴下的具体的活动内容充分展开，并作为进一步细化研究、分析的结点。以大学组织化生活为研究开端，通过对构成大学组织化生活的核心元素的分析来了解在大学教育情境中人的创新素养发展状况，能够获得相对精确的信息，通过有效分析，可以达到理想的认识结果。

二、学科：大学教育的中介

（一）对学科的理论阐释

在大学育人过程中，有一种将知识与人的发展目标和需求联系起来的中介，这一中介体现为拉动大学教育活动进行的序列程序，大学中的育人活动就是在这种安排了人、知识、制度等因素的特定程序中开始、进行和完成的。尽管人的内在心智发展状态不具确定性，是不断发展变化的，但是围绕人的发展所进行的学校教育的外在影响活动却是按照一定方式对人施加影响的。

在大学，从高深学问的教与学等知识现象中，人们可以找到这一中介——学科规训。它既是知识的本身，又是对知识的分类；既是知识本身的形式，又是对人进行规范、训练和陶冶的范式；它既用知识培养人，又通过培养人发展知识。在英文、法文和德文中都有表示"学科规训"的词。如英文"discipline"源于拉丁文的"disciplina"，意为知识、教导、纪律和习惯，"学科规训"内涵复杂，包含学科、规训、建制等多层内涵。米歇尔·福柯最先使人们认识到"discipline"在"学科"之外具有"控制"的含义，它反映知识与权力结合规训人们的行为。沿此线索，华勒斯坦等人研究了大学里与知识、权力相关的"学科规训"现象，他指出，在大学里"学科规训"是制度化的，知识与权力的中介是教育实践方式。[①]纵观历史上对"学科规训"内涵的解释，一个综合的认识是"学科规训"是一种知识分类的规则和学科分立的制度，是知识生产的制度；是一种建立在现代知识体系之上的学校教育制度；是一种教育实践活动。

学科规训理论在微观层面，将知识按学科划分归类，按学科的发展要求，确定研究对象、知识域及保证学科体系完善、发展的各种手段、规则。由此，学习研究者也在学科规训的驯化过程中被学科区别开来，用属于自己的学科专用语言、思考方式、讨论方式、规训方式来彼此交流、沟通，甚至相互批判。这种理论以更精细、更确定、更有利于知识传播的方式规定了人的发展方式，包括这种方式所反映出的人的创新能力的发展状况。在这里，将被用来解释大学教育中学科、教学训练、评价等对学生创新能力发展影响的基础和过程。

---

① 华勒斯坦. 学科·知识·权力[M]. 刘健芝，等译. 北京：生活·读书·新知三联书店，1999.

（二）学科在大学组织化生活中的作用

1. 学科层面：学科分类、学科建制、学科文化

学科规训在大学教育实践中有具体体现，即指以专业为基础的教学。分科教育是大学学科规训的显著表现之一。从中世纪大学产生时，就出现了分科教育的传统，在大学内部，根据处于不同地位的知识，组建不同学院，一般是神、医、文、法四个学院。伴随着知识领域的扩大，以及知识内在逻辑划分、管理与传播的需要，并按照各自适用的范围与特点，知识相应地被区分出来，形成不同的大类，并在大学及社会范围被广泛采用，于是逐渐发展形成了今天的学科类别（宏观层面：自然科学与人文学、社会科学；中观层面：文、史、哲、理、工、农、商、管、医、经、法、教；微观层面：生物、化学、物理等）。大学中的教学则按照学科类别分科组织实施，更具体意义上的专业教学（具有职业导向）贯穿于诸如招生、培养、学业评价、就业等相互衔接的培养程序和环节中。以我国大学为例，学校招生按学科类别分科录取，学校将依托学科或学科群对进校学生进行培养，并依据专业标准对学生进行考试评价，学生就业也是按照专业类别进入就业市场进行分流。大学教学活动沿袭了中世纪大学学科规训传统及遵循现代知识分类基础上的分科教育规定，是学科规训在外显过程中形成的系列实践活动，大学的培养目标、教学内容、教学活动组织及大学的组织建制等方面都是按分科教学的方式履行的。

学科规训在大学中的影响程度伴随大学社会职能的不断丰富与发展也进一步加强，在新的复杂交错的知识背景下，学科规训依然是能够使大学的教育活动继续顺利延续的内部力量。首先，从大学中知识的传输过程来看，作为教学材料的高深知识呈现出学科性归属与专业性分布，被知识所吸引的师生按照知识的枝丫脉络归于众多不同的学科门类，按照专业汇集到学部、系、讲座等组织里。大学教学活动在这一背景下以专业作为基本组织单元，在全国性专业设置、学校专业教学计划、学校专业教学系设置的基础上，采用专业教学组织形式凸显专业性教学内容，大学教学活动置身于专业教学习性中。其次，从大学的学科建制，即站在学科确立与发展的角度来看，无论是大学中的讲座、开设的学科课程、严格的学位制度、独立学科的学术组织、专业学术期刊，还是按学科分类收藏的图书资源等方面，各自以一定的方式给不同学科的师生在专业探索上以协助。可以说，作为学科规训组成部分的学科建制在大学里对学科的继承者和发展者的影响是显而易见的。事实上，一个重要的原因就是学科发展需要以专业组织为载体，以专门的研究期刊为阵地，以学术共同体的交流对话为根本工作方式，从而实现其提升与发展。学科建制始于17—18世纪，那时各国成立了科学学会或学院，这些组织的科学活动"可算作是建制化，却非专业化"的，"这些学会

充当了知识把门人的角色,并开始发展能够规范组织知识的出版技术和策略"[①]。而学科建制的真正形成与成熟则是在19世纪,其标志是伴随以德国柏林大学为首的研究大学的创建,"各个科学学科的专业标准同时建立起来"。[②]一方面,这些新大学"为科学家提供就业和经济保障,鼓励他们以自己的专业而不是以整个科学家群体来互相认同","使知识生产专业化","依赖各种形式的专业组织来联结地域上各自分散的学者";[③]另一方面,这些新大学"依照学科来设置专业与课程,设置考核评价标准,形成完整的教育制度以规训新人"。[④]精确化、实证化、实用化和控制化的思维方式、原则逐渐在学科发展中显现出来。学科建制是学科规训的又一组成部分,它反映了各个学科对各自的准入人员的认同、评价标准及方式,而这一规训又影响到学者栖息的大学中的教学活动,即学生在教学活动中不可避免地以学科的名义和标准受到考核和审查,当然,在这里学科不仅仅指普遍的真理和方法,亦指控制和规训。大学教学中的课程仅仅是学科知识的一部分,是学科知识的教育形态,而学科涵盖专业化知识的全部内容,是专门化知识的学术形态。由此可见,大学开设的课程与学科直接相关,同时兼顾学生的认知水平和可接受的程度,是学科规训的结果。最后,从学科文化的影响来看,它更能将学科中最高质、最深刻的部分毫无区分地为拥有它的人所享有,正如伯顿·克拉克(Burton.Clark)所说,每一个学科都有一种知识传统,即思想范畴和相应的行为准则……刚刚进入不同学术专业的人,实际是进入了不同的文化宫,在那里,他们分享有关理论、方法论、技术和问题的信念。[⑤]与学科在大学中的确立和学科发展所依托的外在制度相比,学科内部的价值概念和学术信念的内化过程更有意义,这个意义就是人们从中获得了学术的自觉与自律。"大学的教学、研究等基本学术活动由学科及专业来划分和联系"[⑥],"每一学科领域拥有其特有的思想范畴、研究方法、评价标准,每一学科成员具有独特生活方式、行为准则,并在学科范围内分享","同一学科或专业领域的人们逐渐建立了一套共同认可的研究方法、技术及专门术语体系","其最终结果是各学科或各专业领域形成各自的符号系统"[⑦]。尽管如此,在更大的科学共同体中,不同的学科则分享共同的学术规范,"大学学科文化以独特的方式影响着大学的学术活动、教学活动"。[⑧]一般来讲,大学教师已具有一定的学科背景,大学生也正在形成学科背景,他们都在经历学科规训。学科文化潜在地影响

[①] 陈秀兰. 交往中的建构:大学教学活动的社会建构论解读[M]. 青岛:中国海洋大学出版社,2008.
[②] 同上.
[③] 同上.
[④] 同上.
[⑤] 伯顿·克拉克. 高等教育系统[M]. 杭州:杭州大学出版社,1989.
[⑥] 同上.
[⑦] 同上.
[⑧] 同上.

着师生的学科忠诚、价值规范、科学信仰与行为方式,也在师生的交往建构中变得丰富。

2. 学校层面:学生学业评价与奖惩

以学科的形成及发展为框架和前提的大学教育,其教育的目的终归是实现人的发展,只是在人的发展过程中需要各种性状的因素、手段、条件等,且这些方面并非杂乱无序,它们各自之间按照未来既定的目的或目标被划定在某一结构模型中,形成影响人的心身质变的主动力量,大学教育的客观影响力不能不说与学科及学科制度被纳入大学教育体系有一定的关系。人们明白其中的一点,即人对世界的无知状态是人的发展的起始状态,知识则是改变人的这种无知状态的破冰石,知识在大学合法化的过程中所体现出的各种制度规约是被实现目标的效率所选择的结果。因此,在大学高深学问的教与学等知识现象中,对一切反映人与知识认知、知识创新、知识发展关系,以及知识对人进行规范、训练和陶冶的事件、活动、范式,人们使用了一个中介概念——学科规训来表示。人的发展目标及知识的发展不断精细化,学科规训的内涵亦在提升,学科规训能够为大学教育中的学科培养制度、学科评价与奖惩制度及知识行动者群体的职业伦理体系等提供解释框架。这一点在以上的论述中有所反映。人们所熟悉的学科评价与奖惩制度在学校的实际教学中是如何反映出来的、有怎样的表现方式,了解这些方面对研究的深入极其必要。

在大学教学实践中,学科评价具体指教学过程评价和教学效果评价两方面。教学过程评价是对学科教学人员的评价,包括对教学人员备课、讲课、作业及辅导的情况的评价;教学效果评价是针对学生群体对知识、技能掌握及其能力发展情况做出的评价。教学过程和教学效果两方面的评价都是以具体的学科要求和教学目标为其依据,利用可行的评价手段,反馈教学信息,强化学科教学,考察、鉴别学科教学的质量、优缺点和问题,并考察、鉴别学生的学业状况、发展水平及学习本学科的潜能,为国家选拔、分配和使用人才提供信息。对教学过程的评价方法和对教学效果评价的方法是不同的:教学过程评价检测教师的教学和目标完成情况,采用同行、领导、专家听课及征求学生意见的方式;教学结果评价检测学生的学科学习情况,检测学生的知识、技能和能力发展水平,采用学科测验(考试、设计、书写、操作)的方法。进行学科评价有其现实的意义,即对学科人才培养的实际水平给出可实际测度的客观结论信息。通过学科评价,评判学生是否达到了学科的要求、获得了发展,评判学科教学是否加强了学科系统、推进了学科发展。因此,在谈到大学教育对学生的影响时,学科或学业评价是重要方面之一。

与学科评价相关的另一个影响学生发展的因素是学科奖惩。有评价就会有相应的评价结果,也会有对评价结果的回应,即奖惩。国内大学对大学生学业表现的奖励一般有奖学金评定、三好学生评定、优秀学生干部评定、入党人选评定、推免研究生人员评定、优秀毕业生评定、毕业留校人员推选等；而相应的惩罚形式一般有通报批评、记过、记大过、留校察看、开除学籍等。在大学教育中，对学生具有普遍和深刻影响的是奖励机制。除了以上所谈及的对学生的常设奖励项目外，对学生其他素质方面的优异表现，学校也设立奖励标准进行奖励。例如，设立道德奖、创业奖、文体活动奖、科技突出表现奖等。这些奖项是专设的并非常设，其对学生的吸引力与影响度都不及常设奖励项目。大学的学科奖励也有两种，针对专业学术人员和学生，是伴生学科评价的一种学科制度。大学中学科奖励的依据是学科发展的要求及教育培养目标。对学校来讲，设立奖励机制，其产生的实际结果在于证明学校的学科人才培养是按照学科的要求和培养的目标进行的，其中一部分学生的学业表现突出，而且这种评价奖励措施强化所有的学生都遵守学科所规定的基本要求，鼓励学生上进。对学生而言，达到学科所规定的基本要求，是获得专业背景的基本条件，是接受大学教育的标准，达到学科规定的基本要求成为学生形成专业自觉的准则。尽管在学科教学过程中，是按学生的心智发展特点和学生的个体特征安排教学框架、调整教学内容，但在由教师执行的学科教学活动正式进行之前，已然完成了知识与学生之间的衔接，知识不是杂乱而不确定的，人对知识的认知是结构严谨而有序的，这是学科规训的结果。为了实现知识的有效传播与发展，结合人的认知特点及学科发展的内在逻辑，学科制度在此基础上逐渐形成，指导大学的教育教学及人才培养活动。如果超越学科，从社会的角度来说，学科帮助人们完成了对知识最有效的认识，并延续了社会持续发展的源生动力。当社会的发展更加精密和快速时，社会对这种源生动力的需求则越加强烈，那么对人才培养活动的干预程度也越加深。在大学里，人才培养目标、学生学业评价、学科发展的走向等不同程度地反映了社会的需求意愿。在人群中形成了反映当前历史阶段社会主流价值的社会话语，这些方面是人的发展和学科发展遇到的新境况。具有社会特性的话语成为大学生活中影响大学生创新素养发展的另一代表性因素。

三、话语：大学人际交往生活与文化生活中的无形之手

（一）对话语的理论阐释：符号互动论的视角

大学生如何在大学生活中主动地安排日常生活，通常与哪些人交往，做哪些事情，有哪些情境、话语、想法影响或改变了他们，有哪些事件引起了他们情感的波动或共鸣，他们会如何安排今后的生活等诸如此类的问题，只要去观察和了解，每个问题都会有答案。但为什么会有这么多不同的问题和现象让我们感兴趣，是什么使性格特征各异的个体在不同的社会生活情境中吸引他人、被他人吸引，实现话语表达、信息传递与交换，并在交互的对象之间进行话语意义的建构、反馈、重构。某一群体中或整个社

会中的情境是历史的、变化的,但个体之间建立在话语意义分析基础上的交往,无论是直接的还是间接的,都是个人与社会发生联系的必然。与人的社会交往活动相关的现象和问题,符号互动论则在理论层面给我们更多的启示。

符号互动论(Symbolic Interactionism)以美国社会心理学家乔治·赫伯特·米德为奠基人。在米德那里,"人际互动"表义符号"客我"是使人这种生命有机体在社会生活中获得社会意义的第一个关键词。人际互动是人的社会活动的基本方式,生活在某一社会群体中的个体之间在互动的社会活动情境中相互参照,调整举止行为,也就是说,在交往互动中任何一方所传递的某些方面对另一方而言将变成某种刺激,并针对这些刺激调整自己,而这种调整接下来又变成对前者的刺激,使他改变自己的活动并进行另一种活动。人们经验范围内的所有事物由各种意义符号代表,人们所共享的意义符号,成为社会个体之间进行有意义交往的中介,这种有意义交往就体现在它将人的一系列认识态度在统一理解的基础上几乎分毫无差地反馈给交往对象,引起对方的反省、态度的变化、认识的转变和行为的调整,且这种情况对应于互动双方。人的社会意义的获得是循序渐进的,是在社会交往和与他人的互动过程中通过解读表明他人态度的意义符号,对自我行为不断修正的基础上获得的。人属于某种社会结构和社会秩序,个体自我的发展、个体在自我经验基础上的自我意识发展,与他所从属的社会群体是密不可分的。第二个关键词"表意符号"在米德的理论中有特定的解释。符号是指所有能代表人的某种意义的事物,包括非言辞的姿势、非言辞的交流、言辞的交流(语言、文字)。一个事物之所以成为符号是因为人们赋予了它某种意义,而这种意义是大家公认的。表意符号可以实现人们之间的复杂交往。人们之间的互动是以各种各样的符号为中介进行的,借助于符号人们可以理解他人的行为,也可以借此评估自己的行为对他人的影响。在米德的理论中,符号是社会生活的基础,人们必须通过符号进行互动。第三个关键词"客我"是米德沿用了詹姆斯(James)提出的两个概念"主格的我"与"宾格的我",前者指个体的冲动倾向,后者则代表行动完成后所获得的自我形象。依据这两个概念,米德把自我分成两部分,即"主我"与"客我"。"主我"是个体对他人态度的无组织的反应,即行动的自发意向或冲动。"客我"指从局外人的视角出发,个人自我反思对他人有组织的态度,即个人已经从他人那里学到的有关自身的看法或观点,它指导着社会化个人的行为,自我的这种性质将他人的影响引进个人意识之中。个体既发挥着能动性,也受到他人态度和期望的影响。总之,在米德的符号互动理论中,充分表达了人的自我发展与社会互动维度、符号维度密切相关,即个人采纳他人的态度,依赖具有共享意义的符号进行反思,达到自我社会化的成功转变。符号互动理论对于研究大学生活中大学生群体的社会交往形态及由此带来的学生意识、态度、品格、行为变化的影响中介——社会话语体系具有指导意义。

（二）话语在大学非组织化生活中的作用

如果仅考虑育人功能，大学的组织化生活与大学的非组织化生活之间没有严格的区分和界限，都是通过实践交往活动帮助学生构建知识体系，训练他们的日常思维，使他们获得思想道德成长及各种实践能力和内在素质的发展。但如果考虑对人的影响方式，则大学的组织化生活与大学的非组织化生活则各有侧重。大学非组织化生活主要指大学的人际交往生活和大学文化生活。大学组织化生活指在大学教育中，教育者和受教育者共同参与，有目的、有计划地运用教育影响，采用各种影响人的教育方式、方法及手段实现教育目的的行为、方式的总称，是一种引导或促进受教育者身心向预期教育目标转化的目的性行为的总和。大学组织化生活强调目的性、计划性和各种教育影响力量的协调性，是大学在其发展变迁过程中沿袭下来的具有强大影响作用的育人传统，体现校方在大学育人活动过程中的组织、领导作用，并受到相关职能部门的评估与监督；大学非组织化生活指在大学阶段大学生在正式的学习活动之外所展开的全方位的综合活动形式与活动状况，包括政治参与、课外学习活动、交往活动、课余休闲活动等，强调活动的过程、形式、结果与主体参与性。相比大学组织化生活，大学的非组织化生活的时空走向更加灵活和开阔，内容更加丰富，形式也非常多样、自由。大学非组织化生活综合、直接地反映学生的发展状态及其特征。这是因为活跃于大学日常交往与实践中的是大学生群体，大学生处于自我意识、求知欲及心理发展的萌动时期，大学非组织化生活反映大学生这一特定群体的日常交往、实践等活动状态，在这里制度和一切评价考核不再占据核心地位，而文化、环境及学生的自然交往行为成为主要方面。大学非组织化生活反映在知识学习之外的活动中大学生意识、行为、品格等方面的发展变化情况。了解了与学生的人际交往和文化生活相关的大学非组织化生活的主要内容、特征，可以帮助人们发现大学生在成长和社会化过程中引起学生变化的重要影响因素。

实际情况是，大学教育对人的影响作用同时表现于大学的组织化生活与非组织化生活之中，二者是相互结合的整体，无法割裂。在这里，为了分析的需要，故将二者分开来讨论，以通过现象学的方法，找到合理的理论线索，梳理出反映大学教育对学生创新素养养成影响情况的考察内容，通过社会学的研究方法如访谈法、参与观察法、话语内容分析法、问卷调查法等对大学教育的实际情况进行考察和分析。

大学非组织化生活对学生的影响主要在大学生日常交往的互动过程中体现出来，同时与大学生活资源的多样性有关。

大学生群体自我意识和认知欲望比较强烈，正在经历学习和汲取社会经验、各种思想技能的特殊时期，他们对未知事物是不设防和开放的，他们的大部分时间、精力基本投注于知识的学习和与知识的学习有关的其他活动之中，包括各种实践认识活动、交往活动、休闲活动等。大学生利用身边的现实场景与各种表演舞台，通过多种渠道和方式积累经验、收集各种信息等；在大学的文化背景下及日常的认识与交往过程中，表露自我的态度、意愿，形成自我认同的价值观和道德观，并随时代和社会的前进不断超越与创新。

教育和研究资源、校园网络、校园文化都是大学生交往实践中的重要资源。首先，教育活动的组织者——具有不同专业兴趣的教师是大学教育中的珍贵资源。除此之外，由教师或教授组织的各类研究和与学生共同分享的各种已问世的研究结果等也是大学独有的资源。另外，大学的教室、图书馆、实验室、活动中心、网络中心、体育场馆等场所也是大学为学生提供的重要资源，这些场所是大学构成中不可缺少的硬件设施，是大学生接受有效培养和训练的必要条件。教室、图书馆、实验室、网络中心是学生进行学习和科研活动的重要场所，学生需要借助这些场所提供的各类资源完成自己的学习目标和探索计划。设施完备、项目齐全的大学生活动中心、体育场馆、健身中心等则为学生提供了休闲、健身、娱乐、交往的条件。其次，在大部分大学，校园网络已连通学生所能到达的任何地方，图书馆、教室、宿舍、食堂、大学生活动中心、学术吧、咖啡吧等随处都有网络可用，为学生提供了便利的网络资源，营造了一个随时获取信息和进行交流的网络环境。优质的电子网络资源对学生信息量的扩大、信息的获取与检索及与国内外大学之间进行资源共享都提供了便利。大学在这方面的投入是非常可观的，因为优质的电子网络资源是进行学术活动和培育学生学术探究兴趣的重要条件。网络成为学生学习和生活中的重要方面，学生通过网络不仅可以进行与学术有关的各种活动，还可以通过网络构建自己的"话语体系"，如BBS、QQ群等都是以学生为主力军的交流平台。另外一个资源就是校园文化。校园文化指学校师生的课外文化活动、校园精神及培育这种精神所需要的文化环境的总和，即指除教学、科研以外的一切文化活动、文化交流、文化设施及由此而产生的思想文化成果等。在这个系统中，学生是校园文化的主体，学生是校园中人数最多、思维最活跃、最富活力的群体，校园文化对学生的影响作用也最为深远。大学校园文化对大学生的精神气质、人文素养及行为举止等具有规范和导向作用。校园文化对大学生的影响超出了学校常规教育程序的范围，它对充实大学生生活、调适大学生心理、引导大学生行为选择等有着重要作用。校园文化在学生的日常生活和交往中反映出来，校园文化中的优良校风引导着大学生在日常生活与交往中的活动方向；校园文化通过熏陶、激励、引导、协调、约束等方式，直接教诲或潜移默化地作用于大学生群体和个体；运用模仿、暗示、认同、从众等心理机制，将校园文化中的精髓内化为学生人格中的组成部分，为达到人才培养目标起到助推作用。校园文化具有鲜明的现代教育的特征和大学生群体特征，从而能够对特定时期的特定学生群体产生深刻稳定或潜移默化的影响。大学生活离不开校园文化的引导，也无法摆脱校园文化的影响，校园文化独具魅力，为学生的成长营造一种气势庞大的氛围和成长空间。

四、大学人际交往与文化生活中的话语体系

大学生活是特定社会成员（大学生群体）在特定的社会场所（大学校园）的一切与人的生存、生活目的及需要相联系的社会活动、交往情境的集合体。在这个社会性的以大学生为代表的小群体情境中，在他们的活动、交往、情感互动中会流露出以文化为预设，以个体间的交往互动为生成过程的具有集体个性的话语体系。大学生是大学教育的主体，在大学日常生活中，与这一主体具有社会联系的常涉对象是他们的同伴、老师与父母，某些社会职业团体也有部分介入。大学日常生活中的交往方式除了面对面接触的日常交往外，还有借助媒体网络进行的网络交往。

大学生活中融合了大学生进入社会前社会角色预演的机会，以及社会各种文化价值的公共观点。可以说关于文化的、思想的、道德的、科技的、政治的、行业团体的甚至是来自家庭的代际传承影响都将与大学生活中的学生个体发生碰撞，在他们的内心深处留下印记，给他们正在形成的人格带来社会认知经验。大学生活中的这些复杂影响因素对学生个体的影响是随机的、无目的的，这些因素不是结构性同时作用于所有的学生个体，有些因素对某些个体产生影响，而某些个体则不会有机会受到某些因素的影响，或是受到其中的某个或某些因素的影响深刻。大学日常生活能够对个体产生显而易见影响的原因，除了已经说过的交往互动、他人映射、交往实践情境因素之外，另一重要原因是包含价值判断和价值倾向的已经存在于大学生群体中的话语体系在人的主观意识活动过程中的优先权。

按照《新华字典》[①]的释义，话语被认为是特定共同体中社会关系和社会存在的呈现"话语"概念，强调语境、言说者的身份及话语立场，隐含着不同话语之间的话语权之争。"话语"作为建构事物或现实的"一套意义、表征或陈述系统"，是构成社会文化的活动因素之一。话语折射和反映说话者的社会权力和地位，具有明显的社会的、历史的、文化的维度。在这里，"话语"具有作为社会存在意义上的对社会群体的客观约束力和影响力，"话语"存在于大学校园中，以其特定的内涵和形式表达已约定俗成的标准及与"话语"相关者身份相符的话语立场。

大学作为组成社会系统的一个单元，体现一定的社会性，在大学教育中存在一种话语体系。话语一旦产生，即刻就受到若干程序的筛选、组织、控制和分配。在大学校园里，会形成影响其中的各行为主体活动的潜在模式、秩序，即话语系统。话语内

---

① 新华辞书社编辑. 新华字典[M]. 北京：商务印书馆，1957.

生于特定共同体中，在功能上具有潜在的牵制与约束作用。大学生群体中也存在与他们的生活、学习、交往及社会活动的方式相对应的话语体系，它在情感和思想层面上对人产生规约，尽管它是一种表面上无行为人控制的隐藏系统，但它反映社会中的真实权力，它隐藏于制度、知识、理性之中。大学教育情境中的话语体系对大学生所产生的影响力在大学生与教师、大学生与同伴、大学生与家长、大学生与网络媒体的互动中体现出来。

（一）师生间交往的话语体系

在师生交往中，教师一方是知识、学术的代言人，是道德品行的示范者，与学生的交流多与道德修养、学习成才等内容相关，并且以引导者和师长的身份出现在交往活动中。作为学生向导的教师对于学生的学习生活、日常生活及今后的职业生涯的选择与发展都会给予明了的、客观的、有意义的指导、评价、建议。在学生眼中，教师的见地、教师的评价、教师的意见代表权威，具有前瞻性，反映社会发展的动向。教师的话语、教师比较系统和高位的评价会带来大学生价值观的建立、调整，并使学生对自己的行为做出调整。在师生交往中，话语体系建立在价值、理想、道德及学习等话题的基础上，大学生在交往中学会了对非个人规则和权威的遵从，在交往中表现出合作性和独立性。

（二）同伴间交往的话语体系

大学生同伴之间的交往是指大学生这一特定群体之间的交往，这一群体在交往过程中建立了符合其群体角色的话语体系。比如，与学业相关、与成长有关、与情感有关、与群体归属和认同有关。群体交往中形成的话语体系对其中的学生个体在意识观念及行为方式上都会有控制和调节作用。在大学生群体中，同伴之间相互交往是具有主体性意义的活动，他们彼此交流思想、传达信息、表达感情、建立关系、了解他人、认识自我，并在这一系列的互动行为中形成了大学生群体中主流的话语立场、话语范式，即大学生群体相互间交往的话语体系。这一话语体系具有一般的抽象意义，代表当下这一历史时期，大学生群体中主流的价值体系、价值观念，并通过话语立场、话语范式集中体现，对大学生群体中的每一成员具有社会存在意义上的客观约束力和影响力。

对大学生群体来说，他们具有相似的群体特征，他们年龄相仿，处于相同的发展阶段，在社会中的地位几近相同。大学生之间交流的话题广泛，交流的时间自由，没有过多的社会角色带来的压力感，同伴之间能较为独立交流，他们之间有合作，也存在竞争；有分歧，也会产生共鸣。

大学生个体在大学情境中的身份、角色基本相同，所承担的主要任务和面临的主要困难也有相似性，比如大学新生，他们会有尽快熟悉和适应新的学习生活环境的要求，会有角色和学习方式转变的困难等。在这种情况下，学生之间会表现出合作、互相帮助及意见上的相互认同，齐心协力克服共有的困难。尽管大学生群体具有其显著的群体特征，但多元的个体特征同时存在，这时交往会对个体产生潜移默化影响，在共同的话语体系的规约下，使个体对自我意识、行为等在这一话语体系下进行判断和选择。

大学生同伴之间交往，彼此会受到来自对方的影响，受到来自群体话语体系的影响。同伴之间的交流、对话有可能是建立在认识统一基础上的，也有可能是建立在认识分歧之上的，如果是第二种情况，就会出现交往双方之间的博弈，是双方见解和认识上的分歧带来的博弈。当其中一方的见解和认识代表了大学生群体的话语立场、话语范式，博弈的结果是，另一方很大程度上可能被改变，他们要得到群体的认同，首先要在代表群体主流价值观念的同一话语体系下进行对话。

（三）与家长交往的话语体系

大学生与其家长之间天然地存在亲缘性的交往关系，是一种依附性的交往。在交往中，学生受到来自家长的指导或要求，学生的日常行为和社会性的活动摆脱不了家长的监督和干预。与家长有关的阶层、经济状况、生活方式、文化教养等方面的综合特征对学生有极强的渗透力和塑造力。在与家长的交往中，学生对家长表现出很大的依赖感，家长则表现出一定的权威，学生的心理、个性、行为等都会受到来自家长的影响。

学生与家长交往中形成的话语体系，代表家长的意识、意愿多些。在学生个性社会化过程中，家长是其中的执行者之一，家长通过代表其意愿的"家长话语"介入学生的学习、生活、情感及成长过程中。"家长话语"是家长站在代表自己社会阶层、社会身份、社会职业的角度，表达出的关于社会的（包括文化、伦理、道德、价值观的）一般意义的认识。家长传递给学生的关于社会的认识信息中包含了社会功利的色彩，对学生好奇心、独立性、坚韧性的创新品质的养成来讲，这种社会功利性是不利的方面，学生的好奇心、探究能力需要在自由、开放的话语氛围中养成。

（四）来自大众传媒的话语影响

大众传媒包括网络、报纸、杂志、影视、广播等，如此多的传媒形式及多元的传媒文化可能会给学生获取有用信息带来干扰，干扰大学生对社会事件做出正确的判断，对自己的理想目标做出正确的选择。大众传媒大多只关注社会影响力而不计影响力的正负效应，由此导致低俗文化元素不断流入大众眼目，模糊了理性与偏见、权威与世俗、进取与堕落之间的界限，导致大学生容易迷失自我。

不同形式的大众传媒,尤其是网络已成为大学生生活中重要的趣味餐,大学生有大量的时间和机会接触网络,网络面向大众,在网络被大众广泛使用的过程中,网络文化亦随即产生,网络文化通过网络话语被改写和强化,被众多人接受,包括大学生群体。在网络上被宣传的人物、事件等被许多大学生当作模仿的对象和参照的范例,使其本有的价值观念受到低俗文化元素的影响,抵触诸如学校这样的社会化主体所教导的价值观念。学生的社会责任感、进取心、对引领社会进步、对新奇事物的探索精神很容易在低俗文化的冲击中消散。

五、话语体系的影响力量

师生间的话语体系、同伴间的话语体系、与家长交往中的话语体系、大众传媒的话语体系是大学生社会交往中能够对其意识、行为及发展带来影响的几种话语体系。这些话语体系同时对学生产生影响,有积极的影响和消极的影响两方面。

积极的影响:话语体系是大学生在日常生活中能够对其带来显著影响的社会影响力量之一,话语体系同学科规训是帮助人们了解大学教育的理论工具,学科规训解释了大学教育中与大学生的知识积累、认知能力发展有关的专业学习活动的传统、目标及目标实现方式等形成的最终缘由;话语体系则从构成人的日常交往行为及能够调整人的表现状态的话语范式的角度帮助人们了解大学生的意识、个性、品质养成的社会背景。大学生的身心变化、身心发展就是在这个社会背景中发生的。这个社会背景可能会给学生的创新意识养成、创新品质的养成带来积极的一面,体现在是否激发了学生主动怀疑、主动投入探索和主动实现自我创造目标的内在动机,是否帮助学生形成了自身独立、自信、坚忍不拔、专注、敏锐的品质。

消极的影响:由符号——话语带来的互动较大地受到社会背景的形塑。大学生在日常交往过程中,自然也会受到社会背景的形塑,话语体系是实现这种形塑的客观力量,话语体系有可能对学生本有的创新潜能的发展产生积极的影响,也有可能带来不利的影响。比如,师生间的话语体系如果过分强调知识、规范、纪律的作用,忽略学生人文品质、多维思维方式的发展,则不利于学生大胆表达、大胆思考、大胆实践和改造;大学生群体中同伴间的话语体系若不能体现学生能力素养发展的需要,不能表达积极的、向上的、进取的、利公的话语观,也不利于学生发展相关的能力、素养,不利于形成学生求真、求实的价值理念和追求;与家长交往中的话语体系往往表达了家长一方的话语立场,以谋求高职位、高收入、有保障、有社会特权作为学生未来发展的目标和着眼点,在这样的话语体系里,学生不再注重发展自己的兴趣,不会在自我兴趣和爱好方面有所突破和贡献,他们努力学习,但仅仅将学习作为谋求社会职位和权力的工具,学生在自我发展中将失去"自我";来自大众传媒的话语体系如果过分宣扬代表社会功利性一面的世俗文化,而不注重宣扬民族文化的精髓,不向世界先进文化看齐,不推动国内创新文化的发展,那将不会给进步成长中的青年学子予以有精神品位和社会价值的文化给养,无形中阻碍了青年学子创新意识的形成和创新品质的养成。

大学生在接受大学教育过程中,一方面,要根据学校的学习培养计划学习相应的学科课程,参加学校的学业考核和水平认定考试,获得所规定的学分,达到取得学位的学业能力要求,这是所有大学生都经历的大学组织化生活。另一方面,在紧张的学习生活之余,大学生可以按照自己的实际情况安排自己的课外生活,有满足个人需求的课余休闲活动、交往活动、社会实践活动等内容。学生参与活动的意愿、过程、形式都不是在学校的学科制度规定下统一进行的,更多地体现学生的主体性及个性特征,学生的认识体验更多来自与他人的互动交往及个体的实践活动中,这便是大学生在大学教育中的日常交往与实践。大学的组织化生活与大学的人际交往生活、文化生活构成了大学生活的两个方面。大学生正处于青年时期,处于这一时期的大学生,他们思维较为敏捷、求知欲较强,信息来源比较广泛,他们渴求在接受科学文化教育的同时,在日常生活中丰富自我角色,打开视域、接受新思想和新观念,培养自己适应社会的各种能力。大学的组织化生活展现给大学生的是体系严密、逻辑严谨、学科专业性突出的科学世界;大学的人际交往生活、文化生活提供给大学生的是一个实践交流的大舞台,学生在互动交往中迸发出思想的火花,感受话语传递给他们的体验、感受、意义,可以使用话语来表达和理解表达。以上两方面交织在一起,共同陪伴大学生的成长,对学生各种能力的发展,包括创新素养等的发展都有着一定的影响。

第二节　大学生活的现实考察

一、考察的要点

（一）与学科学习相关的方面

大学生学习生活与学科学习密切相关，学生的学习活动按照学科分类、学科制度及学校的相关规定有计划、有组织、有目的进行。正是以学科学习为内容核心，大学生的学习生活则不同于其他形式的学习，是一种有序的学习形式。一方面，学科指知识或学术的分类；另一方面，则指大学教学、科研等的功能单位。大学中的人才培养、教学科研、社会服务等各种功能活动都是在学科基础上进行的。大学集知识的传播、加工、生产、创新功能于一身，知识资源是大学教育提供给个人的最基本的方面。知识也是个体期望从大学教育中获得的一项重要内容。在大学教育过程中，知识通常以学科、课程、教学甚至是通过校园的各种活动来影响学生的。

学科、课程、专业、教学、科学实践（实验）、校园中的各种实践活动都与知识相关，或者直接由某类或某种知识构成，或者提供一种知识获取的方式和场景。我们可以把以上这些方面看作大学教育为学生个体创新性发展提供知识支持的具体方面。通过以上方面，学生能够直接获得或有可能切身感受和体验到某类或某种知识转化为个体的能力和内在发展的基本要素。

学科、专业、课程是知识在大学教育中的集中体现形式，是影响学生的条件要素。在学生开始系统的知识学习之前，大学首先按学科划分好了不同的专业，根据不同的专业设置了相应的课程体系，学生再根据自己的专业选修课程，学生通过课程学习，实现了知识由外向内的内化反应。一定的学科知识体系构成了专业；专业培养目标、课程体系及专业人员是专业的构成要素；为社会培养各级各类专门人才是专业的目标。依据专业的构成要素及专业目标，学生的学习活动与知识之间能建立起有效的联系。课程是学科知识体系与社会职业需要相结合的专业活动的内容和结构，是学生学习活动指向的直接对象。学科及与其相关的专业、课程等共同构成了大学生学习活动的中介。对学生的专业发展来说，课程中承载了最基本的知识内容、方法、技巧等，但同时将学生的知识视野局限于专业的范围和领域，也就隐埋下一个不得不令人担忧的问题，如果在自己的专业之外，学生在知识应用转化方面究竟有多大的用武之地呢？专业的课程学习解决了知识学习的效率问题，却避免不了知识应用中的转化问题。专业课程学习提供了个人知识建构中的一种线条型结构，而应用知识对现实进行指导时，需要各种知识的相互转化，在这种情况下，则需要一种网状的知识结构。事实上，人们应该承认人的学习是从认识一种现象到认识另一种现象、从认识一类事物到认识另一类事物的循序渐进不断积累的过程，从这个角度来说，大学教育为人的知识积累提供了一种相对合理的方式。

教学、教学实践（实验）、各种实践活动是大学教育中知识传递的方式，是影响学生的手段要素。这些影响学生发展的手段是根据学生的年龄特征、知识水平及学生的成长方式特征应运而生的，是教师和学生之间或学生独立实现知识个体化和个体知识社会化的过程。学生在这一过程中，认知水平会得到提高，认知范围也会不断得到扩展。在这种动态过程中，学生是活动的主体，各种学习活动、学习内容被系统地、按照递进的方式分层次地安排进教学活动中，形成相对开放的系统面向学生，学生在这个过程中可以按照自己的接受水平进行系统学习和体验，当遇到了认知的盲点、疑点时，会有专门人员（教师、实验辅导员等）给予指导和帮助。当然，在这一过程中教师避免不了要对学生的实际掌握水平进行测评，而学生也要对此做出回应。这种诊断性测评能够使学生与学科课程（知识）之间保持一定水平上的平衡，同时可以为学生下一步学习提供方向上的指导，为学生的有效学习提供支持。

大学为学生提供了高深的专业知识及知识的教学、实践活动，这的确是提高大学生专业知识容量，对知识的认知由模糊状态发展为清晰状态的重要条件，奠定了宽厚的基础知识和专业知识基础。建立在这样的基础上，学生对专业的前沿问题、有争论性的问题及有待深入探索的问题具备可以进入其中的钥匙，当具备一定条件，可能引发学生对问题的深入思考和探索，成为激发学生创新表现的一种可能因素。

（二）与学校评价奖惩制度相关的方面

在学生创新素养养成过程中，学校评价奖惩制度中的许多方面都无形地产生惯性影响，构成大学教育中对人的能力发展和创新素养发展产生影响的重要因素。作为学校评价奖惩制度的一个重要方面，评价导向对学生创新意识和创新能力的发展在很大程度上具有方向上的引导作用，发挥着指挥棒的作用。这种指挥和导向作用通过两方面体现出来：一是教师的评价指向；二是学生的评价指向。

首先，从对教师评价的指向来看，如果以学生在考试中的表现和成绩作为评定的参考指标，而不是从教学全过程看教师在学生能力、意识、实践水平、思维方式变化等方面的影响作用，教师则在主观意识和实际教学中把学生的成绩作为首要的目标，而不是将学生整体素质，包括创新素养的提升作为自己工作内容和指向，学生在能力发展上受到教师指导方式的影响。

其次，从对学生评价的指向来看，如果以学生的知识和能力、智力和个性发展、认知和创新、理性和审美情感等各方面素质的综合发展作为学生发展评价的目标指向，不仅能够考查学生的学习效果，而且能反映出学生能力发展中的不足或缺失的方面，从而促使教师进一步改进教学，学生及时调整学习以达到相适应的发展状态。通过评价导向的引导作用，学生对自我认知能力、意志品质等方面的发展状态有一定的认识判断，从而加强学生的自我监督和自我调控的元认知能力。

对学生的评价如果站在发展者（学生）的角度而不是评价者的角度，如果是以学生的生长和发展为中心而不是以学生的适应为主，如果是鼓励和引导学生内在素质的综合提升、创新性素养的养成而不仅仅是成绩的提高和教学任务的完成，如果是以学生自主探究和情感价值体验的激发而不是以学生标准化的学习训练来实施评价，学生的发展将沿着自主、创新、全面的方向发展。

（三）与学生的交往实践相关的方面

大学生是一个非常特殊的群体，从其发展特征来看具有较强烈的自我意识，但在人格上又具有较强的可塑性，他们正处于自我个性养成的关键时期，大学对他们的人格形成具有深远的影响。大学生日常交往包括师生间交往、同伴间交往、与家长间的交往、网络交往等。

师生交往建立在教学关系之上，教师是学生学习的指导者，是大学生人格模仿的对象，师生在交往过程中共同成长，在长期交往中，师生之间会产生信任，教师的关心、鼓励在一定程度上增长了学生的自信心，让学生形成探求的心理和克服困难的意志力，帮助学生提高适应环境变化的能力。师生关系是影响学生人格养成的重要因素，与学生创新性的发展息息相关。同伴交往是在学习生活过程中形成的一种同伴间人际交往关系。同伴之间年龄相仿，有共同的发展需求和相似的内心体验，有更多交流和讨论的话题，在学习中有较多的合作与竞争，在意见和思想上的相互借鉴、批评也较多。在同伴交往过程中，每个个体对自我的关注程度、对集体的关注程度有所提高，个体的自我发展意识及求得集体认同的需求有高度体现，使他们养成了强烈的自我实现的意识，是个体人格养成中的影响因素。与家长间的交往建立在亲缘关系之上，家长对学生的要求和期望表现得更直接和持久，打破了客观条件的限制，交往间的信任度较高，对于具有强烈主体意识的大学生所产生的影响更深刻、更持久。网络交往具有多元的社会基因，给学生的价值判断和意识观念的选择造成困难，是影响学生内部话语意义形成和意识、行为发生改变的不可忽略的方面。

二、考察的方法、工具

（一）访谈法、参与观察法

为了获得关于大学生在大学校园中实际的生活、学习、实践、交往等方面的翔实资料，笔者分三个阶段分别进入五所大学（包括四所样本学校）做无结构访谈和结构访谈，同时进入大学生群体中进行参与观察。在第一阶段和第二阶段的访谈中，访谈对象是随机确定的，访谈的重点是对大学生组织生活及非组织生活的现实状况及其对学生个体的影响情况做一个基本了解；在第三阶段，访谈对象主要是有一定熟识度的在校大学生，他们的性别、年级、专业和学校是不同的，笔者采用集体访谈和个体深度访谈两种形式获取资料，访谈的重点是问题解决过程中尚未意识到的盲区，而学生自认为大学教育中对他们的知识结构、思维方式、创新品质具有深刻影响的方面。

采用实地观察法笔者也可以获得关于在校大学生在知识结构、认知方式、思维实践方式及其人格表现特征的直接的资料，对进一步认识大学教育在学生创新素养养成过程中所产生的影响结果提供线索。笔者置身于大学校园中，对学生的日常表现和活动可以随时进行观察。比如，观察学生在一周中学习比较集中的是哪几天，学生参加社团活动和社会实践活动的踊跃程度、频度及态度，学生在日常交往中的谈论话题有哪些，男女生的课堂表现、自习情况、在班级里各自表现出的特点等，都可以通过观察了解到。

（二）大学生网络论坛话语分析

网络交往是当代大学生社交的重要方式之一，网络上的交往工具有 QQ 聊天、BBS、微信、微博等。在以上网络交往工具中，本研究将选取 BBS 作为大学生网络论坛话语的分析对象。几乎大部分的校园网络都开设了 BBS 学生论坛。BBS（Bulletin Board System 的简称），即电子布告栏，学生注册之后，就可以在上面发布信息、参与讨论了。在 BBS 的信息发布和小组讨论中涵盖有不同内容的板块，学生可以根据需要在不同的板块下发布信息或参加某一话题的讨论。BBS 上的人群以及人群空间比较特定，一般是同一学校的在校大学生，他们有基本相似的环境背景，交往信息和交往话语可信度高。

要对大学生 BBS 网络论坛的话语进行分析，首先要确定分析的单位、界定样本抽取的时间界限、确定抽样样本。其次，按照研究的目的和特定的标准确定样本的编码体系。最后，按照编码体系对抽样样本进行数据统计并分析得出结果。

大学生 BBS 网络论坛话语分析的单位：信息发布记录和讨论记录。

大学生 BBS 网络论坛信息发布记录和讨论记录抽取的时间范围：2019 年下半年至 2020 年上半年大学生 BBS 网络论坛中发布的信息记录和讨论记录。

大学生 BBS 网络论坛信息发布记录和讨论记录的样本抽取：抽取 2019 年下半年至 2020 年上半年某市 D 大学大学生 BBS 网络论坛和 C 大学大学生 BBS 网络论坛中发布的聚焦校园活动和校园生活的信息记录和讨论记录。

大学生 BBS 网络论坛话语分析抽样样本的编码体系：抽样样本按两个层次编码并在此基础上收集信息。第一层次，按类别对大学生网络论坛发表的信息和讨论记录进行归类；第二层次，对不同类别的信息和讨论记录按浏览率高低归类。

大学生 BBS 网络论坛话语分析抽样样本的数据统计与分析：关于大学生 BBS 网络论坛话语分析将在对发表信息及讨论记录的分类基础上，再按照大学生对不同类别话语所持的态度这一维度进行分析，按照肯定与否定两方面的态度表现归纳对学生产生影响的方面，大学生 BBS 网络论坛话语抽样样本的数据统计及结果分析将在后面专门呈现。

创新素养特质主要通过知识结构、认知能力、创新意识、创新思维及人格这些方面表现出来。一般来说，具有创新特性的人掌握的知识结构合理，具有综合的认知能力，具有善于破旧立新的创新意识，具有打破思维定式的创新思维，还具有包含创新潜质的人格。

贯通的知识结构：知识结构作为创新素养构成的重要方面，在内容上要求尽量最大化，掌握一定的理论基础知识、深厚的专业知识、广泛的邻近学科知识、科学技术发展前沿知识及在实践中积累的默会知识，并能做到各类型知识（包括基础知识、专业知识、哲学知识、方法论知识、创新技法知识）的灵活转化与应用。知识结构的合理程度直接影响创新思维的流畅性、变通性、新颖性。

综合的认知能力：认知能力是人们成功完成各种实践性活动最重要的心理条件。认知能力通过观察力、记忆力、想象力、思维力、操作力这些方面反映出来。组成认知能力的各个方面联合作用于主体的认知过程，在个体间形成差异性表现，从而也对人们的创新能力发展产生不同程度的影响。实现创新需要敏锐、准确的观察力，需要敏锐、准确、持久、广度大的记忆力，需要丰富、灵活、独特、新颖的想象力，需要灵活、批判、综合、抽象、广袤的发散性思维力，还需要较强的操作实践能力。

善于破旧立新的创新意识：创新意识不同于一般意识，怀疑、超越、破旧立新是其根本表现；进步、发展是创新意识的价值要求；使人得到美的享受是创新意识的追求；感性与理性的统一、显意识与潜意识的统一、智力与非智力的统一、知识与道德品质的统一、灵感直觉与分析综合的统一、各种具体意识创新品格的有机统一是创新意识的最突出特征。创新意识有利于创新活动的发生、进行和完成，是创新活动的反映，亦是创新活动的动力。

发散和可转化的创新思维：创新思维指主体在实践经验基础上，通过超常的思考方式，产生独特新颖认识成果的心理活动；从信息论的角度看，创新思维是大脑对内外信息进行加工改造，发现新问题，产生新关系，形成新组合、新模式的活动过程。实现创新需要有突破性、新颖性、独立性、综合性、辩证性及开放性的创新思维方式。

具备创新潜质的人格特征：一个人创造性的发展及其显露，与其人格特性有极其显著的关系。根据各种研究和研究比较发现，具有创新潜质的人有着共同的人格特征，他们通常有强烈的求知欲、极为丰富的想象力，对未知的事物怀有强烈的好奇心，敢于探索和发现，独立自信，不从众，坚韧不拔，执着追求自己立志实现的各种目标。以探奇猎新为动机，为了满足自我求知欲望其坚韧不拔的强烈程度是常人所不能达到的，这是创新个体人格特征中无法改变的、最稳固的部分。

第五章 高等教育人才培养模式建构

第一节 人才培养模式含义

《国家中长期人才发展规划纲要（2010—2020年）》把未来人才归为三类：一是创新型科技人才，二是经济社会发展重点领域急需紧缺专门人才，三是党政人才、企业经营管理人才、专业技术人才、高技能人才、农村实用人才等。从学术研究角度，一般学者都把人才分为两类：应用型人才和研究型人才。研究型人才是指以探索未知、认识自然和社会、发现科学为己任的基础研究和应用研究的专门人才，即能够研究和发现自然界的一般规律的人才。应用型人才则是能够把已发现的一般自然规律转化为应用成果的"桥梁"型人才。作为人才培养，研究型人才和应用型人才在技能和能力发展的要求上有不同的侧重点。研究型人才主要侧重于繁琐的洞察能力和判断能力、丰富的想象力、较强的应变能力和开拓创新能力的培养。而应用型人才则主要侧重于行动的技能和能力、信息技能与能力、组织协调能力、沟通能力和实践操作能力的培养。

一、人才培养模式

人才培养是高等学校的根本任务，不断提高人才培养质量，服务地方经济社会发展是高等教育的生命线和持之以恒的目标追求。要全面贯彻党的教育方针，造就数以亿计的高素质劳动者、数以千万计的专门人才和一大批拔尖创新人才。人才培养要确立目标，围绕社会需要，培养基础宽厚，专通结合，以具有市场竞争力为起点。构建社会需求—学校间的供求关系，学校—生源间的供求关系，联结生源的期望和社会需求，完成中间培养和转化的过程可以演化出多种模式。其核心是需求驱动型的培养模式，即需求导向—培养目标—培养模式—培养过程—评估与管理。

人才培养模式是在一定的思想或理论指导下，围绕人才培养目标所实施的教育活动而形成的人才培养的标准形式，或使人可以照着做的人才培养标准样式。人才培养模式就是造就人才的组织结构样式和特殊运行方式。人才培养模式包括人才培养目标、教学制度、课程结构和课程内容、教学方法和教学组织形式、校园文化诸要素。为鼓励和支持高等院校进行人才培养模式的大胆改革，教育部将人才培养模式创新实验区建设作为国家高等教育质量工程建设的重要内容，以倡导启发式教学和探究式学习为核心，推进教学理念、机制和体系的创新，努力形成有利于多样化创新人才成长的培养体系和培养基地。

二、高等教育在国家人才培养结构体系中的定位

近年来，我国高等教育规模得到长足发展，已经初步形成了多层次、多类型、多形式的高等教育结构体系。高等教育在我国的高等教育中所占比例高达 70% 左右，其人才培养的清晰定位将更加有利于社会经济的发展。系统论认为，任何复杂事物都是一个系统，它是由若干要素组成的相互联系、相互作用、引起不断发展变化的整体。从整个社会系统来看，高等教育的系统层次结构、隶属关系为：人类社会系统—文化系统—教育系统—高等教育系统—普通高等教育系统。普通高等院校要培养什么样的人才，明确其自身在整个系统中的位置，即定位，是基础和前提。

将国家人才结构体系比作一个金字塔，那么位于塔尖的创新人才决定着 21 世纪国家的核心竞争力；各级专门人才位于塔身，是国家发展的中坚力量；塔的底座则是大量高素质劳动者。而每一类人才，其培养模式是各不相同的。正如美国高等教育思想家克拉克·科尔所说："一个民主社会应具备至少三种类型的高等教育，即培养研究生和开展科学研究的模式；对本科生进行专业训练和普通教育素质培养的模式；培养实用型人才的模式。"因此，高等学校应根据各自承担的人才培养职能，即开展研究性教育、应用性教育和实用技术性教育予以分类。

（一）从高等教育在整个社会系统中的定位看

高校人才培养目标是与其在高等教育系统内所处的层次和地位密切相连的。就我国现阶段高等教育体系而言，高等学校大致可以分为三个层次，即设有研究生院、本科教育与研究生教育并重、教学与科研并重的重点院校，以教学为主、以本科教育为主的一般院校，以培养应用型、技艺型人才的专科院校。在这里，高等教育或者地方院校主要是指地方本科院校，属于第二层次的高校，即通常所说的教学型高等院校，其人才培养目标既不同于重点大学，也与专科学校有所区别，因此，高等教育人才培养才呈现一种较为复杂的状况，但对它的分析离不开高等教育在整个社会系统中的定位。

（二）从高等教育在整个社会系统中的定位看

高等教育的多样性既需要高等学校之间的自由竞争，又需要避免这种竞争的无序化。这就需要强调高等学校的分层次发展和同层次竞争，高等学校之间人才培养层次理应有差别，即有不同的定位。在我国的高等教育系统中，存在着重点高等院校（进入"211"工程的高等院校）和普通高等院校。重点大学研究实力雄厚，在师资队伍条件、科研环境、教学资金等方面存在较大优势，应主要从事培养基础理论科学和应用科学的研究型人才。而地方高等院校由于其受研究基础、教学资金、师资条件等多方面因素限制，其人才培养目标应定位于培养应用型人才，主要为地方经济、区域经济的发展服务。这符合系统论的原理，系统是有层次、功能的；从社会经济结构来说，应用型人才是社会需求量最大的。

（三）从学校内部各要素在学校发展中的定位看

当一所高等院校有了明晰的发展定位，学校内部各要素在学校发展中的定位也就很清楚，一切都是围绕定位目标进行的，会充分考虑自己的办学规模、师资条件、服务面向、学科布局、专业建设、课程体系、管理模式等具体要素，来服务于人才特色的培养。多样化教育的核心内涵则是构建多样化的人才培养质量观。在经济、社会高速发展的今天，社会对人才的需求是多样的，学校学科专业门类、人才培养目标、培养方式是多样的，学生的个性、志向、潜力也是多样的，这些都决定了质量标准的多样化。

三、高等教育人才培养目标依据

现实的社会人才需求具有梯次性，教育对象自身在知识素养方面具有差异，高等教育在对学生知识教育和能力培养的标准和标高方面具有层次性。地方本科院校由于其特定的地位，决定了它必须而且应该主要承担起对于实用型人才的培养任务。地方本科院校在确立实用型人才基本培养目标的同时，要注意应用型、技能型人才或高素质人才的培养。

（一）劳动力市场分割理论、工作匹配模型理论与就业目标市场的选定劳动力市场分割理论

整个劳动力市场可以分为性质不同的两部分：主劳动力市场（the primary segment）和次劳动力市场（the secondary segment），二者的人员构成和运行规则有着明显的不同。之后一些经济学家认为，即使在主劳动力市场内部，劳动力市场的特征也是不同质的。他们把主劳动力市场又分为两个相互分割的部分：独立主劳动力市

场和从属主劳动力市场。独立主劳动力市场的工作主要是专业性、管理性和技术性的，个人有很大的自主权，鼓励创造、自主等个人品质；而从属主劳动力市场通常是完成某个专门领域的某项专门任务，管理方式常常是制度化和程序化的。

高等教育人才培养的目标市场大都选择独立主劳动力市场和从属主劳动力市场。工作匹配理论强调个人能力和工作特征的交互作用是个人在某个工作岗位上的生产率的决定因素，因此，在一个岗位上的生产率是个人能力和工作岗位特性联合作用的结果。在个人能力既定的情况下，一些人更适合做某些工作，而不适合做其他的工作。工作匹配模型认为，某些类型的教育比起其他类型的教育在某些职业岗位上具有比较优势，突出了每种类型的教育都有自己的职业域，都有一组在其中有比较优势的职业，只有当某种类型或层次的教育与某个岗位域的特征相匹配时，接受教育的劳动者才能获得比较优势。工作匹配模型要求教育系统按照发挥某一类型教育在某些职业域中的比较优势的方式来运行。这就要求教育系统更加关注劳动力市场的需求，主动寻找自身在劳动力市场中的位置，针对该类职业域的特征调整专业设置、培养目标、能力要求等。

（二）学校能级理论、社会分层理论对高等教育的办学定位具有基础性作用

学校分层的理由主要有三个：学校差别的客观存在。学校差别是导致学校分化的前提和基础，而学校分化的发展会促使学校差别的进一步扩大；政府希望学校有特色。在专业教育阶段，政府并不希望学校相互模仿与雷同，而希望淡化学校好坏之分，使其各具特色；由劳动力市场人才需求的多样性决定。

从不同视角可以将高等教育的结构分为若干子系统，它们既在一定条件下分别决定着高等教育某方面的功能，又相互关联，构成高等教育的整体结构。高等学校层次结构即是其中之一，在国际上被称为高等学校的能级结构。它是指具有不同办学条件和目标、处于不同办学层次的高等学校的构成状态，主要侧重于按高等学校的办学和学术层次及其任务和目标的不同进行学校类别结构的分析。

目前，国际上大致有如下三种能级：一是具有较高学术水平和较强的科研能力、教学与科研并重、普通教育和研究生教育并重的研究型大学；二是以教学为主、本科为主的一般高等学校；三是专科学校、社区学院、高职院校、短期职业大学等。三类学校的服务面向、管理体制、培养目标、专业设置、课程设置等都存在较大的区别。各层次的高等学校承担着不同规格的人才培养任务，它们培养的毕业生要为社会的各种岗位层次服务。社会对人才的需求是立体的、多层次的，因此，按照学校能级理论，高等教育应以培养应用型人才为主。

社会分层理论是西方社会学中的重要组成部分，把它用于大学的人才培养目标制定是较为恰当的。在西方社会学中最早提出社会分层理论的是德国社会学家马克斯·韦伯。韦伯社会分层理论的核心是所谓划分社会层次结构所必须依据的三重标准,即财富—经济标准、声望—社会标准、权力—政治标准。高职院校无论在财力、社会声望还是在学术界的话语权方面都很难与重点大学相比,这就决定了其人才培养目标不能与重点大学雷同或趋同。

(三)我国劳动力市场需求状况决定的

地方本科院校作为国家办在地方的高等院校,理应主动适应和满足当地经济和社会发展需求,为各行业工作和生产第一线培养和输送这种应用型、技能型人才。现阶段我国人才市场的高学历趋势,使得本科毕业生就业于一般劳动者的工作岗位,将逐步成为一种普遍现象。这也从一个方面决定了应用型、技能型人才必然地成为地方院校培养目标。

把较高层次的研究型人才的培养作为一个激励性目标,既是对高等教育在校学生而言的,也是符合这类学校自身发展需要的。首先,在高等教育范畴内,将不同高校人才培养目标确定为研究型人才和实用性人才,这本来就是一个相对划分。学生在大学本科毕业后,是朝着研究型人才的方向还是朝着实用型人才的方向发展,不同学校只有相对量的区别。事实上,地方院校的本科毕业生也会有一部分考上重点院校的研究生。其次,研究型人才和实用型人才也是相对的。教师、医生、工程师和管理人员是实用型人才,但优秀的、杰出的教师、医生、工程师和管理人员同时就是本行业的研究人才和专家。

第二节 高等教育现行人才培养主要模式

为了实现高校可持续转型发展,近几年,高等教育根据市场需求的状况,从各地实际出发,探索出许多人才培养模式。

一、"党管人才"与市场导向结合的人才培养机制

在社会主义市场经济条件下,高校人才培养应以市场需要及社会对人才的需求为导向,从价值规律的角度出发,推动教育创新,优化教育结构,改革培养模式,提高教育质量,培养"有用的且用得上的"的社会需求人才,使人才符合供求关系,实现人才资源的合理配置。

高等教育要服务于振兴,亦要在服务振兴中发展。高等教育在"党管人才"即党

和政府宏观调控之下,以市场为导向,适应地方经济社会需要,以战略性眼光,高瞻远瞩,依条件的变化和改革进程的推进,对人才培养机制做相应调整。"党管人才"与市场导向二者的辩证关系,在构建服务地方经济社会发展的高校人才培养机制前提下,市场导向是基础,"党管人才"是保证,"党管人才"在协调与服务中优化市场导向。这是高等教育发展的新角度。从高校的职能来看,教育存在的根基,即要面向经济社会发展需求,又要与时俱进,服务于社会。社会需求决定了市场导向的基础作用,它对构建高等教育人才培养机制,具有先导性的推动功能。其要点是:

第一,"就业率"是检验学校生产效益最重要的标准之一。学校应注重找准人才培养与人才需求的契合点,以就业为导向来调整学科结构、专业设置、人才培养方向、人才培养模式等,把握市场先机,优化人才培养结构,结合学校本身的办学定位和发展战略,努力提高就业率。高等教育应该转变办学指导思想,应根据不同类别、不同层次人才的特点,确立不同的培养目标和重点取向,培养多层次人才及社会需要的复合式人才。

第二,"党管人才"保证高校人才培养的大方向,"防旱防涝",使其终归于一,汇入大海,以服务地方经济社会发展、服务国家大局为最终目的。"党管人才"在市场导向的基础上,尊重市场导向并诊治市场导向引发的"并发症",系统调整和服务,在构建服务地方的先导性高校人才培养机制过程中,发挥调控功能。

一是党和政府宏观调控人才培养机制,健全教育政策及教育发展规划,降低市场导向带来的人才培养无计划性,把握人才培养方向。除现有"教育为老工业基地服务行动计划""紧缺人才培养培训工程""高校科技创新服务振兴工程"等超前性短期、中长期发展规划外,制定相关的教育法制体系,消除高校人才培养的隐患因素,促进人才培养规划有理有序进行,保障人才培养总体目标实现,营造高校人才培养的政策、法律环境。

二是党和政府宏观调控高校的结构调整和专业建设,帮助高校肩负起为经济转型培养相应人才的职能,适应地方经济体制转轨、结构调整、产业升级对人才培养的要求。

三是党和政府完善对高校的服务功能,统一领导,整合各界力量,为高校改革建设提供资金及能源支持。此外,党和政府要发挥舆论导向功能,鼓励广大高校学生掌握实用技术知识,营造地方经济振兴高校人才培养的舆论环境和社会环境。

四是党和政府从宏观角度创新高校人才培养机制。从高等教育发展的长远目光看,政府应尽力避免新形势下市场导向带来的高校人才培养职能混乱局面。

二、基于就业力提升的人才培养模式

目前,对于就业力概念尚未达成共识。国际劳工组织指出,就业力是个体获得和保持工作，在工作中进步以及应对工作生活中出现的变化的能力。英国教育与就业部（DFEE）提出，就业力是获得和保持工作的能力，是在劳动力市场内通过充分的就业机会实现潜能就业的自信。维基百科将就业力定义为获得初次就业、保持就业以及在必要时获得新就业的能力。国内许多专家、学者对就业力做了研究，认为就业力不仅包括保持和更换工作的能力，还包含个体在职业生涯中永续实现自我的能力。综合国内外的观点，就业力即就业竞争力，是个体在就业过程中所表现出来的综合素质和实力，既包括就业所需的知识、技能等硬实力，也包含性格气质、沟通协调、团队协作及就业技巧等软实力，更重要的是还包括个体独具的就业核心竞争力。大学生就业力主体对象是高校毕业生，大学生就业力即为高校毕业生就业竞争力，是高校毕业生就业过程中所表现出来的综合素质和实力。

以提升就业力为导向的高校人才培养模式，是从教育教学内容和方式方法两个方面入手，即对课程体系设置和教育教学方式两个方面进行改革，通过课程嵌入就业力及教学过程的优化来构建的。

（一）"三位一体"的就业力嵌入式课程体系

学科专业是高校与社会联系的纽带，课程设置则是学科专业的集中反映与体现，也是实现教育教学目标的重要途径。高校要培养适应社会需求的人才，就必须在优化专业结构的基础上进行课程改革，在课程改革中更加注重学生综合能力的培养，构建以市场需求为导向，以有利于大学生就业力提升的综合课程平台体系，即三位一体的就业力嵌入式课程体系。所谓"三位一体"的就业力嵌入式课程体系是集专业理论、创新实践及就业指导三位为一体的课程体系，在课程中不仅注重专业理论知识的学习和积累，更重视创新实践环节，重视学生的职业生涯规划和就业知识和技能的培养，并将就业力的提升全程渗透、贯穿始终。

（二）基于就业力提升优化教育教学方式

探索新的教育教学方式方法，应该以企业和社会需求为导向，以培养和提升学生的创新精神和创造能力为主线，围绕人才培养目标，运用学生自主学习、合作学习与探究学习等方式，充分整合校内外各种资源，搭建学生各种创新实践平台，全面提升毕业生就业能力。主要包括：各种专业技能竞赛、形式多样的学术活动、职业资格培训、工作室模式、科技创新团队、顶岗实习以及卓越工程师计划等。

三、校企合作人才培养模式

随着高校毕业生逐年增多，失业人数也就越来越多，给高校、大学生、家长和社会带来了莫大的压力。一职难求，零薪资就业已是摆在广大高校毕业生面前的严峻事实，高校人才培养与企业人才需求间的矛盾日益突出。一方面，每年有大量的学生不能顺利就业，就业在量上遇到了问题；另一方面，部分学生学非所用，所找的工作与自己所学的专业不对口，现实与理想不统一，就业在质上遇到了问题。而人才需求市场却有大量企业面临用工荒、技工荒。中国人事科学研究院的《2016中国人才报告》显示，从总体上看，我国劳动力总量较足且有富余。但是，各行各业所需求的专业技术人才缺口非常大。例如，农业技术人才缺218万，工业技术人才缺1220万，服务业技术人才缺325万。那么，高校人才培养与企业人才需求间的必然统一的对接点应该是：高校培养出来的人才能满足企业的需求。因此，校企合作将实现互惠互利，不仅有利于高校有针对性地培养人才，促进高校自身发展，也有利于通过高校的技术指导，推动企业的良性循环和可持续发展。

（一）校企合作人才培养主要模式

按照经济社会发展和用人单位的需求，培养实践性、操作性、应用性强的高技能人才，实现学校和企业之间零距离对接，是高等教育的核心优势。实行灵活多样的学习方式，突破传统大学全日制的学习方式，将全日制与部分时间制结合，并逐步将工学交替、双元制、学徒制、半工半读、远程教育等纳入进来，为学生提供更多方便的、灵活多样的学习途径。特别是具有中国传统教学优势的学徒制，可通过与企业联合招生培养的方式，进一步发扬光大。

1. 校企合作办班模式

学校根据企业对人才的具体需求，专门开设一个或若干个班级，有针对性地制订人才培养方案和教学计划；企业直接为学生提供实习和实训基地，并进行岗位轮训，提升学生的实践操作能力。校企合作班培养出来的人才能被合作企业广泛吸纳，人才输出通道顺畅。同时，直接与企业打交道，有利于高校"双师型"教师理论教学与实践教学能力的培养，有利于产学研相结合。

与企业合作办班，设立大学生实习项目，定向为企业培养人才。企业与高校都要从人力、物力、财力方面给予一定的投入，为合作班的大学生设立一些实习项目。学生进入大学以后，首先接受两年的基本教育，第三年学生根据自身需求，可以加入合作班。合作班根据企业特点和需求，通过针对性的课程设置和培养工作，将学生培养成为适应企业特点的人才，同时缩短毕业生到企业后的适应期。

这种模式的优势很明显，一是合作方式较为灵活；二是班级人数较少，便于学校组织教学与实践活动，也便于企业消化人才。因此，这种人才培养模式被许多中高等教育院校和企业共同采用，办班的形式也不断更新，出现了定向录用班、定向委培班、企业订单班及"企业冠名班"等形式。但合作办班模式也有局限性。例如，人才培养面向单一的企业，或多或少会造成学生系统专业理论知识的缺失；校企双方追求利益的角度不一致也易出现人才培养断层现象，给学校和企业造成一定的师资和设备的浪费。

2. 校企合作办学专业模式

校企间深层次的合作办学模式，主要有如下几种形式：

（1）工学结合

实行工学结合的培养方式。采用"2+1"或"3+1"的人才培养方式，即把工程和学程结合起来的人才培养模式。根据真实生产、服务的技术和流程建设教学课程环境，按照产业实际应用的设备、工艺建设实训基地，根据产业和企业发展的实际问题设定教学和研究课题。高校负责2年或3年的人才培养任务，教学主要以理论课为主，辅之以实验、实训等实践性教育教学环节。学生在这2~3年内要完成基本理论课的学习，修满学分，企业负责一年的人才培养任务。学生最后一年的学习由学校理论学习阶段过渡到企业实践培训阶段，在这一年内要完成实习实训报告、毕业设计等任务，这就是所谓的"2+1"或"3+1"。这种模式的最大优势是实现了校企之间的无缝对接。

（2）工学交替模式

它是一种在校学习和在企工作交替进行的人才培养模式，采取分段式教育教学完成人才培养任务。校企之间共同制订某一专业人才培养计划、教学计划和生产实习计划，学生通过企业提供的相应工作岗位，边学习边工作，实现学习和工作两不误、两相帮。工学交替模式最大的优势在于学生能将在校所学的专业技术理论与企业生产活动的需要有机结合起来，培养学生运用专业知识解决实际问题的能力。企业合作方为高校学生提供校外实习实训基地，使高校培养出来的人才规格更加符合企业之需；高校合作方为企业降低员工前期培训的成本，并为企业提供高技能、高素质的熟练工，从而增强企业的市场竞争能力，实现高校和企业的"相互反哺"。但是，这种人才培养模式过程比较繁琐，高校、企业和学生之间的责任容易发生冲突。

3. "订单式"人才培养模式

它是一种学校和企业"签订契约、订购用人"的人才培养方式。合作企业向学校"下单"，订购一定数量的毕业生；学校根据企业的"订单"招收学生；学校和企业双方共同签订用人协议、共同制定人才培养方案、共同利用双方资源，实现校企合作共赢；合作企业参与人才质量评估，并按照协议约定，落实学生就业。这种人才培养方式最大的优势在于实现了"高校人才输出"与"企业人才引进"的无缝对接，学校培养的"产品"适销对路，实现了招生与就业的统一。但是，这种人才培养方式要求校企双方做到：

企业对人才有批量需求、学校能培养企业需要的特殊人才，企业能在未来三五年甚至更长时间稳定发展，其培养方式将在"学校教育质量、企业经营风险"和学生就业双向选择上承担风险。

4. 校办企、企办校模式

我国在 20 世纪 50 年代就有了"学校办企业，企业办学校"的人才培养模式，经过几十年的发展变迁，现已演化为教学管理和企业运营合一、高等教育和企业生产合一模式，主要有如下几种：

（1）校中厂、校外厂模式。学校根据自己的实力办自己的企业，校办企业所需要的人才全部由学校提供，学校整合资金、场地、设备、师资、技术、人才等要素实行企业化教学、科研和生产活动，实现教学、生产功能一体化。例如，清华大学、北京大学等高校在中关村开办的高科技产业公司，就属于校办企业，实现人才招生、培养与使用的一致性。

（2）厂中校、厂外校模式。企业根据自己的经济实力投资创办学校，圈地建设办公楼、教学楼、实验室、学生宿舍和生活设施等，引进师资，开办自己的学校，培养人才。例如，福建省内的私营学校——福州软件职业技术学院，就属于企业办校。

（3）大学生创业基地和产业孵化园模式。高校根据政府出台的政策，从实际出发合理开办大学生创业基地或产业孵化园。在校学生可以从自己所学知识和市场需求出发，制订创业计划，充分利用各种有利因素，积极开展创业活动。高校通过组建专家评估鉴定小组，遴选优秀的企业计划方案，支持大学生创业实践，并为其提供政策、技术等方面的咨询和指导。高校还可以聘请一些创业成功的校友来学校做专题讲座，让在校创业的学生做好各方面准备，降低风险，实现更高层次的就业、创业，这是一种创新型人才的培养模式。

5. 建立实习基地模式

建立校企合作伙伴关系。建立校企合作规划和合作培养机制，探索学校和企业互建实训基地，尝试引校进厂、引厂进校、前店后校等校企一体化的合作形式，使学生在企业一线、经验丰富的技术人员指导下，参与生产或技术项目，培养学生的实践能力。同时，在真实的生产环境中，培养学生软技能和认真负责的工作态度，实现学校人才培养融入企业生产服务流程和价值创造过程。

加强与企业合作。学校积极与企业签订协议，建立大学生实习基地，让企业参与到学生实践经验的培训中来，利用寒暑假把学生送到企业去实习，让学生熟悉企业的运作过程，增加学生的工作经验。组织教师到企业参加相关项目合作，帮助教师了解企业的管理、生产情况和需要的工艺技术。直接从企业引进专家任教，做本科生或硕士生的导师，做好教师和企业高级人员的双向兼职、双向流动工作。

6. 现代学徒制人才培养模式

高等教育人才培养机制改革，要注重实践课程和实习环节。在课程设置上，以培养学生运用理论知识解决实际问题能力为目标，大幅度提高实践性课程和案例课程的比重。在四年制的培养方案中，可设置至少两个"实习学期"作为所有学生的必修环节。现代学徒制人才培养模式突破了原有的思想观念，强调高等教育和职业培训不再是职前和职后两种类别，而是融合在一起并同时进行的一种创新模式。

企业人才需求绝对匮乏与高校人才培养相对过剩，是一对现实的矛盾。要解决这个矛盾，校企合作培养人才是必然要求。为了进一步加强人才培养成效，实现学校与企业的双赢，校企合作人才培养模式要实现"六个合一"，即学生与学徒合一、教师与师傅合一、教室与车间合一、作品与产品合一、理论与实践合一、育人与创收合一，使高校和企业之间真正实现技术、设备、场地、资源、信息和人才的无缝对接。

（二）校企合作人才培养过程中需要解决的问题

校企合作共同培养和使用人才，是解决目前高校人才培养"相对过剩"和企业人才需求"绝对匮乏"之间矛盾的必由之路。高校通过与企业的合作，充分利用企业资源，完成培养目标，实现人才培养适销对路；而企业通过与高校开展合作，获取自己所需要的人才，更好地实现企业既定的发展目标。为了实现校企合作人才培养的良性发展，必须解决合作过程中一些亟待解决的问题。

1. 合作的层次问题

目前，许多高校与企业之间有合作培养与使用人才的愿望与热情，但缺乏深入的合作，往往停留在"文本合作"的初级阶段，合作推动工作存在着许多困难，导致合作停滞不前、流于形式和表面化。其实，高校与企业应根据自身的具体情况，开展不同层次的合作：既可以开展企业为高校提供大学生实习实训、社会实践基地的浅层次合作；又可以开展学校为企业提供咨询、培训等服务，企业向学校投入产学研资金的中层次合作；还可以开展校企相互渗透、利益共享、教学—科研—生产三位一体的深层次合作。

2. 合作双方的地位问题

当前，在校企合作过程中，往往容易出现学校一头热的现象，而企业缺乏积极性，处在观望状态。校企合作双方地位模糊，容易导致权责不一致。学校是理论教学基地，企业是实践培训场所，学校和企业是合作的两个基本要素，两者既有宏观上的分工又有微观上的融合，其有机结合是实现既定目标的有效途径和有力保障，是培养理论和实践紧密结合的复合型人才的一种教育模式，强调的是两个主体在培养技能型和实用型人才的共同责任和共同作用。合作的双方是平等的，但双方的地位由于合作模式不同而有主次之别。

3. 合作双方的付出与回报问题

企业与学校共同培养技能型人才是一件好事。学校与企业都应充分认识到校企合作办学的必要性，但都或多或少地顾虑付出与回报不对称的问题。有的企业认为，这种合作费时、费力、费钱，"造船不如买船"，不如直接通过招聘获得所需人才省事；有的企业认为，合作周期长，不能满足企业当前的人才短缺问题，"远水解不了近渴"；有的企业担心合作成果最终不能为企业所用，担心留不住合作培养的人才。高校则担心合作培养的人才不能大部分被企业吸纳，担心新型的培养模式造成大学生就业难问题；部分教师认为合作模式必然或多或少要调整自己的学科专业结构，要花费很多时间重新学习新知识，他们担心原有的传统学科专业结构被荒废而新形成的学科专业结构又用不上，将得不偿失。其实，选择了合作，校企之间就必须真诚相待，勇于担当，共同付出、共担风险、同享收益。

4. 合作的长效机制问题

第一，校企合作人才培养模式能否实现良性、可持续发展，关键在于合作机制是否具有长效性。近几年来，校企合作在机制上存在着瓶颈，很难深入推进。目前，校企合作普遍处在自发、浅层、松散的合作状态，实际上是一种"有合无作"的格局。问题主要出现在：学校有热情，却能力不足；企业有需求，却主动不足；政府有认识，却政策不足。为此，高校应主动深入企业宣传学校、了解企业，以企业需求为中心，主动调整人才培养方案、课程设置和教学计划，为校企合作奠定办学的软件基础。企业也应主动深入高校，宣传企业需求的人才规格，共同研究制定人才培养方案，了解高校人才培养的全过程，了解办学过程中出现的困难和问题，认真考量校企合作双赢问题，加强互信，主动帮助学校解决办学中的困难和问题，加大对高校的帮助。学生进行自我评价、确立职业目标，可以通过第一课堂与第二课堂的有效结合，制定相应措施来实施计划，要考虑从入学到毕业这个过程中该如何塑造学生的特性，培养可能从事职业的相关素质，从而加强其适应社会的能力。例如，入学第一学年，学校可以通过入学教育、成功校友的讲座、"大学生职业生涯规划"培训等，帮助学生了解专业性质、专业能力要求、专业学习的价值和专业前景等，广泛了解各种职业，启发学生对未来职业的规划。第二学年，可以就某一职业进行寒、暑假实习，组织学生参加一些与专业相关的科研训练、科技类竞赛等。第三学年，引导学生根据自己实习的体会，确定职业方向。通过开展职业测评、组织职业咨询、开设课程和社会实践等方式，帮助学生认识自我、认识职业，提升能力并进行初步的职业生涯规划。第四学年，引导学生增加与职业方向相关的知识积累，培养学生的职业道德素养和社交等方面的能力，为步入社会打下坚实的基础。

第二，提供更多的学习资源，制定灵活的考核方式，以满足不同类型学生发展的需求。学校要相应提供更多的学习资源，增加选修课程的数量，以满足不同类型学生发展的需求。在课程设置方面，可以考虑多种内容和形式，甚至是一次暑期实习或社会实践，都可以作为一门选修课程。在考核方式上，也要根据课程特点采取不同的方式，即便是同一门课程，不同的学生也可采取不同的考核方式。例如，一般的学生可以采用常规考核方式；对于求知欲强、喜欢钻研的学生可以给他们列出几个问题，让其去查阅资料，写出一份分析报告；对于动手能力强的学生，还可以给其提供实验条件，针对某一问题进行实验研究，提交一份实验结果作为考核等。

第三，完善校企合作机制。因人才需求与高校人才培养目标脱节，部分院校在发展过程中会遇到三个主要问题。一是"先天不足"，即应用型人才培养的起步晚、基础差、经费保障能力不强。二是"后天失调"，即"双师型"队伍不足。三是"发展趋同"，即众多高校贪大求全，在人才培养的具体策略上没有特色。学校要厘清思路，结合实际，创新人才培养模式，为行业、企业培养急需人才，积极为地方经济社会发展服务。加强校企合作，共同制定战略联盟，形成产学研共享、共建的柔性机制。在企业健全高校学科专业、实践基地、特色课程、教学场所等无缝对接模式。要从经费、用人、基础建设等政策上加以倾斜，切实为高校排忧解难，解决问题、打造环境，支持高校走好产教融合、校企合作、转型发展的新路子。推行"引进来、走出去"战略，让新进教职工深入企业一线锻炼，鼓励理论教师"走出去"，不断学习、深造，形成师资队伍建设的长效机制。此外，高校与地方政府、企事业单位、社会团体进行沟通，积极调查本地区人才需求。

第六章 高等教育学科专业建设改革与人才培养

在现代社会中，人才培养、科学研究、文化传承和社会服务依然是大学的主要职能，而高校履行培养人才的社会职能则必须以学科专业建设为载体。只有不断地提高大学中的学科水平，才能更好地承担起大学应尽的职责。任何一所大学的水平和地位，都取决于它的学科水平。

第一节 人才培养对专业建设的要求

大学是以学科专业为基础建构起来的学术组织，学科水平是高校办学水平和综合实力的最主要体现。研究专业建设方法和人才培养模式、培养满足经济社会所需要的高技能人才，是摆在高等教育面前的重要任务。

一、专业建设的含义

"学科专业"常常被作为一个专有词使用，而在使用中被赋予的内涵却不尽一致。因此，有学者认为它是一个含糊的说法。这个说法的确可以产生歧义。譬如，我们说"优先发展新兴学科专业""改造传统学科专业"等，说的是以这些学科为基础的专业；"学科专业"这一提法又可以解释为专业是学科下的一级建制，即把专业视为学科的分支，视为某一级学科下的次级学科。"专业以学科为基础"和"专业是学科下的一级建制"，差别极大，而后者则是值得商榷的。

专业不是某一级学科，而是处在学科体系与社会职业需求的交叉点上。《辞海》将专业定义为"高等学校或中等专业学校根据社会专业分工需要所分成的学业门类"，并指出"各专业都有独立的教学计划，以体现本专业的培养目标和规格"。其他一些辞书关于专业的定义，与此大同小异。有不少学者也从不同的角度给专业下过定义。

从大学的角度来看，专业是为学科承担人才培养的职能而设置的；从社会的角度来看，专业是为满足从事某类或某种社会职业必须接受的训练需要而设置的。本书对专业界定如下：专业处在学科体系与社会职业需求的交叉点上。正是这种"交叉点"的性质决定了专业的基本特征：

第一，专业的教学计划，是三类课程的组合，即思想道德、科学与人文知识课程，学科基础知识课程，专业性（专门化、职业化）知识和技能训练课程的组合。第一类课程是对学生进行全面素质教育所必需的基础（大体相当于西方一些大学中所谓的通识教育课程），第二类和第三类课程是为这个专业培养"高级专门人才"的目标所规定的。无论专业培养方案如何改革，无论这个课程组合中各类课程的分量如何此消彼长，也无论各个学校的同类专业有多少各自的特点，这种"三类课程组合模式"至今未被突破。这种课程设置所体现的原则，就是"以育人为目标，以学科为依托，以社会需求为导向"。

第二，以一门学科为基础可以设置若干个专业，这些专业因学科基础知识课程大体相同而被称为"相近专业"；一个专业可能涉及不止一门而是若干门学科，这些学科甚至可能属于不同的学科门类，因此这类专业往往被称为"跨学科专业"或培养"复合型"人才的专业。这里恰好反映出设置专业与划分学科依循的原则是不同的。学科的划分，遵循知识体系自身的逻辑，因而形成"树状分支结构"。学科及其分支，是相对稳定的知识体系。即使是在一些学科分化与综合的演变中形成的新的交叉学科、边缘学科和综合性学科，这些学科也都有自己相对稳定的研究领域。专业，是按照社会对不同领域和岗位的专门人才的需要来设置的。不同领域专门人才所从事的实际工作，需要什么样的知识结构做基础，专业就组织相关的学科来满足。专业以学科为依托，但它不是学科"树状分支结构"中的哪一个"分支"。如果说以一门学科为基础设置的若干专业勉强可以视为该学科的"分支"，那么，培养复合型人才的"跨学科专业"无论如何都难以划分为哪一门学科之下的次级学科。这种培养复合型人才的专业，只是不同学科在教学功能上的交叉，而不是学科在自身发展意义上的交叉。换言之，"跨学科专业"并不能视为交叉学科的"分支"。

第三，大学中的专业会随着社会产业结构的调整和人才需求的变化而变动。这种变动表现为新的专业不断产生，旧的专业不断被更新或淘汰，有的专业从"冷"变"热"或者相反等。普通高校本科专业布点总数中各类专业点数的增减，第一志愿报考各类专业的学生数与这些专业录取数的比率，是反映某些专业冷热变化的"寒暑表"。高等学校和学生在专业选择上的行为，虽然并不能完全准确地反映社会职业需求，但也从大体上折射出社会职业需求变化的趋势。专业是变动的，学科则具有相对稳定性。

二、专业建设与人才培养

专业是学科承担人才培养职能的基地。任何一所大学培养的人才质量，都取决于这所大学的学科水平。专业建设要在学科建设提供的基础之上，制定专业培养目标和规格，确定专业设置口径，制订专业教学计划（或称为人才培养计划）等。人才培养建设是专业建设的主要内容之一。

专业是高校培养人才的载体，是高校与社会需求的结合点，高等教育是否适应社会需求，适应程度如何，是要通过高校设置的专业及培养的人才来体现的。目前，国内很多高校在专业设置上普遍存在不合理的地方。我国高等教育重视知识灌输，缺乏素质教育和能力培养，很多教材是十几年甚至更长时间之前编写的，授课的方式和课程基本上一成不变。再加上有些高校基本上不研究社会需求，因人设岗，学校有什么条件就办什么专业，看到市场需要什么专业就办什么专业，在新兴、交叉、综合性专业发展上缺乏力度，使紧贴市场、适应社会需求的一批专业没有得到充分发展。长此以往，导致学校培养出来的学生知识面窄，学习能力和适应能力差，普遍缺乏社会实践能力和实际操作能力，无法与单位所需要的实用性强的岗位相适应。因此，对高校专业设置与就业市场的相关性进行研究，具有重要的理论价值和实践意义。

首先，人才培养体系建设要把握好学科方向、学科专业的调整与组合；其次，要加强课程体系建设，特别是要用现代生物技术、信息技术和工程技术改造传统的课程内容；最后，要鼓励开设新的课程，学生可以选修其他专业的课程。另外，对学生技能和实际工作能力的培养则主要通过实验、实践和参与指导教师的科技研发及技术推广活动来实现。通过这些环节，使学科方向尽可能地适应学科未来发展的需要，使课程内涵尽可能地适应社会经济发展的需要，使培养出的学生尽可能地满足社会对高层次人才的需求。通过培养体系建设还可以丰富本科生的教学和实验内容，提高本科生的教学水平，为培养硕士研究生的研究能力提供平台；为博士研究生独立从事本学科创造性科学研究工作和提高创新能力提供保障。

三、专业设置与就业市场的关系

高校的专业结构设置主要是指各高校具体专业所构成的比例关系和组合方式，其中包括不同种类高校和学科专业的数量、布局以及相互之间的联系等设置。高校专业设置和就业市场的关系是相辅相成、辩证统一的。通过市场特有的调节机制，专业结构系统与外部环境之间持续进行着物质、能量、信息的交流，从而使专业结构系统与外部环境系统的结构都不断趋于合理化。

首先，两者存在着统一关系。一方面，高校进行专业设置要根据社会发展、职业变化的需要，依托学科优势培养适合社会发展的高层次专业人才，而对专业进行调整就是根据产业结构调整以及职业变化对人才知识结构、培养模式提出新要求，在操作层面上表现为根据大学生的就业状况来决定专业的取舍和招生规模，使毕业生能够顺利就业；另一方面，由于现代职业分工的不断细化，经济产业结构调整不断优化升级，社会需要具有较强综合素质、宽厚知识背景，又掌握高精尖知识与技能的人才，而达到这一目的就需要大学在加强通识课程教学的同时，还必须不断强化专业教育，通过专业的设置调整来不断提高校教育的水平。

其次，两者还存在对立关系。对专业设置来说，它既要满足职业岗位对专业知识与技能的要求，同时要满足知识系统传授和科研向纵深发展的要求，两者很难同时兼顾。学生在稳定专业设置情况下学到的知识也是相对固定的。但由于现代科技日新月异的发展，产业结构不断升级，影响大学生就业的不确定性因素大大增加，就业状况呈现不规则波动。因此，专业设置的稳定性、滞后性与市场经济条件下就业的波动性、即时性存在较大的矛盾。

第二节　围绕人才培养优化专业结构

对高校学科专业建设存在的上述问题，社会各界的认识是接近共识的，人们最大的困惑不在于发现问题，而是如何找到解决问题的方法。为促进学科专业建设适应经济社会发展，有些学校开展了一些相关的改革与探索。但从全国高校的整体情况来看，这种探索行动并不普遍，而且仅有的探索成效也不大，个别学校试图构建的学校与社会市场或者行业企业的融合协同机制，其结果是形式多于内容，内容还难以落实。出现这种局面的原因是纷繁复杂的，但由于长期以来我国高等教育办学体制造成学校不能脱离政府"管养护"的惯性局面和"等靠要"的思维习惯是很重要的深层次原因。

一、加强人才培养的专业弹性

"按专业招生—按专业培养"是我国目前最为普遍的人才培养模式，但其弊端也日益凸显。一方面，在这种培养模式中，学生专业选择自由度较小，学生对所学专业满意度不高。另一方面，刚性培养模式对市场变化的灵敏度低，容易出现高校专业设置、人才培养与市场需求间的错位，造成毕业生的结构性失业。对此，有学者指出学校应该根据市场供需变动趋势及时调整专业结构。但市场变化迅速而专业结构调整具有滞后性,调整专业结构既不能提高学生的专业满意度,也不能及时解决结构性失业问题,加强专业弹性是解决这些问题的更优选择。

(一)传统刚性人才培养模式下的规范承诺和情感承诺

在传统的人才培养模式中,学生的专业选择权主要体现在入学前的志愿填报上,而一旦入学,由于高校在转专业方面分配的名额小、门槛高,学生转专业困难重重,专业选择权极小。面对该问题,有学者指出专业选择权是大学生应有的权力,赋予大学生自主选择专业的权力合情、合理、合法。此外,专业选择权将竞争机制引入专业设置,不仅有助于推动高校进行专业设置调整,从而提高教育服务质量,也有助于学生根据兴趣学习,提升学习质量。众多世界一流大学如哈佛大学、耶鲁大学、普林斯顿大学等,在专业上都有较高的弹性。其专业设置虽主要由学校决定,但学生拥有充分的专业选择权:学生入学不注册到系科而由大学统一管理,学习一年到两年后再自主选择专业,选定专业后如果兴趣发生变化,也可以比较容易地改变专业。

1960年,美国社会学家贝克尔最早提出组织承诺的概念,后来随着组织承诺研究的深入,梅耶与艾伦提出组织承诺的三维结构理论,指出组织承诺由继续承诺(员工愿意继续留在所在组织的意愿)、情感承诺(员工对组织或工作的兴趣和感情)和规范承诺(员工对组织的责任感和规范感)构成。国内学者根据国外关于组织承诺的研究,结合大学生的专业学习特点,提出了专业承诺概念并扩展了专业承诺的维度。除了以上提及的继续承诺、情感承诺和规范承诺外,专业承诺还包括经济承诺(出于对经济因素方面的考虑而选择离开或者留在自己现在的专业)、理想承诺(依据自己所追求的理想来选择专业)等维度。

学生的规范承诺和情感承诺都是专业承诺的重要组成部分,也都对学生的学习投入有显著影响,但两者不论在内涵、发展水平还是影响力上都存在明显区别。规范承诺反映了学生对专业学习的责任感和规范感。教育在某种意义上是对学生的一种规训,学生经过多年的教育具有了较强的规范意识和责任感。进入大学之后,大学生普遍认为不管是自己选择的还是被调剂的专业,进入专业学习之后都有义务严格遵循学校规章制度和要求,学好自己的专业。研究发现,学生的规范承诺较高并在推动学生投入上发挥了重要作用,这是目前高校人才培养中的已有优势,也是保障学生深入专业学习的必要条件。但相对于点燃学生对专业学习的热情和兴趣、发挥学生特长和激发学生潜能而言,提升学生规范感和责任意识并不是目前人才培养的重点。情感承诺正是反映学生对专业的情感和兴趣的指标。同时研究也发现,情感承诺对学习投入的影响力远远低于规范承诺,可见,目前学生的学习投入更大程度上受规范意识而非兴趣的影响。值得注意的是,学生的情感承诺处于较低的水平且不会随着学习的深入而不断提升。这种现象的出现可能有两种原因：一是情感承诺具有较高的稳定性，在专业确定后就很难受到其他因素的影响；二是情感承诺在专业确定后依然能受到其他因素的影响，但目前的人才培养在教学方式、教学方法等方面存在一些问题，难以提升学生的学习热情。不论是出于哪一种原因，赋予学生选择自己感兴趣的内容进行学习的权力，并同时改进教师教学方式方法，有助于提升学生的情感承诺。此外，研究也证实，选择承诺对情感承诺有较大的影响力，加强专业弹性、增强选择承诺是提升学生情感承诺的有效手段。

（二）加强专业弹性，提升选择承诺

专业弹性的上位概念是弹性学习。弹性学习强调教育应不断适应不同学习者需要、不同学习方式以及不断变化的学习环境，其核心是学习的选择性。相应的，学生的专业选择权是专业弹性的核心内容。专业选择权是指大学生自由选择专业的权力，包括入学前的专业选择权和入学后的专业选择权。

在我国，反映专业弹性的"大类招生，分流培养"模式也在部分高校展开，具体表现为按文理大类招生（如北京大学元培学院）、按学院招生（如清华大学人文社会科学学院）和按学科大类招生（如济南大学）。三种方式的共同点在于先按大类招生再进行专业分流，区别在于学生分流时的专业选择自由度不同。尽管不少大学已经展开了人才培养模式改革，但传统的刚性培养模式依旧在大部分高校盛行，已经推行的一些人才培养模式改革也不同程度地遇到困难、遭受质疑，乃至中断。

研究发现，选择承诺不仅直接影响学生的学习投入，也通过影响情感承诺、规范承诺、继续承诺、经济承诺间接影响学习投入。提升选择承诺是人才培养中最为迫切也是最重要的任务之一。目前，以"大类招生，分流培养"为代表的加强专业弹性的人才培养模式改革在实践中出现了若干问题，如专业分流导致专业分化加剧和专业分流中的公平性等问题。但以上问题可能在实践中得以解决，不成为阻碍改革的理由。在加强专业弹性的具体实践中，应注意以下问题。第一，在专业分流之前，高校应该通过开展系列讲座、新旧老师交流、心理测评、让学生选修相关专业入门课程等多种形式加深学生对自身和各个专业基本情况的了解，为学生将来选择具体的专业做准备，减少专业分流时候的盲目性。第二，经过一段时间的通识教育之后，学生对自己和专业都有了一定程度的了解。在专业分流的时候，学校应该给予学生更多的专业选择自由，并引导学生基于自身能力、性格、兴趣和专业的匹配程度理性地选择专业。第三，高校应注意专业分流标准的科学性和分流程序的公平性。高校应该综合考虑学生的学业成绩、实践活动表现等多方面因素建立专业分流标准，并且严格参照标准进行笔试、面试，保证程序上的公开透明。第四，学生在专业分流选定专业之后，如果学生兴趣

发生变化并满足再次选择专业的要求，学校应该允许学生重新选择专业。第五，在具有较高弹性的人才培养模式下，学生产生个体游荡感，并对大学生活感到迷茫。对此，学校应该加强对学生的学业指导与职业指导。这不仅是人才培养模式改革顺利进行的保障性措施，也是提升学生的经济承诺和继续承诺的有效手段。

二、创新特色专业人才培养体系

各高等教育应该围绕社会需求，结合地方经济建设、社会发展对高素质人才的需求，科学确定专业培养目标，合理构建课程体系，深入改革教学内容，努力强化师资队伍建设，大力加强实践和动手能力培养，办出优势和特色。

（一）明确专业发展定位

高校根据经济社会要求，从课程设置、师资队伍建设和教学环境优化等方面围绕人才培养模式这一主题，深入研究各项技能在知识和能力结构中的作用，总结出不断适应社会发展，富有创新意识和良好职业道德的技能型人才，建设行业特色鲜明的高等教育人才培养高地。

1. 建设服务地方辐射全国的"双师"培训基地

通过一系列教育教学改革，分解职业能力和岗位要求，实现课程组织项目化，课程结构模块化，总结适合本校学生的实训模式，建立多元化的评价体系。从一个省开始，逐步向全国推开，对贫困边远地区同类院校进行免费重点扶持，将该专业培训部改造升级为服务地方、辐射全国的"双师"培训基地。

2. 建设立体化多功能开放式实训中心

利用省级示范创业教育园中的实体和校内外各个实训基地，同时借助与地方各类协会，如企业家协会、计算机协会等行业协会及企业集团的合作，建立立体化多功能开放式实训中心。除满足本地科教园区的实训要求外，其他院校的同类学生也可在中心实习实训。考核合格后由企业和协会联合签发"工作经历证书"。

3. 建设共享型公共服务平台

为完善课程建设，与同类院校共享教研改革成果，该专业将开发专业资源库和网络服务平台。引进国际上先进的交互式学习平台，继续开发自主学习型网络和教学课件。建成包含试题库、信息文献库、多媒体课件库、音频库、视频库、案例库、5门以上高质量网络课程库等七大模块、规模为500G的2000种多媒体资源，并通过网络共享平台服务于高等教育专业的建设工作，建成后可满足全国范围内1000人同时访问。

（二）建立工学结合的新型教学模式

经过教育教学实践，形成"顶岗、轮动、复合、融通"的工学结合的人才培养模式，开辟行业知识、语言技能和职业能力相互融合的人才培养新途径。

轮动：根据社会对人才需求的不断变化，每年修订人才培养方案，使之在动态中优化。课程设置与教学内容不断调整，与时俱进。学生的基本技能、核心技能、综合技能、职业素质、岗位适应能力在学习进程中螺旋式上升。专业教师通过下厂调研、顶岗锻炼，到海外学习工作，到高校深造或攻读学位，为企业提供培训、翻译服务等多种形式，不断接触新观念，掌握新知识，熟悉新技能。

复合：专业建设的三重复合，即专业内容的复合、不同类型课程的复合、知识与技能的复合，决定了课程体系体现知识与能力、心智技能与动作技能、技术素养与人文素养，专业、就业与创业等多种元素的有效结合，实现知识、能力、素质的协调发展。

（三）优化专业建设与改革方案

1. 人才培养方案

一是建立校企合作教育伙伴关系，开创多元化人才培养方式。全方位、多样化地开展校企合作人才培养形式，形成产学合作、工学结合的双边多赢的教育环境。利用区位和行业优势，建立校企合作联盟，推进工学结合的人才培养方案，努力开发订单式培养的新途径。二是优化课程体系，构建以职业资格证书为主线的人才培养方案。三是强化实践教学环节，突出专业技能和职业能力的培养。进一步加强和扩大校外实习基地建设，在阶段性实训课程的教学过程中，突出学生专业技能的培养，深化学生一年顶岗实习中的过程管理，提高毕业生的职业能力。深化专业建设指导委员会的指导和监督作用，完善行业专家授课制度，建立专业教师企业挂职制度，在校企合作联盟的框架下加强订单式培养力度，确保学生的职业素质与企业要求零距离对接。

2. 课程建设方案

一是围绕职业能力和人文素质培养完善课程体系。课程结构上体现多样性、灵活性和可选择性，使学生在校期间不仅具备职业岗位群所需的从业能力，而且培养可持续发展能力，为学生终生学习打好基础。二是加强精品课程建设，实施三级精品课程建设计划，陆续建设一批体现岗位技能要求、促进学生能力培养的精品课程。三是与企业密切合作，开发专业系列教材，修订校本教材。四是借助校企合作联盟，定期与国内外同类院校进行教学研讨，探讨新的人才培养模式和教学方法改革的课题研究，进行校企合作经验以及教学成果的交流。

3. 师资培养方案

一是名师工程。特聘（柔性引进）曾参加过国家级重大文件起草和审定工作的专家委员会成员、在国际会议上多次做主旨发言的著名高校知名教授引领专业建设。二是"双师"工程。优化和提升专业教师的知识能力结构，鼓励教师获得相关行业和企业的商务类职业资格证书。同时，发挥校内外实训基地先进设备设施的优势，对所有专业教师开展多种形式的实践技能培训，安排教师在校内外实训基地挂职和顶岗锻炼，使"双师型"教师比例提高到100%。三是国际化工程。选聘具有行业背景和实践经验的外籍教师参与教学团队，提高教学团队的整体水平；拓宽专业教师的国际视野，每年选派1～2名优秀的专业教师到著名大学深造或培训，或到国内大学进修；鼓励教师参加各种类型的职业资格认证培训和短期学习。四是青年教师"三术"提升工程。从"三术"（教术、学术、技术）方面加强培养青年教师。按照"青蓝工程"的思路，选拔培养青年骨干教师；深化"青年教师带教"工程，以传帮带的方式提升青年教师的教术和学术水平；每年选派1～2名教师到国外进修2个月；选派1名外访问学者；选送1～2名青年教师参加在职或脱产学习；要求专业教师每年下厂累计实习时间不低于2个月，35周岁以下年轻教师每年下企业实习不低于2个月；定期举办青年教师授课大赛、教案评比、论文竞赛等，培养浓厚的教学和学术研究氛围。

4. 实训基地建设

功能系列化。为充分满足学生的岗位能力和基本素质需求，对现有的实训基地进行升级改造，实现功能系列化，环境真实化。实训基地按企业化模式运作，引入企业标准，使学生在"做中学，学中做"。校企合作联盟提供的实训基地将全方位承接学生的专业认识实训、专业体验实训和顶岗实习，校内实训室为学生提供实训服务的同时，承接对外服务，实现专业建设与企业化运营的双赢效应。

人员职业化。为了强化实训基地建设，讲求实战性，突出实效性，达到示范性，该专业将对实训基地进行人员职业化管理，培训人员中的80%将聘请行业专家担任。

三、推进学科专业建设和人才培养改革的思路

（一）思想观念的革新和转变

思想是行动的先导，在教育事业的发展历史上，任何一次教育变革与进步，皆始于思想观念的变革与创新。推动解决高等教育目前存在的学科专业建设与人才培养的问题，必须从全国上下教育思想观念的革新转变开始，各种平台的创建，在很大程度上就是从学校领导层面的思想解放和观念转变开始，然后通过自上而下的发动得以顺利实施。

综观世界高等教育尤其是欧美发达国家教育教学改革的最新发展与变化，尽管各国具体思路与举措有所不同，但注重人才培养与时代变化的全方位适应，注重高等教育与经济社会的深度融合，是各国行动的共同特点。我国高等教育发展的时代变化，必然带来一些深层次的教育教学内涵的变化，这就要求高校应转变教育观念，以提升学生就业能力为提高质量的重要努力方向，树立多元化和多样性的质量观，更加关注那些不能成为科学家的孩子，更为理性地关注教育与经济社会的适应问题，更为迫切地思考解决学生面向社会的适应能力、实践能力和创新能力的问题。

（二）创建学校与社会联系融合的互动平台

面向经济社会发展趋势，寻找与行业企业的利益契合点，创建学校与行业企业共需共赢的协同创新平台，是高等学校服务经济社会发展的必然选择，也是高等学校推进学科专业建设和人才培养改革，促进教育与经济社会融合的必由之路。创建学科群对接产业集群的改革实践，自始至终立足于校企双方的共需共赢。对学校来说，平台解决的是办学与人才培养的现实问题；对企业来说，平台解决的是科技和人才需求的现实问题。因而，改革实践从一开始就应该争取得到行业企业的积极响应和大力支持，这是学校教育教学改革走向成功的重要基础。

（三）体制机制的创新与保障

推进高等教育体制、机制等方面的制度创新，改革完善学校教育教学改革的体制机制保障，是学校学科专业建设和人才培养改革顺利进行的重要条件。从目前的高校办学实际来说，学校推进开放办学和创新教育的现实困境与体制障碍有很多关系。比如，在人事管理体制等方面，学校办学自主权的缺乏就是一个掣肘的深层次障碍。因此，学科专业建设与人才培养模式改革方面存在的问题，看起来是高校内部事宜，其实牵扯到高等教育管理体制等多方面因素，从高等学校办学内外部因素的统筹研究与综合考虑出发，是分析问题、解决问题的科学理性选择。

第七章　高等教育师资队伍建设与人才培养

美国哈佛大学著名高等教育学家柯南曾说过："大学的荣誉不在它的校舍和人数，而在它一代又一代人的质量。"可见，高校发展的最大支撑点是拥有一支素质优良、数量充足的人才队伍，这种人才强校观念已成为高校管理者的共识。因此，高校师资队伍建设是高等教育发展的基石，一所高校是否成功关键取决于它是否拥有一批高水平的知名专家学者和高素质的教师。师资队伍既是办学的主体，又是办学的重要条件。正确认识师资队伍建设与人才培养质量的关系，提高师资队伍建设水平，对于培养高素质技能型专门人才具有十分重要的意义。

第一节　师资队伍建设与人才培养的关系

高等教育担负着培养造就一大批创新能力强、适应经济社会发展需要的高质量各类型工程技术人才的重任，承担着为国家走新型工业化发展道路、建设创新型国家和实施人才强国战略服务的任务。这种教育需要行业、企业深度参与培养过程，学校按通用标准和行业标准培养工程人才，是一种"培养实用操作层面的技术性人才"的教育，是"工程师的摇篮"。应用型人才不但要掌握某一技术或管理领域的基本知识和基本技能，同时要具有较强的工程能力和创新能力，能够解决生产实际中的具体问题，是现代技术的应用者、实施者。应用型人才的培养定位决定了高等教育既需要有一批理论水平高、科研能力强的学科带头人、学术骨干来引领学科专业的发展，更需要一大批掌握专业理论知识，具备知识应用能力、技术操作能力、实践组织能力、应用创新能力，具有丰富实践经验和实践能力的"双师型"教师。

一、师资队伍的含义

高校师资队伍是指高校中承担教学工作的教师整体，主要包括师资队伍成员的个体素质情况和师资队伍的整体结构情况两方面。教师的个体素质包括教师个体的思想道德素质、文化素质、身体素质、心理素质等。师资队伍结构包括年龄结构、学历结构、职称结构和学缘结构等。

高校师资队伍建设就是高校运用有效的用人机制和科学的管理手段优化师资力量和师资队伍结构，使之与学校自身的实际需要和发展相适应。高等学校教师队伍建设的内容主要有三个方面：一是教师的选拔与配备；二是教师的培养与提高；三是教师的使用与管理。一流的大学必然有一流的师资。原哈佛大学校长博克教授曾指出："学校的名誉主要取决于学生的质量，更取决于教师的水平。"师资队伍水平作为高校教育质量和学术水平的决定性因素，在高校办学中的地位和作用已被公认。

二、师资队伍转型发展的新要求

高等教育的转型发展，必须解决作为高校发展关键因素的师资队伍建设与高等教育发展的适应性问题。加快发展现代高等教育将有利于扭转目前一些高等院校定位不清、只求规模的现状，引领社会摒弃一提高等教育就是低档次的陈旧教育观念，提出高校人才培养的模式必须创新，深化教育改革，搭建实践平台，实现产教融合合作育人高等教育转型发展，打造具有中国特色的应用技术大学，培养符合国家产业升级的高技术技能人才。因此，学校必须构建一支思想政治素质硬、科学理论水平高、生产实践能力强、数量和能力结构科学合理的与地方、行业企业发展紧密结合，与建设高水平特色应用技术大学相适应的师资队伍。一方面，这支教师队伍要能扎根地方和面向行业，善于解决生产实际问题，服务地方和行业企业；另一方面，这支教师队伍要做到理论联系实际，实践教学能力强，传道授业水平高，适应现代教育培养应用型人才需要。

师资力量建设是教学质量的关键，那么究竟应该建设一支什么样的师资队伍？教育部2006年16号文件《关于全面提高高等职业教育教学质量的若干意见》中明确指出，逐步建立"双师型"教师资格认证体系，研究制定高等职业院校教师任职标准和准入制度。无论高等教育实践，还是理论界已经达成了一个基本的共识："双师型"是高等教育教师队伍建设的着力点和方向。"双师型"教师不仅要有一定的专业文化理论知识，而且必须拥有较丰富的专业实践经验，熟悉企业生产环境，了解企业运作过程，掌握企业组织管理方式，从而具备从事高等教育教学的能力。

关于"双师型"教师的界定有多种说法,一是"双证书"说,即持有"教师资格证"和"职业资格证"的教师就是"双师型"教师。二是"双职称"说,即具有讲师职称又具有工程师职称,就是"双师型"教师;三是"双师能力"说,既具有作为教师的职业素质和能力,又具有技师(或其他高级专业人员)的职业素质和能力的专业教师,就是"双师型"教师。四是"双师素质"说。教师是能力之师,教师既能讲授专业知识,又能开展专业实践;教师是素质之师,既能引导学生人格发展,又能指导学生获得与个人个性匹配的职业。具备这种素质的教师就是"双师型"教师。五是"双师结构"说。就个体而言,教师是"双师型"的,每个教师都要具备"双师素质";就群体而言,教师必须是一个教学团队。这个团队由学校专任教师和企业兼高等教育教师两部分组成,是工学互动的。教学团队的整体结构是:专业理论教学(以专职专任教师为主)+实践课教师(以企业兼高等教育教师为主)+互动交流平台(以专业标准和课程计划为主)。师资队伍建设的目标:形成一支学历层次高,职称结构和学缘结构合理,老中青结合,"双师"结构优、专兼结合的专业教学团队。高水平的教师队伍,从其作用和功效来看,就是指一所高校内师资队伍整体教学水平高,科研创新能力强,师德修养好。

三、师资队伍对人才培养的影响

高校的生存与发展,关键在于人才培养质量,而人才培养质量的关键又在于师资队伍的质量,师资队伍是提高人才培养质量的决定性因素。教师队伍的建设是教学质量的生命线,师资队伍建设的好坏主要从以下几个方面影响人才培养质量。

(一)一支高水平的师资队伍,有利于制定高质量的人才培养方案

一个好的人才培养方案有利于高校在人才培养方面把事情做对,进而把事情做好,科学的人才培养方案是高素质技能型专门人才培养的基石。一支结构合理、训练有素、高水平的师资队伍能洞察行业的发展趋势和专业的市场需求,在市场需求分析的基础上准确地进行专业面向的岗位定位,科学地分析岗位的主要工作过程,进而提炼出主要的工作任务,并能科学合理地将工作领域转换成学习领域,从而制定出高质量的人才培养方案。优秀的教师队伍能科学地分析出专业的课程体系和课程内容的逻辑思路,正确地把握课程设置的科学性和均衡性,合理地谋划和建立实践教学体系和实践教学基地,科学地提出专业素质教育的措施和办法,从而有效地提高学生的知识水平、能力水平和素质水平。高质量的人才培养方案的制定离不开高素质的师资队伍建设,科学的人才培养方案是人才培养质量提高的基础。

（二）一支高水平的师资队伍，有利于编写高质量的教材

人才培养靠"三材（才）"：一是人才，二是教材，三是器材。其中人才即师资力量是关键，有了高水平的师资队伍才能编写出高质量的教材，从而为高素质的技能型专门人才培养提供有力的保障。由于历史和师资原因，我国高等教育教材存在本科化倾向，重理论演绎、轻技能介绍，职业化严重不足。教材大多数是重点高校本科教材的浓缩和翻版，课程实训教科书技能性不强，不能体现第一线尤其是基层岗位对毕业生的知识和能力的要求。一支高水平的师资队伍能够深入经济建设第一线，调查专业面向的岗位，熟悉专业岗位的生产过程，熟悉专业学科及课程的知识和能力，熟悉高等教育学生的特点。他们从职业岗位总结知识，形成技术和方法，最终编写教材，真正做到教学内容职业化，与相应职业岗位对接，学生毕业就能上岗。由此可见，师资队伍建设与教材的科学性、针对性和适用性息息相关，没有高水平师资队伍就没有高质量的教材，进而会直接影响人才的培养质量。

（三）一支高水平的师资队伍，有利于形成良好的学风

教风是指教师在教学、科研和工作过程中所表现出的思想、态度和作风，它是教师的思想文化素养和人格修养的综合体现。一支高水平的师资队伍，其教师知识渊博、教学理念先进、责任心强、治学严谨、考试严格、既教书又育人、教学方法科学、教学效果良好，学生必然学习态度端正、做人做事脚踏实地精益求精，做实事，讲真话，学习考试认真一丝不苟，知识架构牢固，肯动手，不怕吃亏不怕吃苦，人才培养质量必然提升到一个较高的水平。加强师资队伍的建设，形成良好的教风，进而形成良好的学风和校风，将会大大提高人才培养质量。

1. 一支高水平的师资队伍，有利于采用良好的教学方法

教学方法有灌输式教学方法和启发式教学方法。常用的课堂教学法有案例分析、专题研讨、角色扮演、情景剧、模拟公司系列实训、课堂宣讲、岗位见习、自我评估、管理游戏、校园体验、项目式教学与策划案撰写、网络冲浪等。众多的教学方法关键在于灵活运用，才能取得良好的教学效果，从而提高人才培养质量。一支素质不高的师资队伍要么不会使用众多的教学方法，要么只能生搬硬套，不能灵活运用，将不能结合课程的实际、专业的实际、知识和能力的实际，弄得学生不知所云不知所往，适得其反，教学效果大打折扣。一支高素质的师资队伍能够从实际出发，科学地进行教学设计和灵活地运用教学方法，从而使学生做到融会贯通，起到事半功倍的效果，大大提高人才培养质量。因此，加强师资队伍的建设，培养一支高水平的师资队伍，将有利于灵活运用各种良好的教学方法，进而快速提高人才培养质量。

2. 一支高水平的师资队伍，有利于建立高等教育学生良好的知识架构

高等教育毕业生不仅应成为其专业领域的操作手，而且应该具有发展后劲，对其从事的专业领域不仅要知其然，还要知其所以然，这就需要建立良好的知识架构。一支高水平的师资队伍熟悉专业教学规律，知道各门课程的逻辑关系和知识点、技能点的取舍与衔接，知道各门课程的重点和难点，熟悉各门课程的知识架构，知道哪些内容该讲，哪些内容不该讲，从而有利于学生课程知识架构的形成乃至专业知识架构的形成。因此，建设一支高素质的高等教育师资队伍，将有利于建立高等教育学生良好的知识架构，从而提升毕业生的质量和发展后劲。

3. 一支高水平的师资队伍，有利于培养学生研究问题的能力和动手能力

一支高水平的师资队伍能科学地设计专业的单项能力实训、模块能力实训和综合能力实训，有效地开展校内实训和校外实训，切合实际地组织学生进行认知性的实训和知识迁移性的实训，能做到以工学结合为主体，辅之以研学结合和赛学结合，科学地安排高等教育学生的生产实习、顶岗实习和综合素质训练，从而大大提高高等教育学生研究问题的能力和动手能力。大学生素质和能力的提高离不开高水平的师资队伍建设。

4. 一支高水平的师资队伍，有利于培养学生健全的人格

高水平的师资队伍，教育观念新，职业道德好，知识面宽，教学水准和学术水平高，创新精神和实践能力强，他们关爱学生，能和学生交朋友，有的老师被学生称为爸爸老师、妈妈老师，言传身教，既教书又育人。他们引导学生学习，引导学生生活，引导学生进行职业规划，引导学生树立正确的人生观和世界观，引导学生成才，引导学生成人。加强高水平的师资队伍建设，将会对大学生健全人格的形成、综合素质的提高产生极其深远的影响。

5. 一支高水平的师资队伍，有利于学生融入社会、融入职场

高水平的师资队伍能做到教学、科研、社会服务相结合。通过科研和下厂锻炼熟悉行业和市场，专业面向的市场需要什么老师就教什么，为学生融入社会、融入职场打下坚实的基础。通过社会服务与企业建立良好的关系，从而建立校外实训基地，让学生的课程实训、生产实习、顶岗实习有一个对口的校外场所，从而提高人才培养质量。建设一支教学、科研、社会服务一体化的师资队伍，能根据市场需要安排教学内容，让学生在真情实境下得到训练，培养合格的符合市场需要的应用型人才，大大提高学生的就业能力。

第二节 就业导向人才培养模式下师资队伍建设

高等教育师资队伍在建设过程中，虽然取得了一定的成就，但是仍然存在很多的问题和不足，这些问题严重影响了高等教育院校的人才培养。所以，必须要提高高等教育师资队伍的质量，建设一批高素质的教师队伍。

一、以学生的发展作为师资队伍建设的主线

素质教育的进一步发展和深入，使得高等教育的管理者逐渐认识到以人为本的重要性，对高等教育来讲，根本任务是为社会和企业输送具有综合性素质的人才。因此，在高等教育的师资队伍建设过程中，一定要以学生的发展为中心，以学生就业为导向，根据"培养什么样的学生"指导师资队伍的培养，进而规定师资队伍的培养数量、质量和结构等。而且无论是在师资队伍建设中还是在以后的教学过程中，都应当始终以学生的发展为中心，这样才能使教师队伍的培养与综合性素质人才的培养相互协调，进一步提高高等教育的教学质量和人才培养质量。

（一）就业导向人才培养模式下师资队伍建设的原则

1. 统筹规划原则

没有高水平的教师队伍，就难以实施就业导向的人才培养模式，更谈不上提高教学质量和突出办学特色。因此，各高等院校必须从有利于实施就业导向人才培养模式的角度出发，把师资队伍建设与学校的整体发展战略有机地结合起来，在师资的数量、结构上进行科学规划，在专业带头人的引进与培养上下功夫，在"双师型"教师建设上花力气，完善各项政策、制度，促进师资队伍建设工作的快速发展。

2. 校企合作，共同打造师资队伍原则

为了培养职业能力强、就业竞争力强的学生，高校必须与行业、企业共同建设师资队伍，使教师掌握行业或企业一线实际应用的技术或聘请行业企业人员承担教学任务，实现学生与企业的"零距离"对接。学校应通过制度约束校企双方的行为，加大投入力度，逐步形成学校为企业搞产品研发、培训员工，企业能工巧匠到学校担任主要专业技能课教师和在企业生产车间指导学生顶岗实践并接受学校专业教师实践锻炼的良性互动机制。

3. 教师数量优化配比原则

学校教师配置满足就业导向人才培养模式实施的要求，一般情况下应该按照 18：1 配置教师数（包括专任教师和兼高等教育教师）；专业教师可按照 20：1～22：1 进行配置；专业带头人按照每个专业 1 名，再加 1 名专业带头人培养对象进行配置；骨干教师可按专业课教师数的 1/4～1/3 进行配置，一般情况下（每个专业每年 3 个班 120 人）可配置 4～6 名骨干教师；"双师型"教师应占专业课教师的 80% 以上；企业或行业兼高等教育教师应大体与专任专业课教师数量相当。

4. 引进、培养与聘用相结合的原则

坚持人才是第一教育资源，向全社会全方位开发高等教育人才资源，根据就业导向人才培养模式的需要，适当引进专业带头人和骨干教师；以在高等教育老师深入行业或企业一线，提升教学能力和实践水平和以聘用承担主要实践技能课的行业或企业能工巧匠、技术骨干为重点，开展高素质"双师型"教师队伍建设工作。努力发现人才、培养人才、选拔人才、用好人才、聚集人才，产生人才共生效应。

5. 人事制度改革与绩效考核同步推进原则

按照开放性和职业性的内在要求，建立新的用人机制，推进人事制度改革，着重解决人员能进能出、岗位能上能下、待遇能升能降、优秀人才能脱颖而出、奖励与贡献相结合、岗位责任问效等问题，实行真正意义的全员聘用制，建立绩效考评体系，严格绩效考核评价，从身份管理逐步过渡到岗位管理。同时，要制定向优秀人才和关键岗位倾斜的分配激励政策。

6. 教学能力、服务能力与师德培育相结合的原则

按照就业导向人才培养模式实施的要求，把做学问与做人有机地结合起来，把师德师风建设纳入各专业教学团队和教师个人的考核指标，着力培养教师高尚的职业道德情操、超群的教育教学能力和较强的社会服务能力，通过表彰优秀专业教学团队、优秀专业带头人和骨干教师等活动，将师德师风建设贯穿于教师队伍建设的全过程。

（二）就业导向人才培养模式下师资队伍建设的主要内容

1. 专业带头人队伍建设

专业带头人是专业建设的核心人物，是顶层设计者。要做好社会影响力、社会服务力、专业建设力、资源整合力、团队带动力的建设，造就一批站在专业前沿、掌握行业企业最新技术动态的领军人物。建设形式主要包括国内外培训和交流、参与企业产品研发和生产过程管理等。从雁阵原理中我们可以看出，作为雁阵中的头雁——专业师资团队带头人，在专业建设中发挥着关键作用，他们是教学的骨干，学术的权威，

是教师的领军人物，是形成学校特色、专业特色的关键所在，因而对其有较高的素质要求。

专业带头人一要有把握方向的能力。要了解本专业的前沿研究状况，对专业发展有预见性，对专业建设有正确的定位、明确的目标、清晰的思路、组织和带领青年教师进行专业建设。能跟踪国内外专业发展的动向和趋势，明确本专业的主攻目标，及时提出专业建设的意见和建议。努力建设专业学术梯队，积极组织学术活动，在专业建设、课程建设、培养青年教师中，发挥"头雁"作用。二要有把握速度的能力。专业带头人对专业建设不但要有正确的定位，还要有科学的步骤和周密的安排。通过课程建设、基地建设、师资建设等，把专业建设一步步地落到实处。认真分析专业建设中存在的问题，分清轻重缓急，逐步加以解决，带领专业团队循序渐进、与时俱进。三要有豁达包容的胸怀。专业带头人要注重对青年教师的培养，让他们在教学、科研上挑重担，要关心青年教师的成长，给他们创造参加培训进修、到企业挂职锻炼、参加学术交流活动等各种机会，并适时地把他们推到"阵首"，积极支持和鼓励他们走在自己的前头。四要有吃苦耐劳的精神。专业带头人要身先士卒，在教学、科研中率先垂范，在基地建设中模范带头，还要带领整个团队前进，帮助、指导青年教师提高教学、科研水平。

2. 骨干教师队伍建设

骨干教师是专业建设的中坚力量，是就业导向人才培养模式实施的主要执行者。骨干教师队伍建设要侧重培养具有良好的职业道德、较强教育教学能力、突出的工程实践能力、清晰的课程开发思路和优秀的课程建设团队感召力的教师。骨干教师要具体负责课程体系调整、课程开发与课程教学实践活动。

地方院校重点要加大高层次人才队伍的建设力度。要不惜重金提高现有教师的学历层次和专业教学技能水平。通过鼓励教师深造，在职攻读博士学位、脱产学习和参与社会实践活动等，让他们步入社会进行调研和实践锻炼，或者与企事业单位进行合作培养。同时，严把教师的引进关，引进一些有较强专业技能的人才，聘请知名教授、专家、技术员为兼高等教育师，全面提高教学水平。通过采取上述措施，使得教师的学历、职称、年龄、专业和能力结构等日趋合理。

高等教育还要加强教师实践能力和工程素质培养，建立校内专高等教育师与企业兼高等教育师相结合的高水平工程教育师资队伍。以校企合作为主渠道，建立校内专高等教育师与企业兼高等教育师相结合的应用型师资队伍，有计划安排教师到企业挂职锻炼或培训，支持教师参加行业举办的专业技术培训，鼓励教师考取通过权威认证的职业资格证书，引导教师参与实践教学、实验室建设和指导学科竞赛，鼓励教师进行工程技术研究和工程项目设计，切实提高教师的工程实践能力。同时，积极从大中型企业聘请专业素质高、工程经验丰富、教学能力强的高级工程技术人员和管理人员作为兼高等教育师，从事实践教学工作，形成相对稳定的兼高等教育师队伍，从而加强学生的工程实践能力、社会适应能力和团队合作能力的培养。

3. "双师型"教师队伍建设

应用型人才的培养关键在于有一支"双师型"师资队伍，要强调教师的理论性与实践性相结合。在新进教师的相关工作中，要科学合理规划，注重引进具有实践背景和行业工作经历的师资，对其中条件特别突出的、在符合政策的前提下，可优先引进，并在人、财、物上倾斜，进一步提高教师队伍中应用型教师的比例。

教师既是理论知识的传授者，又是实践能力的培养者。教师既具有教师资格，同时又是经济咨询师、注册会计师、工程师等具有某些专门执业资格的专家。他们一方面教学，一方面从事实践活动。"双师型"教师的培养形式主要通过现有的高等教育师定期到企业实践锻炼、国内外进修学习、承担科技项目、参加职业技能培训等多种方式，提高实践能力和教育教学能力。高等教育"双师型"师资队伍可采用"请进来、送出去"的方法进行建设。一方面，学校要出台相关配套政策鼓励教师进行实践活动；另一方面，积极引进具有丰富实践经验的专门人才来当教师，而不是单纯地考虑引进高学历教师在"双师型"教师职称晋升、工资与福利待遇等方面实行倾斜政策。

4. 兼高等教育师队伍建设

研究和探讨合理有效的办法，推动区域内、同类型的高等教育实现资源共享。同类院校或院校间相同、相近的专业，可在师资配备、科研生产、教材编写、教学实验设施、人才培养、师资队伍建设等方面实行跨校合作，使各高等教育减少重复投资，节约开支，合理投入。在保持各自办学特色的基础上，取长补短，相互促进，做到师资相互兼职共享。实施就业导向的人才培养模式，培养"零适应期"的大学生，从行业或企业聘请能工巧匠和技术骨干做兼高等教育师。学校要努力构建兼高等教育师聘用、使用、管理的良性运行机制，建立一支相对稳定的兼高等教育师队伍，逐步提高兼高等教育师的教育教学水平。要大量聘请行业企业的专业人才、技术骨干来担任学生的师傅，加大兼高等教育师的比例，逐步形成项目实训课和实践技能等操作性较强的课程主要由具有相应高技能水平的企业师傅来讲授的机制。

要重视聘请企事业单位中具有丰富经验和特殊技能的高级专业技术人员、管理专家、高级技师等来校兼职兼课，并使这样的教师比例达到40%以上。为避免兼高等教育师的教学能力薄弱、流动性过大、不便于管理的一系列问题，学校应该做好调研与规划，构建兼高等教育师资源库，加强培训与指导，提高兼高等教育师的教学水平，完善管理与监督机制，调动兼高等教育师的积极性。

5. 青年教师的培养

对青年教师的培养，要用凝聚促引进，用培养促提高，在使用中促成长，用荣誉和待遇促奉献。学校要出台文件，实施青年教师导师制，为每个青年教师选派教学能力和实践能力培养的双重导师，使青年教师的教学水平和实践能力得到同步提升。要大胆培养和使用青年骨干教师，创造青年教师迅速成长、脱颖而出的环境。通过传帮带，不断提高青年教师的责任感、教育教学能力和教书育人水平。要给教师留出自我发展的空间，重视教师自主性和个性化发展，不断丰富学科知识，提高实践能力水平，积累职业知识和教学能力，通过教师内涵发展，不断提高教师的整体水平。

（三）就业导向人才培养模式下师资队伍建设的基本途径

1. 制定切合学校专业发展实际的师资队伍建设规划和实施方案，科学规划、合理配置教师资源

师资数量不是一个简单的、孤立的总数所能说明的问题，师资数量有一个宏观和微观相结合的问题，师资数量联系着许多具体的情况，是多了，还是少了，是有余，还是不足要做实际分析。教育的前瞻性使合适的数量离不开对高校历史、现状和发展趋势的考察和规划，对于空白学科、新兴学科、薄弱学科，师资需要充实、加强，对于富余的师资需要优化、精简。

科学规划师资队伍建设。管理者需要具有战略性眼光，科学地规划师资队伍建设，形成正确的教师发展观，教师的发展不仅仅是其专业内容的发展，更包括教师自身整体素质的提高和人格的完善。师资队伍建设规划是师资队伍建设的顶层设计，学校必须组织力量充分论证，根据学校专业发展规划要求和各专业人才培养模式运行的需要，制定满足高素质技能型人才培养需要和开展社会服务需要的师资队伍建设规划，保证师资队伍建设的高起点。同时，要建立相应的保障机制，做好分年度的实施方案，并有效推进。

高等教育必须遵循分层级的原则，制订高层次人才培养计划、学科带头人和学术骨干队伍建设计划、教学名师工程计划、科技创新团队和教学团队建设计划，完善人才成长资助计划，实施系统性的教师培训计划，有计划地选派教师外出到合作企业进行锻炼，并邀请专家学者和企业专业技术人员来学校给予培训指导。学校和企业共同努力，打造一支既有坚实专业知识和理论基础，又有过硬技术水平的"双师"型教学团队。

2. 制定激励性的政策和措施，形成良好的激励机制

稳步有序的师资队伍建设离不开完善的制度建设。针对当前制度建设中存在的弊端，根据基础学科、自然学科、应用学科不同学科的独特特点，提出不同层次岗位、

不同类别的不同要求。要重视高层次人才，既要抓住专家、大师和学科带头人等高层次人才，也要加快培养一大批中青年学术骨干和学术带头人，努力提高青年教师的思想道德修养和学术业务水平，提高师资队伍的核心竞争力。抓好学术梯队建设，通过"拔尖人才＋创新团队"的模式来打造高层次人才队伍，形成一个崇尚知识、尊重人才的良好氛围，使高校成为汇聚拔尖人才的中心，确保高校事业的可持续发展，建立完善不同的政策措施。

首先，要树立教师主体的观念，尊重教师，尊重人才，营造有利于师资队伍建设与稳定的良好环境和氛围。努力构建一个鼓励教师干事业、支持教师干成事业、帮助教师干好事业的良好制度环境。营造有利于教师成长和发挥作用的工作环境、和谐融洽的人际环境、民主活泼的学术环境、相对舒适的生活环境和互相尊重理解的集体环境。其次，要根据实际情况不断提高教师待遇，不可片面强调无私奉献精神。学校领导要始终把关心教师、团结教师、理解教师和帮助教师贯穿于师资队伍建设的始终，及时了解和反映教师的真实想法，积极为广大教师办实事、办好事，在助手选派、家庭安排、职称评定、科研与教学资源、住房分配等方面给予优惠。再次，要处理好现有人才和引进人才的关系。在制定和执行人才政策上，要一个标准，对校内现有人才和引进人才一视同仁。师资队伍建设是一个复杂的系统工程，要根据学校发展的目标与思路，着眼于学术团队与学术梯队的建设需求，科学合理地引进人才；要通过精心培养，搭建工作平台，促使人才迅速成长；要创新聘任、激励与评价机制，科学合理地使用人才；还要通过营造和谐、宽松的环境留住人才。

省一级教育行政管理部门要制定有利于"双师型"教师队伍建设的宏观政策，特别是要制定"双师型"教师认定、培养、提高、聘用等方面的政策；学校要制定教师参加社会实践锻炼方面的制度，鼓励教师到行业企业顶岗锻炼，提高社会实践能力和工程实践能力。

3. 通过引进和培养方式，建设高水平的专业带头人队伍

高层次人才队伍是学校发展的关键，是引领学校提升办学水平和办学层次的领头羊。要优化高层次人才引进机制，进一步制定和健全高层次人才引进工作的各项制度，建立专家面试和监督审查工作制度，严把质量关。对特别优秀的人才实行绿色通道制度，经主管校领导批准后特事特办。建立各教育教学单位人才引进的目标考核制度，充分调动院系主要负责人的主动性和积极性，为人才引进工作创造有力的工作保障，努力形成"以才引才、以才聚才"的良好局面。

引进人才工作要坚持"按需引进、突出重点、讲求实效"的原则，从学科建设规划出发，紧密围绕应用型人才培养的办学目标，准确把握引进人才的规格和层次，逐个专业进行学科的分析论证，制定每个学科专业的发展规划和师资队伍建设规划。学

校要创新人才引进机制,加大高层次人才的引进力度。出台专业带头人引进的优惠政策,制定专业带头人选拔和任用的管理办法,并加以实施。引进有行业影响力的专业带头人和对现有优秀骨干教师进行培养使其成为专业带头人,逐步建立起校级专业带头人体系。同时,要建立专兼结合的运行机制,培养专业带头人的行业影响力和社会资源整合能力,满足专业建设和专业人才培养的需要。

引进高层次人才,培养在校教师,加强教师梯队建设。为了改变教师队伍梯度不合理的问题,学校在制订、引进计划时,应当适当调整比例,并增加外校毕业教师的引进,防止"近亲繁殖",尽量控制本校学生返校、留校,不惜花大力气引进高层次高学历人才,尤其是引进德才兼备、紧缺学科专业的高级人才,改善不合理的学缘结构。在引进高层次人才的同时,也要注意在校职工的培养,鼓励考研考博,或到研究机构、国内外高等学府考察进修,采取一定的激励措施,给予物质和精神奖励,充分调动在校教师科研、教学的积极性。对于培养出来的德才兼备的优秀人才,要通过感情留人、事业留人、待遇留人、环境留人等各种形式稳住人才。加强教师梯度建设,并将梯度建设与学校重点学科建设有机结合起来,作为学校人才建设的重要组成部分。培养中青年骨干教师,选拔优秀的中青年学科带头人作为拔尖人才的预备队。重点着手培养有一定潜能的青年骨干教师,并从中选拔出学科带头人,逐步形成一个优秀的、可持续发展的学术梯队。高校教师梯队的优化,既要注重教师思想、能力、水平、修养、性格的梯队建设,又要注意教师年龄、学历、职务、学科、学缘等方面的优化,形成"一低三高",即"低年龄、高学历、高素质、高效率"的高校教师队伍。

科学引进人才,优化师资队伍的结构。提高人才引进的层次,建设一流的学科带头人队伍;降低人才引进的"本缘率",促进学术的交流、碰撞与融合;高校教师招聘要按照按需设岗、公开招聘、择优聘任的原则。转换人才引进模式,共享优质的文化教育资源。在人才引进上要转变人才引进的思路,树立不求所有,只求所用的人才引进观念;转换人才引进模式,采取固定与流动相结合、刚性与柔性相结合的人才队伍引进与建设模式。要拓宽渠道,变换方式,不拘一格引进人才。建立研究生国内外合作导师队伍,建立国内外兼职本科生课程教师队伍,聘请国内外著名专家学者和高水平专业人才承担教学任务、开设讲座和开展教学合作研究,提高人才培养质量。逐步建设一支以全高等教育师为主体、专兼职相结合的高水平教学队伍,提升学校整体教学科研水平和社会影响力。

4. 加强对现有教师高等教育教学能力和社会实践能力的培养

高等教育要分析师资队伍现状,实行分类培养,整体推进。

一是要提升现有教师的业务水平。首先,加大自主师资的培养力度,加大经费投入力度,拓宽培养渠道,通过岗前、职中、职后培训等方式,进一步扩大年轻教师的培训范围。其次，自主培养要与人才的柔性引进相契合，用柔性引进人才来带动和培养现有师资，使原有师资在教学与科研水平上有较大提升。最后，高等教育要充分发挥内部激励机制，不断激活教师的教学科研活力，充分尊重教师的教学科研成果，做到以事业留人才。凡在教学、科研和学科建设上取得相应业绩的教师，学校都应不唯资历、学历、职称，只唯工作业绩为奖励条件，同时也要充分发挥退休教师的余热，借助他们的教学科研经验助推学校发展，引导和帮助教师在实现个人价值、学校利益和社会贡献的一致性上做工作，使教师受到学校的尊重和认可，增加教师的自尊心和归属感，引导教师通过自我完善的方式，提升教学科研水平，将着力点进一步导向教学、科研和学科建设，进一步激发人才活力。

二是要实施教师教学和实践能力提升工程，抓好教师高等教育教学能力提高，尤其是课程开发能力、以学生为中心的教学方法能力和现代教育技术手段的运用能力培养。通过建立专门的教师教学发展中心，一方面，着力提升教学素养，开展教师职业生涯设计，让教师明确未来的发展方向，提供教学能力校本培训，并通过教师沙龙、专题研修等活动提升教师的专业素养。完善教师培训制度，改善教师知识结构。要有组织、有计划地组织教师参加培训，坚持立足省内、在职为主的方针，建立高效的培训机制。根据教师的教学特点和所承担的教学情况，采用多种培训模式，把短期培训与长期进修、校内校外与国内国外有机结合，加强实践，注重能力培养。加强国际交流与合作，把教师的实际教学与最新的科研动态结合起来，多样化实施培训；针对教师职业素养的下降和新进教师数量的增加，把培训工作重点放在教师思想道德素质和教育教学技艺提高上，对教师进行思想、政治、业务的全面培训，完成综合学科培训、学术研究培训。通过学习、培训，实现开放式人才培养，特别是选派教师赴国外知名大学和科研机构学习培训，拓展教师的视野，完善教师的教学思想、教学内容和教学方法。另一方面，积极倡导在应用为本、学以致用的基本教育理念下，大力开展具有高度应用型及实用性的教研工作，依据应用型人才培养的具体目标和质量要求，设计与之相适应的教学科研工作制度，引导和要求教师的工作理念和行为规范不断向适应培养应用型人才的工作模式转变，助力教师专业发展。同时，要求所有教师到企业实践锻炼，不断提升教学和实践水平，学校要加强具有工程背景的教师队伍建设，让更多的教师到企业去实践，让企业家进校园。例如，重庆科技学院制定了45岁以下的青年教师定期到企业培训的制度，与企事业单位建立工程实践能力联合培养基地，鼓励任课教师参与企业研发与技术改造，调整工程教育教师的评聘和考核办法，二级学院每年暑期都实施"教师专业回炉计划"，要求专业课教师必须到企业顶岗工作。

三是要采取优惠政策，调动现有教师下行业企业锻炼的积极性，将社会实践锻炼转化为自觉行为，提高其社会实践能力和工程实践能力。提升青年教师的工程实践能力,培养具有"双师型"能力的教师。工程实践能力有着丰富的内涵,不仅仅是简单意义上的动手能力,对教师来讲,更重要的是能够将参与工程实践的经历感悟转化为工程教学的能力,参加工程实践活动的最终目的是为了能够反哺教学。因此,教师要善于将工程实践中的背景知识、案例以及发展前景充实到教案中,将工程实践中遇到的问题以及解决问题的方法传授给学生,从而提高工程教学质量以及适应人才培养的要求。应用型本科院校提升青年教师的工程实践能力是一个系统工程。第一,将提升工程实践能力纳入青年教师培养体系,抓住岗前培训、校本培训以及产学研合作等环节。第二,以项目为驱动,选派青年教师进企业开展合作培养,以完成某一个具体的工程项目为目标,使青年教师在项目实施过程中提升工程实践能力。项目驱动的一般流程具体包括:收集信息、确定项目、制订计划、实施落实、成果展示与结果评价等环节,教师在从事一个具体的项目后,一方面,能够了解一个项目实施的整体过程;另一方面,能够基本胜任项目教学法的要求,科学规范出基本流程的实施办法以及教学项目之间的内在递进逻辑关系,从而改进教学方式,促进应用型人才的培养。第三,主动出击,校企合作、校地合作,建立工程实践基地,保证工程实践活动的顺利开展。工程实践基地的建立既能够给青年教师提供有效的实践基地,也有利于学校与企业共同监督和管理,增强工程实践的效果,以免发生工程实践活动走过场的现象。校企合作、校地合作的核心是双赢,即企业为学校教师提供一线锻炼和操作的基地,提高青年教师的工程实践能力,而校方能够为当地企业和政府提供智力支持和有力的技术支撑。第四,建立和完善相应的考核评价及保障机制,确保工程实践活动不流于形式,不浮于表面,能够真正提升青年教师的工程实践能力。在此过程中,学校应与企业共同管理和考核,对青年教师参与工程实践的报名、选派、中期答辩、考核等环节进行过程管理,并形成相应的制度。在最后的考核环节中,学校应充分听取企业代表的意见,给出最终的评价。

二、建立适应人才培养需要的师资管理体制

高等教育的发展战略是一项综合的系统工程,必须牢固树立人才资源是第一资源及决定性战略资源的观念,从战略高度统一思想,提高认识,把实施人才强校战略作为一项重大而又紧迫的任务抓好。认真分析并正视高等教育师资队伍建设中面临的主要问题,科学规划,统筹安排。高校发展战略中的人才强校应处于核心地位,其他子项目都应围绕这一核心进行,教学科研、党政管理、服务支撑三支队伍需协调发展。

（一）制定有利于师资建设的政策评估制度

高校评估作为一项衡量高校办学质量和水平，体现高校由"规模式发展"向"内涵式发展"转型的重要举措，它的重要意义和权威性是毋庸置疑的。但评估工作应根据不同类型高校的办学定位和特点来制定标准。目前，全国所有本科院校都按照同一个指标进行评估，重点高校与地方院校评估的区分度就很难体现出来。高校确实需要一套具有服务性、协调性功能的评估体系。我国高校评估的历史不长，如何使教育教学评估制度进一步完善，使其更加科学、严密、稳定、高效，作为教育工作者的我们任重而道远。国家在有关政策制定和高校评估管理的过程中，应该紧密结合我国高等教育大众化、多样化的教育布局和发展要求，具体问题具体分析，针对不同区域、不同层次、不同类型的高校制定不同的评价指标体系，对边远地区、经济不发达地区的高等教育给予相应的重点支持政策，鼓励高等教育在同类院校中创出自己的特色，步入健康有序的发展轨道。

（二）创新激发师资活力的工作机制

高校人才工作机制对师资队伍的建设具有根本性和决定性的意义。一支队伍是否充满着活力，充满着朝气，很大程度上取决于科学、合理的聘任机制，取决于灵活、有效的激励机制，也取决于客观、准确的评价机制。高校应努力创新工作机制，以最大限度地激发师资队伍的活力。

1. 完善岗位聘任制度

《中华人民共和国教师法》规定，学校和其他教育机构应当逐步实行教师聘任制，加强考核，竞争上岗。高校应按照按需设岗、公开招聘、择优聘任、合同管理的原则，根据教学、科研任务和学科建设的需要，逐步完善岗位聘任制。一旦聘任，双方应认真签订聘约，注明相关事项，聘任期满后续聘与否，要视教师的教学、科研成绩而定，而不能流于形式。对不符合续聘条件者，通过转岗、分流等多种途径，优化师资队伍。同时，还要深化分配制度改革，细化岗位津贴业绩津贴，最终形成岗、责、利有机结合，形成相对稳定、合理流动、竞争淘汰的岗位聘任制度。

2. 构建灵活、有效的激励机制

第一，要逐步试行"非升即走制"。在一个教学团队内部，建立职称考评小组，规定职称晋升的最高年限，超过规定年限仍不能晋升者，必须离开该团队另谋出路。第二，要逐步实行后位淘汰制，实行客观、准确的评价机制。要完善教师考核评价机制，形成以业绩为导向，由品德、知识、能力等要素构成，符合教学科研规律，科学、合理的教师考核评价指标体系。要打破单一、僵化的评价方式，针对不同的学科、不同类别和层次的岗位，制定不同的评价标准，要克服重数量轻质量的倾向，改变单纯以发表论文和获奖的数量评价教师。要适当延长评价周期，由重视过程管理向更加重视目标管理转变，由重视年度考核评价向更加重视聘期考核评价转变，由重视个体考核评价向更加重视团队考核评价转变，克服急功近利思想和短期行为，支持优秀人才从事原创性研究和具有重要科学价值的长期研究。要致力于构建教师教育教学效果评价网络。通过构建由学校网评系统、院系教学督导员、学生教学状态信息员组成的信息反馈网络，建立与完善教学信息的反馈制度，及时将教学过程中出现的问题反馈给开课单位或教师本人。教师在倾听各方面反馈建议后，针对提出的问题进行反思，不断改进教学内容、方法与手段。挑选教学效果良好、教学经验丰富的老教师，与兄弟高校共同组建青年教师教育教学效果评定委员会，定期对青年教师的教育教学进行诊断与评估，并建立青年教师教育教学效果档案，仿照人事档案管理办法，成立专门机构对青年教师的教育教学效果进行定期考核与评价，颁发高校教师资格证书，详细记载教育教学效果档案，作为教学聘用、任务委派的重要依据，这有利于促进优质教师人才资源流动配置与整合。此外，要建立健全师德制度。通过师德建设工作条例、教师师德文明规范、师德建设实施细则、师德公约等，明确教师应尽的义务和要求，并对师德优秀的老师给予表彰。将师德教育和晋级、职称评审挂钩，增强教师的荣誉感，同时，对于违反师德要求的教师进行批评教育，并根据情节的轻重给予不同的处罚。

3. 完善评价考核制度

积极探索人事分配制度改革，按照"以岗定薪、岗变薪变、优劳优酬"的原则，讲贡献、重实绩，向关键岗位和优秀拔尖人才倾斜，促进高水平师资队伍的稳定和可持续发展。树立以教师发展为本的评价理念，建立以岗位职责要求为基础，以品德、能力和业绩为导向的评价考核体系，激励不同专长的优秀人才充分发挥潜能。

形成正确的人才流动机制。高等教育应结合学校实际，认真贯彻实施国家有关法律法规，尽快形成一套有关教师认定、聘用、继续教育、考核奖惩、津贴分配、引进与流动等规章制度和管理办法，使学校师资队伍管理工作走上规范化、科学化轨道。

（三）构建助力师资建设的协调机制

师资队伍的建设离不开内在动力和外部环境等各项因素，所以在建设师资队伍的过程中，一定要注意协调好这些因素之间的内在联系，使之成为建设优秀师资队伍的助力。为此，第一，学生主体的发展是建设师资队伍的外部环境，在建设师资队伍的过程中，一定要考虑到学生主体的发展，始终以学生的发展为中心，进一步规范人才培养的标准，更好地建设出符合人才培养需求的师资队伍。第二，师资队伍本身的发展需求是建设师资队伍的内在动力，必须提高教师队伍整体的素质，建设一支既有理论教学能力又有实践指导能力的师资队伍，从而成为为社会和企业培养高素质人才的辛勤园丁。第三，建立有效的监督机制。由学校、社会共同监督，领导、教师、退休教师组成师德监督检查小组，设立师德信箱。通过社会媒体、网站、报刊等各种渠道，对教师师德进行监督和评价，鼓励老师加强自律，提高自身师德修养，形成督促师德建设的良好校园环境和社会环境。

（四）建立适应市场经济秩序的新的用人机制

完善高校用人的激励机制、竞争机制和保障机制。从宏观上看，政府应针对目前高校教师队伍流动的现状，制定出有别于现行人事管理办法的原则规定，适当引入市场机制，使高校教师既能留得住，又能合理流动。高校也应当通过一定的市场机制，以开放式办学理念为先导，树立开放竞争的师资队伍管理模式，将师资队伍建设之门向世界开放，积极广揽人才，优化教师资源配置，建立起公正、公开、公平的地方用人机制和动态的管理体制、运行机制，使教师这一有限的教育人才资源在流动中达到合理配置的最佳效益。例如，厦门大学教务处就尝试将学分制作为分配教育资源的一种手段，把教师所开设课程数换算成学分，按学分分配各院系的教育经费。这样极大地调动了教师教书育人的积极性，避免了"按人设岗、人才浪费、庸才沉淀"的现象，使得物尽其用、人尽其才，达到了合理配置教师资源的目的，很值得探讨和借鉴。

三、建立适应人才培养需要的师资保障制度

（一）调整政策，为师资队伍建设提供保障机制

经济欠发达地区想引进人才不易，要留住人才更难。国家应针对高等教育区域性、多样化的特点，制定适合不同类型、不同层次、更加合理化的高等教育评价指标体系，对不发达地区特别是边远地区高校给予适当的政策倾斜和资金投入。同时，地方政府应该出台相应的支持和鼓励政策，加大对高校的财力投入。应设立专项经费提高高层次人才的待遇，加大对高层次人才的补贴，改善他们的生活和工作条件，达到与省外高层次人才的待遇相对平衡，鼓励高层次人才向本地区汇聚、为本地区服务。在吸引人才、稳定人才和激励人才上做文章，保证边远地区高校的人才引进和师资队伍的稳定，使高等教育有其自己的生存和发展空间，从而促进我国高等教育事业整体上更加规范合理、和谐发展。从高等教育本身来讲，应进一步推行事业单位人员聘用制改革，实行由身份管理向岗位管理过渡。在职称评审时应放宽政策限制，注重能力和业绩，打破资历和身份等界限，从而更有利于中青年人才脱颖而出。要严把教师队伍"入口"关，尽量少留本校、本省毕业生，招聘有一定教育理论水平和教学经验的优秀博士、

硕士研究生来充实教师队伍，既有利于提升师资队伍的整体水平，也有利于改善高校学缘结构，走出"近亲繁殖"的恶性循环圈。

（二）完善相关制度，为师资队伍建设提供保障机制

在教师队伍的建设过程中，只有完善与师资队伍建设相关的制度，才能为师资队伍的建设提供保障。为此，应做到以下几个方面。第一，完善相关的制度，明确规定教师的责任、义务、责任等，为建设高质量的师资队伍提供保障，并且可以对教师的自身行为进行约束，更能够体现在建设师资队伍过程中的公平公正和公开程度。第二，推动建设相关的教师文化，在大部分教师之间形成共有的价值观、信念和处事方式等，进一步促进教师之间的交流和经验分享。同时，要提高学生对于教师的尊重程度，理解和体谅教师的辛苦，从而使得学生和教师之间相互尊重。第三，在实践中，通过项目合作、学术交流和教学经验交流等各种方式，促进教师之间的信息共享，使得师资队伍的建设能够形成一种团队力量，促进师资队伍中全体成员的自身发展，从而更好地提高教学质量。

（三）引入终身教育机制，构建定位明确、层次清晰、衔接紧密的师资培训体系

重点实施教师全员培训计划，紧紧围绕建设应用型本科院校的办学定位，健全培训制度，制定培训规划，拓展培训形式，丰富培训内容。针对不同层次、不同岗位教师的实际需求，有计划、有步骤、有重点地开展培养培训工作。积极选派教师参加双语教学能力培训、国家精品课程培训、现代教育技术能力培训及各种高级研修班，以及行业举办的专业技术培训，加强培训考核工作，提高培训工作的针对性和实效性。杜绝学术的"关系化"，摈弃人才奖励的"奖官提拔"机制，为青年教师搭建实现其学术梦想的平台，建立一套科学的、符合转型发展需要的师资队伍评价制度体系。通过以评促建、以评促改、以评促转的方式，引导教师转变观念、提高素质，推动师资队伍的协调发展，促进组织与个体目标的实现，为学校事业的协调发展奠定坚实的基础。

第八章 高等教育发展创新历史借鉴

第一节 历史的借鉴

大学演进进程中的各个历史时期,上演着一个个带有鲜明历史印记、可为今日大学带来启发的历史事件,在这些历史事件中也保留有众多代表人物闪耀智慧光芒的观点与言论。通过对这些教育史料的解读,可为解决当下大学发展中面临的现实问题提供宝贵经验。

一、中世纪大学教育的发展

中世纪大学产生之始,便确立了自己的组织制度,形成了分科培养专门人才的传统,并为现代大学所传续。这一时期的大学虽深受宗教的影响,但也离不开世俗土壤的培育。新兴城市的出现为中世纪的大学带来世俗的精神,行会组织为大学的演进提供保障,大学依靠组织的力量拥有一定的自主权力,大学的学科培养目标趋于世俗化,即为了满足城市化的需要,大学通过逐渐固定下来的神学、法律、医学、文学等学科专门培养教会、政府、专业所需要的神职人员、政府官员、律师等人才。中世纪大学成为满足当时社会需要的主要服务机构和培养多种专业人员的训练场所,带有浓重的功利化和职业倾向,一切精神的修养处于被忽视的状态。盛行于中世纪大学中的主要学术研讨方式是经院哲学。经院哲学以模仿古人先贤为根本价值评价标准,形成了模仿与理性相结合、权威规定同科学论证相联系的架构法则,形成了"作为科学的神学"。经院哲学对教义、权威极度崇拜,对自然、经验及社会现实严重鄙视,导致中世纪大学学科教学内容空洞、贫乏,教学方法繁琐、死板,牢牢地禁锢着人们的思想。[1] 中世纪大学只有摆脱教会和经院哲学的思想禁锢,才能使人的精神走向自由。

---

[1] 蒋洪池.大学学科文化研究[M].北京:光明日报出版社,2011.

二、文艺复兴时期大学教育思想的历史启示

文艺复兴时期（14—17世纪中期）兴起的人文主义是这一时期新的教育理念与实践的核心要素。人文主义教育者提出了全面发展自由教育的口号。

弗吉里奥提出了通才教育的思想，另一人文主义者维多里诺提出了自由教育的思想，通才教育思想与自由教育思想集中体现于大学教育中。

文艺复兴时期，大学教育强调以人为中心，大学培养目标旨在培养多方面知识和谐发展的"新人"，培养"新人"的过程即发掘人性的过程，用教育的手段发掘人的潜在能力、创造能力和塑造自己的能力，把人从社会的习俗与职业中解放出来，使人摆脱具体的功利目的，真正表现他自己，人文学科是达到这一目的的重要手段。这一时期的大学教育强调人文与科学的联系，这源于一种认识，认为人的理性源于对自然的全面认识，人的非凡才华基于汲取多方面的知识，科学和人文知识相辅相成，共同给养人的自由理性与和谐人性两方面。正如史学家布鲁尼所言："科学和文学知识是相辅相成的，同时学习这两方面的知识可以相得益彰。有文学而无科学就会显得空乏无力，有科学而无文学也会显得隐晦和暗淡无光……从某种意义上说，一个人的文学和科学才能是相互交织的。"[①]尽管人文主义教育极力倡导的自由教育观对其后的高等教育的自由教育传统产生了重大影响，但人文主义教育依然遮掩不住它内在的缺憾：没有真正面向现实生活，使其走向了只重形式不重内容的形式主义。

三、启蒙运动时期至 20 世纪中叶大学教育发展问题总结

始于17世纪末的启蒙运动发源于英国，鼎盛于18世纪的法国，是一场继文艺复兴运动之后波及西欧各国的又一场思想解放运动，也是实现西方社会转向现代的重要历史阶段。启蒙时代高扬理性，在知识领域掀起了科学革命的浪潮，并逐渐走向唯科学主义的泥潭，这在高等教育领域有突出体现：大学以国家和社会需要为前提，大力提倡科学教育，教学过程"科学"化，严格遵循科学的程序与逻辑，其目标是为国家和社会培养有用的科学人才，专业化与职业化目标明显，科学学科与人文学科的地位分别走向了提高和降低的两极，"大学成为人文科学和自然科学之间持续紧张的主要场所；人文科学和自然科学现在被界定为两种完全不同、对有些人来说甚至是截然对立的认识方式"。在人们的精神深处，人性、主体内在精神、自由这些科学理性的文化真谛被唯科学主义残酷地践踏，技术主义、功利主义、唯物质主义的枷锁迅速地套

---

① 莱奥纳尔多·布鲁尼.文艺复兴译丛佛罗伦萨颂布鲁尼人文主义文选[M].郭琳译.北京：商务印书馆，2022.

牢人们的思与行，大学教育出现了一种极为紧张的状况，人的道德精神、审美能力、个体人格及心性的完善和发展无以寄托，理性与非理性的激战，击垮了大学实现人的自由发展的理想。

在科学革命的进程中，掀起了不同流派、不同思想间的争论，涌现出众多的时代先锋，他们的思想观点值得后世思考和借鉴。第一个系统阐述科学主义思想的哲学家是笛卡儿，他将科学看作唯一的知识和永恒的真理，是文化中最有价值的部分。他认为，运用了科学方法的自然科学是客观现实的正确表象，是一切知识的范例和标准。包括人在内的自然界不过是一台完美的、被精致的数学控制着的机器，遵循着一定的自然规律运转。[1]孔德是科学主义哲学的另一位代表人物，他创立了实证主义哲学。他指出，一切科学知识都必须建立在来自观察和实验的经验事实的基础上，经验是知识的唯一来源。[2]19世纪，在英国分别就教育的目的和内容问题展开了两次大辩论，在国内与国际上都产生过深刻影响。威廉·惠韦尔竭力强调数学在自由教育中具有重要作用，威廉·汉密尔顿则主张突出哲学在教育中的地位。纽曼则站在传统教育的一边，宣称哲学、古典文学、文科是最有价值的学科。[3]斯宾塞提出教育的目的是"为完满的生活做准备"，他反对古典学科，认为科学才是最有价值的知识。[4]约翰·斯图亚特·密尔和帕蒂森二人认为，高等教育的完整组成部分包括科学和古典文学，其中科学是训练人的其他心理功能的手段。[5]阿诺德则认为，教育的最好内容是古典文学而不是自然科学。[6]赫胥黎认为科学是教育的重要组成部分，就自由教育而言，包括智力训练、身体训练、道德训练及审美等多方面的训练，自由教育是自由的、实用的教育。[7]赫胥黎还阐述了科学与文学、艺术、美术之间的关系，并指出，科学与文学不是两个东西，而是一个东西的两个方面。20世纪的逻辑实证主义者卡尔纳普、赖欣巴哈等倡导科学经验主义，他们持有一种观点，即所有研究领域都超不出科学的范围，都受益于科学的方法。自然科学的概念、方法等可以移植到人文社会科学领域，二者能够达成统一。[8]

启蒙运动在推动教育由神学化向世俗化、科学化和国家化转变，以及资本主义现代教育体制形成方面具有不可替代的历史推动作用。但伴随启蒙运动出现了知识领域的唯科学主义的局面，造成在大学教育中科学知识与人文知识发展不平衡的状况持续

---

[1] 笛卡儿.谈谈方法[M].刘延川译.成都：四川人民出版社，2020.
[2] 路易斯·孔德.等离子体物理及其空间应用导论[M].哈尔滨：哈尔滨工业大学出版社，2021.
[3] 乔恩·纽曼.平面印刷设计之美卡片设计艺术[M].张晨译.沈阳：辽宁科学技术出版社，2016.
[4] 赫伯特·斯宾塞.斯宾塞的快乐教育[M].魏莉译.武汉：长江文艺出版社，2019
[5] 约翰·斯图亚特·密尔.论自由[M].成都：四川人民出版社，2017.
[6] 阿诺德·柏林特.美学再思考激进的美学与艺术[M].武汉：武汉大学出版社，2010.
[7] 托马斯·亨利·赫胥黎.人类在自然界的位置[M].李思文译.西安：陕西师范大学出版总社有限公司，2022.
[8] 亨丽埃特·维.儿童情境认知体验书忙忙碌碌的医院[M].钱玲燕译.杭州：浙江教育出版社，2018.

至今，在指导大学教育培养目标确定和课程内容选择方面具有一定的局限性，给大学教育带来了不利影响。

四、"二战"以来大学育人问题归纳

第二次世界大战的硝烟虽已沉寂，但各国在经济、军备、教育、科技、综合国力方面的竞争却未止步，希望通过以上方面的发展保障或争取竞争力和实力上的绝对优势。在此情形下，许多国家加大了对高等教育的投资，刺激了高等教育的进一步发展，西方工业化国家陆续进入高等教育大众化阶段。作为高等教育系统中较高水平的大学逐渐从象牙塔进入社会生活的中心，在自我发展和调整中成为社会的轴心机构直接为社会服务。作为实现国家强国目标的重要智力库，国家对大学的干预和控制程度处于膨胀的状态，而且随着大学社会服务功能的深化，出现诸多利益相关力量，对大学的发展来说也形成了一种压力。

在经济全球化、政治民主化、文化多元化发展的今天，大学机构的事务也越来越复杂和繁琐，既需要维持和满足大学内在的发展需求，也需要积极扩大与外部联系的通道，提高自身的影响力，吸引学生，聚集资源。大学如此疲于奔命和繁忙皆为高等教育市场化使然，高等教育市场化则为社会的现代化发展使然。为满足市场对专业人才的需求，专业训练统领大学育人过程。泰勒曾敏锐地洞察到隐藏于现代性中的三个隐忧。第一个担心是关于我们可以称作意义的丧失、道德视野褪色的东西，第二个涉及在工具理性猖獗面前目的的晦暗，第三个是关于自由的丧失。专业性、工具性充斥于现代大学之中，几乎每个国家的大学育人过程都无法抗拒这股强流，大学教育在很大程度上失去了人文性，而成为寻找职业的工具，褊狭地满足个体与社会世俗性的发展需求，个体在大学教育中的工具生存使得个体在教育中无法找回自我内心、自我精神的价值诉求的本原。大学教育与人的发展之间是一种缺乏生命体悟的冰冷的物化关系，教育无法使人真正快乐，人的内心没有思考事物背后价值与意义的冲动，在人的现代性教育生活中，创造、反思、批判的特性与之擦肩而过，人的主体性在教育活动中被屏蔽，一切思考、反思和冲破范式的内在力量也即将消失。人的创新性发展所需的主体性条件及人文土壤在当前的大学育人过程中被严重忽视；相反，当前的大学育人活动围绕专业化的学科知识（物态的客观知识）而编排，大学生活被智力氛围所包围，以专业知识的算术级数增长来衡量。人们明显地感受到，大学的育人活动在人的认知态度、认知方式、认知过程的创新方面应该得到加强。

第二节 跨学科理论的借鉴

一、政治经济学关于人的发展的观点

马克思、恩格斯从唯物史观的理论出发阐述了人的全面发展的内涵。人的全面发展可概括为两方面：一方面是指人的体力和智力、才能和志趣及思想道德等各个方面的全面发展。另一方面是指人的个性品质的充分和自由的发展。[①] 马克思进一步阐释了"个性"的三种基本含义：一是主体性个性，从个人与社会关系的角度说，个性是相对于个人对社会的依附性而言的自主性、自律性和创造性。二是指人与人在特性方面的差异，从个人与他人的关系说，个性主要是指个人不同于他人的气质、性格等心理特征。三是指不同个人的社会特征，从个人的社会性或不同社会群体中的个人来看，个性是指个人在某一特定社会群体中所具有的社会特征。[②]

二、心理学关于人的发展的观点

奥地利心理学家和精神医师阿德勒在自己所从事的领域提出了个体心理学的诸多观点，这些观点也反映了他对个体的成功与发展的见解。阿德勒的理论以社会文化为取向，提出了"追求优越""社会兴趣""创造性自我"等概念。阿德勒认为，人生而具有身心缺陷，每个人带有不同程度的自卑感且具有补偿身心缺陷的要求，人们不仅补偿缺陷，在此基础上还发展为优点，追求优越。阿德勒将"追求优越"（striving for superiority）看作人生而具有的将人格统一于某个总目标的内驱力。优越感则指个体的完美发展和自我实现。"社会兴趣"是阿德勒提出的另一个具有代表性的概念。他认为"社会兴趣"是个人对自卑感的一种最根本补偿，它能使每个人更好地为社会贡献力量，在为社会服务中实现自我价值。"创造性自我"是个体的主观系统，是一种有意识的塑造人格的主动力量。阿德勒认为，人类行为不完全由遗传和环境决定，而是会创造性地、自由地结合遗传和环境素材，根据自己的独特方式加以组合，形成自我。创造性自我使每个人的人格和谐、统一，并具有独特性，是人类积极生活的基础。阿德勒的学说体现了个体意识的能动性，充分证明了个体在自我发展、追求优越、适应社会和环境中强大动力产生的心理基础。

[①] 马克思，恩格斯. 马克思、恩格斯论中国 [M]. 延安：解放社，1950.
[②] 马克思，恩格斯. 马克思、恩格斯论中国 [M]. 延安：解放社，1950.

三、人的发展在人学研究中的阐释

人学研究的代表人物当数德国哲学家卡西尔。卡西尔的人学思想强调人的生命是一个连续不断的自我运动的过程,非理性形式的文化在人类文化和精神结构的整体中具有基础性地位,强调个体价值及个人自由、人的本质的自我创造及探究人类的生命实在的意义。他指出,人的生命实在是人自己的内在力量组织确定的结果,并强调哲学与人文科学的紧密联系及人文学科在人学研究中的重要作用,以此来弥补理性与自然科学的不足。[①] 在卡西尔人学研究中,所强调的不是人类自然生命的本能冲动,而是人类的精神生命,是人类精神的自主创造活动对自然生命的超越意义;强调理性与非理性的功能统一,而不是相互替代;强调作为人类文化表现形式的符号在人的自我认识中的重要中介作用。

通过对不同历史时期大学发展本质与问题的分析,以及对不同学科领域关于教育和人的发展问题的阐述,对于化解当前大学育人逻辑中的现实问题具有重要的借鉴意义。

第三节 现实问题的审视与观照

一、重申大学教育的合作性,实现学生主体性的复归

教育是合作的艺术,大学教育亦是如此。学生是教育中的主体,大学教育要体现人的主体性,人的主体性、人的发展逻辑是大学教育活动开展的首要依据。首先,从大学教育的培养目标来说,其最高目标是发展学生的人格、个性,实现学生的主体性,使学生在其所处的历史文化血脉中及不断变化的外部条件下,表现出其主体自觉性、主动性、持恒性、调控性的精神状态,在发挥主体能动性的过程中起到启动、自觉、定向、引导、维持、强化、怀疑、批判、调节、挑战、否定、创新等作用。其次,从大学教育的培养过程来看,大学育人过程须遵循人的身心发展规律循序渐进。有效的育人活动紧密地与人的发展的内在需求状态相联系,尽可能地与学生的认知分析能力、抽象逻辑思维能力、观察能力、联想能力、综合分析与解决问题的能力等发展的优势阶段达到最优拟合状态,发展学生的自我意识,促其个性养成,既致力于学生当前的发展,也注重其各种潜能的开发,抓住最佳发展期,发展学生潜能,实现学生发展空

---

① 恩斯特·卡西尔. 人文科学的逻辑 [M]. 关子尹译. 上海:上海译文出版社,2013.

间和维度的最大化、最优化、最全面化。最后，从大学教育的培养方式来说，要体现生成性，为学生实现自我能力发展与超越创造条件。人的本质体现于人的生成性、变化性及创造性中，大学育人活动应关注人的这三个方面，大学育人活动绝非机械的加工过程，而是发挥学生的主体性，使学生在教育过程中不断生成经验、形成意义、获得生长的过程。这一过程，不是通过外部的力量直接嵌入、移植给学生，而是通过教育情境的刺激，学生主动思考、主动探究、做出反应、生成意义的过程。大学教育应更多关注学生的生活世界和学生的生活体验，最大限度地发挥学生的主体性，调动学生的主动性，发挥学生的创造力，帮助学生构建出具有个性的意义世界，实现个体的自我超越。

二、在大学确立以研究为基础的学习，有效提升学生的思维能力

以研究为基础的学习，强调学习过程的探究性，强调学习是基于导师指导下的发现而非信息的传递。发现、创造、应用知识是学生学习的主要方面。在大学育人过程中，要转变把学生视为知识的被动接受者的教育理念，而重新将学生视为知识的探究者，将以研究为基础的学习贯穿于本科生的教育全过程中。

从大一阶段开始，学生就应该体验以研究为基础的学习。为此，有必要将大学一年级的课程建设成为一种基于探究的、整合的、跨学科课程体系。大学新生的教学计划应尽量体现研究性、综合性和跨学科性的特点。从大学一年级开始，学校就应为学生开设研讨班，学生学习以研讨班的形式进行，以解决具体问题为目标。安排富有经验的教师组织学生开展各种专题讨论或研究，保证每个学生在学习过程中获得合作学习的机会。

对于高年级的学生，学习应与研究和实习结合起来，多为学生创造机会，使他们能够不同程度地参与教师的项目研究。学生在参与项目的过程中，一方面获得了教师的悉心指导，另一方面在完成研究任务的过程中，锻炼了科研探究和问题解决的能力。同时，为学生开设学科分布广泛的课程，引导学生跨学科学习，使学生能够享有跨学科学习的条件和自由。

三、弱化学科规训的评价效应，同时兼顾学生智力训练与非智力发展

源于18世纪教育实践方式的变革，是在现代意义的学科形成之后出现的。18世纪后形成了考试、评分和书写三种教育实践方式，构成学科规训制度的基础。学科规

训是一个为规范学科在知识生产和人才培养两条轨道上运行的,以学科组织、学科制度和学科文化做支撑的系统。学科规训制度在中国的形成时期大约是 20 世纪初,学科规训有两方面的效应:检查评价和学术规范,其终极目的是形成学术纪律及科学精神和人文精神。

在注重专业学科知识的大学育人过程中,学科规训的检查评价效应比较突出,即对学习者的"齐常化评断"居于主要地位,考试、评分、书写在现代意义的人的培养过程中产生规训性后果,即按照学科逻辑和专业要求检查评价学生,学生的情感价值及实践体验(默会知识)因为其不可表达和传递性而未被关注,学生的主体性发展受到压抑。学科规训评价效应使得教学双方都要面对经常性的监视与评断,因而渐渐懂得做出自我规训,对自己的身体及思想做出经常的检查、评核和计量,不断衍生出会对自我进行检查审视的主体,一个缺乏批判性和探究性的主体。现有的规训尺度,规定了这个主体的主观目标和行动方向,是其无法超越的原因。大学育人应弱化学科规训的评价效应,而同时兼顾学生的智力训练与非智力发展。

智力好比是一艘正在驶向目标的航船,而非智力则是生命之帆,借助非智力的生命之帆,智力的航船能够远航,到达彼岸。智力因素主要指知识、技能和才能等方面,非智力因素主要指兴趣、态度、情感、意志、性格等方面。智力与非智力因素皆为人的创新素养的组成部分,二者的协调发展是实现人的创新性发展的重要前提。理想的智力训练指包括知识、技能和才能在内的培养。其中,知识、技能是静态的且具有共性,能够比较充分地体现于学科和课程规划之中,能够比较准确地界定和测量,反映学生掌握及熟练应用的程度。才能多通过对学生潜能的开发而反映在使知识和技能产生社会意义与创造性活动之中,具体表现为想象、创新、交际、表达、分析、计划、组织、合作、开发等解决具体问题的能力和方式。

智力训练与非智力发展在大学育人过程中应同时并举,不应受到学科规训评价效应的影响,只强调智力训练。智力是创新的操作系统,通过智力活动个体能够感知、认识客观世界,积累经验,解决现实问题。非智力中的各基本要素在创新活动中具有调节功能,是创新的动力系统。个体的非智力因素在创新活动中表现为动力功能、维持调节功能、补偿的功能和定型功能。动力功能体现于两个方面,即对创新活动起激发和启动的始动作用,并引导创新活动向确定的方向行进。维持调节功能体现在支持、激励个体为实现目标坚持不懈。补偿功能指对智力方面的某些弱点可以通过非智力因素加以补偿。定型功能指个体的认识和行为组织固定化取决于非智力因素的投入和支持程度。个体的智力发展与非智力发展之间是双向互动的关系,对学生的创新素养养成具有重要的意义,在大学育人过程中,应同时兼顾,不可偏废。

四、普及通识课程，优化知识结构

任何一类知识的极端化，都不利于大学学科的正常发展，不利于人的素质的全面、综合、多样性的实现。这种状况的持续导致学科在纵深方向上的精细发展，在横向上的断裂和疏离。普及通识课程能够在大学育人过程中优化知识结构。

设置和普及通识课程的主要目标是以课程为载体，同时发展人的科学精神和人文素养，实现通识教育的"全人教育"的培养目标。与一般课程相比，通识课程具有独特的课程理念和价值诉求，具体表现在五方面。一是通识课程具有基本性的特征，即指通识课程的内容包含人类文明中最基本、最重要、最不可或缺的要素。二是通识课程具有主体性的特征，即指通识课程的内容旨在建立人的主体性，在自我意识参与的情况下，认识、思考、批判、比较与己身相联系的自然、社会及文化。三是通识课程具有多元性特征，即指通识课程的内容不以学科、地域、阶级、族群、文化为界限，尊重多元差异，整合人类优秀文化元素，拓宽学生视野。四是通识课程具有整合性特征，即指通识课程内容整合了不同领域的知识，旨在启发学生心智和对知识的直观与创意。五是通识课程具有通贯性的特征，即指通识课程的内容具有引导作用，所探讨的问题浅显，可借由问题的探讨而通向专业知识，知识内容前后贯通。

在大学育人过程中普及通识课程，第一，有利于形成学生合理的知识结构。精细的专业划分使知识被条块分割，学生在学科的规训之下，缺乏融合的知识基础和全角度的视域分析处理现实问题。通过普及通识课程，学生能够形成合理的知识结构。第二，有利于学生能力的合理开发。通过普及通识课程能够培养学生多方面的能力，包括综合分析能力、价值判断能力、逻辑思维能力、创新开发能力、语言表达能力、社会交往能力等。第三，有利于学生健康人格和良好情感取向的形成。通识课程秉承了通识教育培养心智自由、人格完美的人的价值追求，学生通过学习，心智得以平衡发展，视野不断扩大，个性逐渐完善，情感体验不断升华，形成独特、完善的人格。第四，有利于培养现代社会的合格公民。通识课程不是脱离社会的高深学问，而是反映时代特色。因此，在我国高等教育大众化的历史经脉下，通识课程也把培养合格公民作为其重要内容。在大学育人过程中，建立稳定的通识课程体系，为学生提供人文和科学体验，对于形成学生稳健、独立、积极、灵活、创新的独特品质，寻求个体生命的和谐、全面发展十分必要。

五、在大学育人中实现默会知识的外显价值

情感价值及实践体验属默会知识，在学生的创新素养发展中具有十分重要的作用，

是内嵌于个体意识和情感中的反映个体内在认知状态与水平的能动性知识，构成个体认知的内在动力系统，是相对于由概念、符号、图表等编码构成的体系化、逻辑上得到证实和检验的显性知识（explicit knowledge）而言的。当前在大学育人过程中，显性的专门化的学科知识受到专宠，学生的专业水平有显著提升，但学生的感悟能力、主体意识、兴趣、情感态度、意志力、经验判断和批判性等发生于个体内部的认知潜能未被有效调动和开发，学生的主体创新意识没有形成，在生活实践中缺乏创新的动力。可以这样比喻，显性知识（亦称明确知识）是冰山露出水面的部分，可传递和共享，而默会知识是隐藏在水下的部分，是一种感悟和内在的能动力量。默会知识本质上是一种理解力、领悟力，能够把握经验、重组经验，促进知识的迁移、融会贯通，具有实现理智的控制能力，为个体的认识活动提供最终的解释性框架和知识信念。相对于显性知识，默会知识具有优先性，能够为人的一切认识活动提供理智的力量，是人的认识活动的基础，是知识创新的关键部分。因此，在大学育人活动中，平衡的专业学科知识和情感价值及实践体验（默会知识）的发展，对学生的发展来说尤为迫切。

就个体认知的结果来看，显性知识的比重大，则个体更依赖于记忆和知识前后逻辑的连接和系统性；默会知识的比重大，则个体的思维更灵活，知识的迁移和融会贯通更有效。可见，默会知识在个体认知过程中的能动力量更显著。如何在实际学习过程中有效地理解和获得知识，实现学生在认知和理解上的主动创新，有意识地凸显出默会知识的能动作用十分必要。已有的研究表明，人类的学习方式有四种：从显性知识到显性知识的言传方式，从显性知识到默会知识的内化方式，从默会知识到显性知识的外显方式，从默会知识到默会知识的意会方式。默会知识的形成主要是通过内化和意会两种方式。内化通常通过阅读的方式实现，意会则指通过个体间的合作使隐性知识在不同个体间实现转移。由此可知，默会知识与显性知识之间存在一种相得益彰的互补关系。在学习实践过程中，可以通过显性知识传递的信息检验修正默会知识，同时通过实践交流活动领悟必要的默会知识。在显性知识与默会知识的双向互动过程中，既实现了显性知识的内化，也实现了默会知识显性化、符号化，使默会知识得到验证、补充和提升，作为显性知识的新的补充要素或内容，实现了知识的不断创新，默会知识是实现知识创新的活水。

六、增加适合学生创新素养养成的实践活动

人的发展是在个体与内部的心理环境及外部的自然和社会环境的互动中实现的，实践活动是实现人的发展的必要前提和基础，学生创新性的养成同样需要与之相适的实践活动作为基础。实践具有直接现实性的优点。一方面，实践本身是直接的现实的

物质活动,能引起对象的现实改变。另一方面,实践又能把理论的东西变成现实的东西,在现实中实现主体的目的、愿望和意图,并在这个过程中改变和发展主体自身,创造性地改造个体的内部发展环境和外部支持环境。在人类的一切活动中,只有实践才具备这个优点。

当前,大学教育正致力于发展学生的创新能力,创新能力无法测量,但体现于主体参与的各种实践性活动的现实情境中,并体现主体的综合实践能力。在大学育人过程中,学生的发展就是获得知识经验和进行行为实践的过程,学生的发展是知与行相统一的过程。在大学育人过程中提倡有目标的实践活动或活动课程,增加学生的实践感悟和体验,在活动中提升学生的主体性、能动性、批判性和综合实践能力。实践活动为学生创新潜能的激发提供了实际的场景和场所,在这一场景中,当出现了与某一知识内容相匹配的情境时,这种通过其他媒介传递给学生的知识或是学生从不了解的知识将会在个体的理念中获得一次意义的确认,实现了外部知识的内化。从更深的层次来说,个体内心产生了喜悦体验,有可能激发和启动一种探究的冲动,这是个体进行创新的基础。因此可以认为,实践活动是激发学生创新意识的重要方面,是一种有意义的学习方式,是符号所代表的知识与学习个体认知结构中已有的适当概念建立实质联系的方式。此外,有意义的实践活动或实践课程融合了个体的情感体验、默会知识、经验、判断力,实践个体参与其中,进行实践操作和探索,积极地交流合作,能动地协调各个方面的因素,发现解决问题,实施新任务,获得新的体验和感悟。在实践活动中,为实现任务目标,学生主动积极地进行策略性整合,主体性得到极大彰显,学生获得了对事物的直接认识和深刻体验,各种能力有机会施展,形成了服务于未来的内在动力,实践活动引发了个体一系列有意义的反应,对个体智力与能力的发展提供了条件,在大学育人活动中应加以重视。

七、为学生的创新素养发展创造环境与话语氛围

环境氛围是大学教育的内附环境,具有开放性、同化性,弥散于大学教育的整个过程中,且相伴于大学生的日常行为活动中。当大学中的环境氛围活跃,人的主体性则明显。强调现实场景中的实践,以激发学生的探索动机,在美学价值观的基础上激发学生的动机力量。对大学的学生学业评价进行改革,形成因材施教、不拘一格的学生评价方式。鼓励并为学生进行科研创新活动提供支持和平台,给学生提供尽可能多的自由学习、探索的机会,养成学生独立思考和批判性思维的认知能力。提供公共、开放的创新空间,保证学校信息资源的开放,为学生提供各种讯息的网络帮助,要为不同学科的师生提供直接、自由的协同创新的空间和平台,方便开展学科交叉的创新研究。

在大学的人际交往和文化生活中，创设良好的话语氛围，同样会增强学生的行为动机和创新动机。在人际交往活动中，各主体都是参与者，而不是被排斥在协商的主体性的交际活动之外。在话语互动中，任何话语参与者都有表达其见解的机会。所有的参与者在交往中采取趋向共识的交往态度，既不受内在压抑也不受外在强制，不对规范采取工具性和策略性的态度。在交往中，交往双方相互承认、相互尊重，体现主体互动性，尤其是在师生交往、学生与家长的交往中，要体现交往双方的平等。主体之间是一种商谈与认同的对话方式，在语言行为的系统中实现主体性。在人们的相互讨论中，由共同认同产生普遍的伦理规范。良好的话语体系不仅体现在交往互动过程中交往双方的互动、平等上，也反映在话语内容对于交往双方的发展性及改造性的意义上。大学生创新素养的发展需要有良好的环境氛围和良好的话语氛围的支持。

第九章 高等教育创新的实施及过程

第一节 创新过程分析

一、做好充分的准备工作

创新思想不是凭空产生的，而是来自艰苦的工作、学习和实践。

创新往往是一个经历曲折和艰难的过程，缺乏必要准备的人，难以到达理想的终点。因此，乐于创新的人要有经得起失败和挫折的心理准备，同时要拥有丰富的知识，健康的身体素质，能够承受巨大的、恶劣环境的压力。

亚历山大·弗莱明发现青霉素的过程，可以说是对创新过程的第一个阶段做了最好的说明。发现青霉素从表面上来看似乎是一系列的巧合。弗莱明多年来一直试图发现防止细菌传染的方法，直到有一天，他鼻子里的一滴黏液恰巧掉在了一个盘子里，而在这个盘子里，恰巧盛有他一直用来做实验的溶液。这两种液体的混合导致了抗生素的初步产生，它的效力还很弱。7年以后，一只四处游荡的孢子飘进了他开着的窗户，落在了他实验室内盛有相同溶液的盘子里，产生了人们今天熟悉的抗生素，即盘尼西林。但这个发现并不是只靠运气，弗莱明为寻找有效的抗生素已经苦苦奋斗了15年，当这些偶然性来临时，他能意识到其重要性，并果断地抓住它们。

马克思写作《资本论》用了40年；哥白尼的《天体运行论》从写作到发表，前后用去30多年；李时珍耗尽毕生精力，经过近30年努力，亲自考察、验证、撰文、绘图和刻书，完成巨著《本草纲目》。类似的事例在人类发展史上屡见不鲜。

二、保持注意力的高度集中

最大限度地集中注意力，保持思索问题的最佳状态，这是创新过程的关键。只有让思想隔离外界的纷扰而完全集中在一件事情上，才会产生伟大的思想结晶。俗话说：

"一心不能二用。"每个人的精力都是有限的，创新是极为艰难的高智力、高强度的劳动，更需要全身心地投入。

人们可以通过以下几种方式集中自己的注意力：

（一）增强环境的适应性

在选择学习环境时，要考虑到它是否有利于你专心。同时，要放松情绪，放平心态，以积极的心态去适应环境，这样便于自己开始创新的过程。

（二）培养良好的心理习惯

人格中包含着大量的习惯性的行为，有的是积极的，有的则是消极的，大多数则居于两者之间。学习时全身心地集中和投入，往往意味着要打破影响你全身心投入的习惯，如总想同时做好几件事，或用有限的时间去完成很重要的任务。同时，培养专心致志的能力，也包括要养成新的心理习惯，如可以找一个合适的地方，调配足够的时间，以及进行认真的和有创新的思考。这些新的习惯可能需要你付出更大的努力，耗费更大的心血，但是，这些行为很快就会成为你自然的和本能的一部分。

（三）经常进行冥想练习

你的大脑充斥着思想、感情、记忆、计划，所有这一切都在竞争，都想引起你的注意。在你整日沉浸于来自方方面面的刺激，需要从身心上做出反应时，这种大脑"吵架"的现象更为严肃。为了专注于你创新的工作，你需要净化和清理你的大脑。做到这一点的一个有效方法就是排除各种"私心杂念"，做冥想练习。

三、借助直觉、灵感和想象力

人们在认识问题和处理问题时，比较多地采用逻辑思维（运用概念、判断、推理等进行思维）和形象思维，而在创新过程中关键时刻的思维形式则常常采用非逻辑思维，最多的是直觉、灵感和想象。可以肯定地说，直觉、灵感和想象在创新过程中具有特殊而重要的地位。一个缺乏直觉、灵感和想象的人，不会取得重大的创新成果。

创新的思想火花一旦出现，将令人为之一振。然而，这个时刻只是标志着创新过程的开始，而不是结束。如果在创新的思想出现时，你意识不到，不能对其采取行动，那么，你脑子里出现的创新思想就没有丝毫的用处。在现实生活中，经常会有这样的情况，当创新的思想火花出现时，你并没有给它们以极大的关注，或者认为不实用而忽略了它们。在人类发展史上，许多有价值的发明一开始似乎都是些不大可能的想法，被流行的常识所嘲笑和不齿。例如，尼龙粘扣的想法就来源于发明者穿过一片田地时，粘在他裤子边上的生毛刺的野草。

要想得到直觉、灵感和想象，必定要使自己的全部创新力量处于升华状态，全身心集中在创新客体上，使思潮有如汹涌澎湃的波涛，冲击着自己的心灵，冲击着创新客体。这样，直觉、灵感和想象也许会在梦中悄然而至，也许会在苦思冥想中突然出现，也许会附着在一种奇异现象上给你一个意外的惊喜。

第二节 创新教育的实施条件

一、创新教育的任务

创新教育是各级各类教育的共同要求。不同层次、不同类型的学校，由于他们培养人才的目标和规格有所区别，他们的教育手段和培养方法也不相同，他们对教育对象的要求更不一样。心理学家研究发现，在18~25岁的年龄段，是人创新能力发展达到最活跃的阶段。而这一阶段学生正处于接受高等教育阶段，其个性已基本形成，特别是自我意识增强、情感丰富、意志力坚强并具有目的性。因此，在高等教育中进行创新教育的根本任务，就是要培养学生的创新精神、创新思维和创新能力，为提高民族的创新素质服务，为培养高素质、高端技能型人才打下广泛的、深厚的基础。简言之，创新教育的任务就是培养学生的创新素质。创新是一种综合素质，是一种积极开拓的状态，是潜在能力的迸发，就其实质而言是人的自由全面发展的结果。它主要由三方面要素构成。一是创新人格，属动力系统，包括强烈的动机、自主性、主动性、好奇性、挑战性、求知欲等，还包括创新责任感、使命感、事业心、执着的爱、顽强的意志、毅力，能经受挫折、失败的良好心态，以及坚忍顽强的性格，这是坚持创新、做出成果的根本保障。二是创新思维，属智能系统，包括思维的敏锐性、流畅性、变通性、发散性、独创性等。三是创新技能，属工作系统，包括具备作为创造基础的基本知识技能、具有获取和利用知识信息的能力、操作应用能力和一般创造技法等。以上三要素紧密联系，缺一不可。

二、创新教育的基本特征

（一）特异性

首先，特异性表现在学生的创新与人类总体创新（包括专家学者的创新）相比，有共同的一面，亦有不同的一面。共同的一面是探新、改革，有所创造，有所前进，而不是模仿、照搬、套用。但学生创新与专家创新不同，尤其是学生的一般创新，从社会或科学发展的角度看并不算是真正的发明或发现。他们的创新只是相对于自己原有的水平而言，或相对于同学群体的水平而言，确有新的开拓与前进，提出了个人独到的见解，有独特的做法、解法，其目的主要不是追求发明、发现什么人类尚未发明、发现的东西，而是培养创新精神、能力和人格。其次，特异性还表现在不同学段、年级的学生及不同的学生个体都有其特点，不可机械划一，强求一律，以免扼杀个性，扼杀学生个体的创造性。

（二）探究性

创新教育离不开对问题的探究。应当看到，在教学或教育活动中，如果没有对问题的探究，就不可能有学生主动积极的参与，不可能有学生的独立思考与相互之间思维的激烈碰撞而迸发出智慧的火花，学生的思维和能力也就得不到真正的磨炼与提高。总之，没有探究就不可能有创造性的学习与应用。因此，探究是进行创新教育关键的一环。教师应当鼓励学生独立思考、积极探索，鼓励其提出独到的见解、设想与独特的做法，完成富有个人特色的创造性作业，并注重让学生在探究过程中不仅扩充个人的知识视野，而且形成探究的兴趣和善于进行创新性思考的习惯，进而养成创新人格。

（三）宽泛性

创新教育不是狭隘、自我封闭、自我孤立的行为，它不应被局限于课堂上，束缚在教材的规范中，也不应被限制于教师的指导与布置的圈子内。若按传统做法自我封闭、自我孤立，充其量只能按教师的要求掌握书本知识，哪能在学习与实践中有什么创新呢？创新型的教育活动是注重生动活泼地联系学生的生活实际，联系社会生活的实际，联系当代世界社会、经济、科学技术和文化发展的实际。一方面，大量吸收有关的新信息、新知识，使教育内容反映学科的最新发展状况，并不断地使之充实与更新。另一方面，引导学生运用知识于实际，去解决各种具体问题，使学生从中获得丰富而实用的新知。学生学习上的开放，对创新更为关键，教师引导和鼓励学生突破课堂教学的局限，根据自己的兴趣与爱好，通过课外阅读、参与课外活动来扩充知识，扩大视野，经受各种锻炼。只有这样才能使学生开阔视野，增长知识，集思广益，重组经验，发挥出创新的潜能。

（四）包容性

创新要求有包容的环境与氛围。学生只有感到宽松、融洽、愉快、自由、坦然，没有任何形式的压抑与强制，才能自由与自主地思考、探究，提出理论假设，无所顾忌地发表见解，大胆果断而自主地决策和实践，才有可能创新与超越。如果没有包容，学生感到有压力，担心不安全，时时处处小心翼翼、顾虑重重、如履薄冰，一味看教师或领导的眼色行事，个人的聪明才智与激情都被抑制，只能表现出依赖性、奴性，越来越笨拙与迟钝，也就根本谈不上任何创新。因此，包容性是创新教育不可或缺的内在特性。

（五）超越性

创新教育在本质上是引导和激励学生不断超越与前进的教育。它包括超越遭遇的困难、障碍去获取新知；超越令人不满的现状去改造世界，建设新的生活环境；超越现实的自我状态，使自己的能力和修养得到提高。如果在教学与教育中只能平庸地按常规、按教参、按惯例行事，不能朝气蓬勃、满怀激情地引导学生对种种困难、障碍、现状发动冲击，进行探究、突破，实现超越，就不可能有进步与创新。

（六）实践性

培养创新人才，就像培养高水平体育运动员队伍，既要选有发展潜能的苗子，又要有优良的训练环境和条件，还要有高水平的教练员队伍，更重要的是需要经过不断的科学训练和多次的竞赛过程，才有可能通过比赛去创造佳绩、刷新纪录。

创新教育特别注重实践性。在创新教育中，优秀学生需要在高水平导师的指引下，提出问题、探索新知，在良好的研究环境和条件中，经过多层次不断提升的创新性研究实践，反复强化创新意识、提高创新素质和能力，逐步取得创新成果，享受创新的喜悦。因此，在高校中，我们要根据学生的不同特点和学科所处的不同发展阶段，为不同学生提供个性化的创新性实践平台和发展空间。例如，依托有国际影响的学术大师设立的理论强化班，依托高水平专业群和学科群设立的新技术培训班，依托重大科研课题把学生带到学术前沿，举办形式多样的活动促进学生的学术交流等，都是创新教育的实践性的有效模式。

三、实施创新教育的依据

（一）马克思主义关于人的全面发展理论为创新教育体系的形成提供了重要理论基础

人的全面发展应包括以下三方面：第一，人的个性心理的全面发展。第二，人的社会属性即德、智、体、美、劳诸方面的全面发展。第三，人的潜能的全面发展。[①] 也就是说，人的全面发展的实现只有在生产力高度发达、社会物质产品极大丰富的社会里才有可能。人的发展内涵亦决定了人的全面发展的实现是个过程，而且是一个永无止境的过程。人的全面发展必然是一个与社会生产力、经济文化、自然生态持续发展相互协调、逐步提高的历史过程。人的全面发展的实现必须通过现实达到的途径逐步向前推进，每一时期基本目标的实现，都是向最高目标的迈进。人越全面发展，就会创造越多的社会物质文化财富，人民的社会生活就越能得到改善；而社会物质文化条件越充分，又越能推进自己的全面发展。

（二）思维的科学发展揭示了创新思维是人类思维演进的必然趋势

科学的发展史，也是一部思维的发展史。在人们的社会实践中，正是思维提供了客观世界的真实情况和运动规律，从而推动了科学的发展。而科学的发展，又对人类的思维提出了更高的要求。这种周而复始的螺旋式前进，使人类的思维经历了一个从低级到高级、从简单到复杂、从具体到概括的发展历程。在每一个历史阶段中，人类的思维都有着不同于以往的发展、变化和革命性飞跃。科学的发展史，不仅是一部思维的发展史，也是一部人类社会的创新史。人类的创新能力正是在思维发展的过程中得以不断发展和提高的。正因为如此，思维科学的发展为人的创新思维能力的培养提供了重要的理论基础。

（三）教育规律为创新教育提供了重要理论依据

创新教育并没有脱离教育的过程，所以，它必须符合教育规律的要求，否则就行不通。教育规律为创新教育提供了重要理论依据。

直接经验与间接经验相统一的教育规律提出了创新教育的要求。人们认识客观事物主要有两条途径：一是直接经验，二是间接经验。学习间接经验是人类认识的基本途径。所以，教师在教学过程中一定要创造性地传授间接经验，把间接经验转化成学生易于接受的直接经验。这样，学生就能把书本知识理解消化，并进行创新。

传授知识与思想品德教育相统一的规律要求创新教育。知识是思想品德形成的基

[①] 秦从英，李玉侠. 大学生创新能力教育教程 [M]. 北京：现代教育出版社，2014.

础。教师要把教材中的思想品德创新点挖掘出来，引导学生从知识中吸取营养，在学习中培养创造能力，在情感中产生共鸣，逐步形成科学的思想观点、信念和行为习惯，良好的思想品德对学生掌握知识起引导和动力作用。

教师主导与学生主体相统一的教学规律要求创新教育。在教学中，教与学是辩证统一的。教师的教要依赖于学生的学，如果学生不肯向教师学，教师就无法教，不能完成教的任务；学生的学要靠教师教，如果教师不努力教学生，学生就学不好，也难以完成教学任务。只有具备创新意识和能力的教师，才能吸引学生，做到教与学的和谐统一。

四、实施创新教育的条件

实施创新教育的主要条件分为主体与客体两个方面。

（一）主体条件

1. 创新教育需要教师具备创新素质

由于教师在教学中的重要地位，创新教育需要教师具备创新素质，我们可把具备创新素质的教师称作创新型教师。创新型教师是指那些具有创新教育观念、创新思维能力和创新人格，积极吸收最新教育科学成果，善于根据具体教育情境，灵活运用各种教育方法，发现和培养创新型人才的教师。在以培养学生创新能力与实践能力为重点的现代教育中，创新型教师的培养显得尤为关键。他们的创新意识与创新能力对培养学生的创造力至关重要，他们能够认同并鼓励学生的创造性，善于激发学生的创造潜能，承担着培养创新型人才的神圣使命。

创新型教师应当具备以下基本素质：

（1）正确的教育观念

教师的教育观念作为教育工作的心理背景，在很大程度上影响教师的知觉和判断，进而影响着他们的教育态度与行为。以创新精神和实践能力为培养重点的素质教育，要求教师树立新的目标观，即教育的最终目标是造就创新型的人才；确立新的人才观，即人才是能独立思考、敢于竞争、敢冒风险，具有开拓创新精神，能推动事业向前发展的人；树立新的学生观，鼓励学生标新立异，培养其思维的多向性、批判性及人格的独立性；确立新型的师生关系观，建立一种民主、平等、合作的师生关系；还要确立现代课程观，树立大课程的观念，在重视基础性课程的同时，重视拓展性的探索性课程；在重视学科课程的同时，重视活动课与综合实践课程等。

（2）高度的敬业精神

敬业是教师对自己所从事的工作发自内心的热爱和崇敬，具体体现在教师对教育事业的热爱，对学生的热爱，对所教学科的热爱上。敬业精神越强，表现出的创新才能也越充分。应当讲，高度的敬业精神是教师发挥创造性的前提。

（3）合理的知识结构

知识是创新的原料，创新是知识的重新组合。因此，创新型的教师必须具备专深与广博相结合的知识结构。首先，创新型的教师要具备关于科技、文化等基本知识与现代教育技术手段；其次，要具备一两门学科的专业知识与技能；最后，要具备现代教育理论和心理科学方面的知识。这三个层面的知识相互支撑、相互渗透、有机整合，是教师教育行为的科学性、艺术性和个人独特性的基础。

（4）较强的创新能力

实施创造教育，要求教师具备创新能力，它具有综合性、多层次性，是各种能力的复合体，主要表现为：确定教育教学目标的能力，要把学生共性的要求与个性的特点有机结合起来；设计与实施最佳教育教学方案的能力，要了解和发现学生的创造潜能，遵循学生思想、知识技能及创造力形成的客观规律来确定有助于学生全面发展的活动方式；总结分析能力，要善于反思和总结自己的教育教学经验并将其上升为理论，善于向他人学习。创新能力不仅是一种智力特征，更是一种人格特征、精神状态与综合素质。这种素质与能力是衡量教师是否具备创造性的关键。

2. 创新教育需要学生具备创新精神

实施创新教育，一方面，需要教师在教学过程中逐步构建自己的创新品质；另一方面，也需要学生在学习过程中逐步构建自己的创新品质。学生的创新品质主要指创新精神和创新能力。

所谓创新精神是指对学生主体创新意识的引导、强化和巩固而形成的一种内在的稳定的心理状态，外化为一种积极向上、刻意追求新事物的思想和态度。具体来讲，在教学过程中，学生应逐渐使自己具备主动性、独立性、创造性。

所谓创新能力是指学生在创新精神支配下实施创新行为的能力，在此主要指学生的实践能力。学生的实践能力主要包括发现问题、提出问题、分析问题和解决问题的能力，动手操作的能力、参与社会活动的能力。学生要想具备一定的实践能力，就需要在实践中学习，在实践中经受锻炼。

总之，培养学生具有创新精神和实践能力既是学生进行创新活动应具备的基本素质，又是实施创新教育所需要的主观条件。

（二）客体条件

1. 提升学生创新品质的教材

创新除了具有教师和学生这个主体条件之外，还应具备客体条件，即教材和学习环境。

教材是教学的重要资源。创新教育在客体上依赖于拥有创新内容及有助于培养学生创新精神和意识的教材。同时，教师在充分利用已有教学内容之外，还应该对现有的教材内容加以扩充，帮助学生用所学知识分析现实问题，进一步引发学生思考，寻找解决问题的多种途径，从而培养学生的创新品质。

2. 开发学生创新潜能的学习环境

开发学生创新潜能需要建立民主、平等、合作、理解的师生关系。传统教育的师生关系是一种不平等的人格关系，教师不仅是教学过程的控制者、教学活动的组织者、教学内容的制定者和学生成绩的评判者，而且是真理的化身和绝对的权威。在教学中，教师是主动者，是支配者；而学生是被动者，是服从者。师生之间不能在平等的水平上交流意见，甚至不在平等的水平上探讨科学知识。在这样的师生关系下，不要说学生的创新能力不可能得到良好的发展，甚至正常的人格也难以得到健康发展。因此，教师要改变居高临下的习惯，真心实意地与学生平等交往，使学生得到尊重和信赖，这样才能激发他们的自尊、自信，唤醒他们的自我意识，使他们生动活泼地成长和发展。另外，教学要民主化。教师是主导，但教师不能霸道。教师要创设宽松和谐的氛围，鼓励学生自由思考，自主发现，敢于质疑，引导学生在学习过程中培育创新精神。

第三节 实施创新教育的常见方法

法国生理学家贝尔纳说，良好的方法能使我们更好地发挥运用天赋的才能，而拙劣的方法可能阻碍才能的发挥。因此，科学中难能可贵的创造性才华，由于方法拙劣可能被削弱，甚至被扼杀；而良好的方法则会增长促进这种才华。头脑风暴法、TRIZ理论（萃智理论）、奥斯本检核表法、组合创新法、六项思考帽法等是较为常见的创新方法。

一、头脑风暴法

在群体决策中，群体成员的心理相互影响，易屈于权威或大多数人的意见，形成所谓的"群体思维"。群体思维削弱了群体的批判精神和创造力，损害了决策的质量。为了保证群体决策的创造性，提高决策质量，管理上发展了一系列改善群体决策的方法，头脑风暴法是较为典型的一个。头脑风暴适合于解决简单的问题，常见于创意行业的广告业、产品名称、销售方案及决策前的信息搜集等。

头脑风暴法又称智力激励法、BS法。它是现代创造学奠基人、美国著名创意大师亚历克斯·奥斯本在1939年提出的方法。奥斯本是著名的广告公司BBDO（环球网络公司）的创始人，BBDO的O就是指他的姓Osborn。1938年，BBDO公司出现危机，流失了很多重要客户和员工。奥斯本为了挽救公司，想出一套"创意"的武器系统，希望利用团队合作，结合业务、文案、设计，让这些不同角色的人员，合力发展出更强、更多的创意。该方法目前已成为创新活动中最常用的方法。

1941年，奥斯本在《思考的方法》[①]一书中第一次公开提出了"头脑风暴"的概念，并提出了开头脑风暴会的4个原则。第一个原则：禁止批判。在开会的时候，所有成员自由畅想，相互之间不能批评。第二个原则：独特想法。所有成员都要无拘束地发言，气氛要保持轻松自由。点子越新奇，越能激发独特创意。第三个原则：量重于质，也就是数量比质量重要。开会的时候，围绕主题，用撒网捕鱼的方式，捞取大量点子。数量越多，好点子出现的机会就越大。第四个原则：结合改善。1+1＞2，多个点子合成可以变成更棒的创意。

另外，在开头脑风暴会议时，还要注意7个步骤：一是确定具体的主题。如果会议的主题是"降低交通事故"，想不出有效解决方案时，就改为"让人人戴安全帽"，进一步把主题具体化，就会有好点子。二是桌子排成四角形，成员围坐成"n"字形。如此发表意见时，每个人的眼神容易交会；主持人要带动讨论。三是主持人要掌握气氛，帮助每个人从不同角度思考，鼓励大家热烈发言。四是聚集各种领域人才。参加头脑风暴的人数，理想为5~8人。如果成员有与主题相关的专家，最好不要过半。越多不同领域的人才，对生产点子越有帮助。五是自由发言，详细记录。记录时不可简化、压缩，要逐字记录。只言片语都会是解决问题的线索。六是休息。会议进行到一段落，可以让大家休息后再进行。理想的休息时间是60分钟，休息时间可让成员沉淀，从客观角度思考别人的点子。七是评估。以"独创性"与"实现性"为主，评估所有点子的可行度。尝试结合不同点子，提升点子的可行度。

[①] 奥斯本.思考的方法[M].陈鹏译.济南：明天出版社，2004.

头脑风暴可以分为直接头脑风暴（简称头脑风暴）和质疑头脑风暴（反头脑风暴）两种。头脑风暴是在专家群体决策中尽可能地激发创造性，产生尽可能多的设想；反头脑风暴是对头脑风暴提出的设想或方案进行质疑，并分析其实现的可行性。

头脑风暴是一种通过小型会议的组织形式，让所有参加者在自由愉快、畅所欲言的气氛中，自由交换想法或点子，并以此激发与会者创意及灵感，使各种设想在相互碰撞中激起脑海的创造性风暴。

头脑风暴的基本理念是：要获得很好的点子，首先要获得很多的点子；要获得很多的点子，就要靠点子来激发点子。个体头脑之间风暴式的化学反应，带来了"1+1远远大于2"的可能性。例如，某年美国国防部制定长远科技规划。他们邀请了50名专家，对规划进行了两周的头脑风暴。新报告诞生，原规划文件中只有25%~30%被保留；松下公司是头脑风暴的忠实信徒，仅在1979年内，就获得170万条设想，平均每个员工3条；日本著名创造工程学家志村文彦，也用这一方法帮助日本电气公司获得了58项专利，降低成本210亿日元。连接是基础，激发是核心。个体大脑，是知识的子集，子集坐在一起并不会自动拼成全集。只有遵守严谨流程的头脑风暴，才能把子集连接成全集，然后通过引发联想、热情感染、唤起竞争、张扬欲望的氛围，激发新的创意。

头脑风暴法提高群体思考质量需要遵循的基本原则。一是庭外判决原则（延迟评判原则）。对各种意见、方案的评判必须放到最后阶段，此前不能对别人的意见提出批评和评价。认真对待任何一种设想，而不管其是否适当和可行。二是自由畅想原则。鼓励参会人员各抒己见，创造一种自由、活跃的气氛，激发参加者提出各种荒诞的想法，使与会者思想放松。三是以数量求质量原则。意见越多，产生好意见的可能性就越大，这是获得高质量创造性设想的条件。四是综合改善原则。探索取长补短和改进办法，除了提出自己的意见外，鼓励参加者对他人已经提出的设想进行补充、改进和综合，强调相互启发、相互补充和相互完善，是智力激励法能否成功的标准。五是突出求异创新。这是智力激励法的宗旨。六是限时限人原则。

头脑风暴会议实施步骤的准备与实施如下：

（1）提供一个良好的创造性思维环境。明确会议目标、确定参加会议的最佳人数（以5~10人为宜）和会议进行的时间。一般需将会议讨论的问题提前1~5天发至参会人员。

（2）选择合适的主持人。参会人包括主持人、记录人和参加者。主持人是头脑风暴法会议的领导者，对会议的成功与否起着决定性的作用。主持人的职责是严格遵守基本原则、使会场保持热烈的气氛、把握会议的主题并保证全员献计献策。主持人要做好充分的准备并且要有一定的主持会议的技巧，一般不能直接发表意见，只能简单地说"很好，请继续进行"，或"很好，让我们改变一下方向"。

（3）确定记录员。记录员需要把与会人员的设想全部记录并为其编号，防止遗漏和评价。

（4）会议时间。头脑风暴法的时间一般在 1 小时以内，避免超过 2 小时的会议。

（5）延迟评价。对设想不能在同一天进行评价，再过几天时间有利于提出新的设想，而且评价可以采用头脑风暴法会议进行。设想的分类与整理：一般分为实用型和幻想型两类。前者是指目前技术工艺可以实现的设想，后者指目前技术工艺还不能完成的设想。完善实用型设想：对于实用型设想，再用脑力激荡法去进行论证、二次开发，进一步扩大设想的实现范围。幻想型设想再开发：对于幻想型设想，再用脑力激荡法进行开发，通过进一步开发，就有可能将创意的萌芽转化为成熟的实用型设想。这是脑力激荡法的一个关键步骤，也是该方法质量高低的明显标志。

头脑风暴法成功的关键是讨论方式，即与会人员能否进行充分、非评价性和无偏见的交流，做到自由畅谈、延迟评判、禁止批评和追求数量。同时，参与人员的素质也对成功具有一定的影响力。

在决策过程中，对直接头脑风暴提出系统化的方案和设想进行现实可行性评估的 3 个阶段：第一阶段，参加者对每一个提出的设想都要质疑，并进行全面讨论，评论的重点是设想实现的所有限制性条件。第二阶段，对每一组或每一个设想编制一个评论意见一览表及可行性设想一览表。第三阶段，对质疑过程中抽出的评价意见进行估价，以便形成一个对解决所讨论问题实际可行的最终设想。在 3 个阶段中，质疑过程需要一直进行到没有问题可以质疑为止。分析组负责处理和分析质疑的结果。如需在短时间内就重大问题进行决策时，分析小组需吸收一定数量的专家。

头脑风暴的正确使用方法：

第一个建议：个人独立思考与团体思考可以先拆开再整合，也就是让各自先独立思考，然后再聚集到一起开会。假如有 6 个成员开会，那么每个人先写下针对主题的 3 个想法，然后传给隔壁的人。每个人把拿到的想法，加以补充，再传给下一个人。这样进行 5 轮，等于每个人都有机会补充其他 5 个人的意见。当所有人的意见都汇总后，再坐在一起进行讨论和评估。这样，我们就可以在避免开会弊端的同时，发挥出头脑风暴的优点。

第二个建议：一定要把想法写下来，甚至画出来，把思路图像化。开会时，一般通过讲话来交流，用文字写下想法或者记录别人的想法。但是我们平常在使用文字的时候，为了效率会习惯性地压缩信息。例如，我们在记别人讲话时，因为效率问题，你要从别人的一堆话中快速截取某个关键字词并把它记录下来。这样一来信息都是高度压缩的，不利于我们发挥想创意。所以，在头脑风暴的时候建议尝试把思路图像化，这样会有意想不到的收获。

二、TRIZ 理论

TRIZ（Theory of the Solution of Inventive Problems）理论是一种发明问题的解决理论，该理论由阿奇舒勒（G.S.Altshuller）在1946年创立，他被尊称为 TRIZ 之父。阿奇舒勒发现任何领域的产品改进、技术的变革、创新和生物系统一样，都存在产生、生长、成熟、衰老、灭亡，是有规律可循的。人们如果掌握了这些规律，就能主动地进行产品设计并能预测产品趋势。以后数十年，阿奇舒勒穷其毕生的精力致力于 TRIZ 理论的研究和完善。在他的领导下，苏联的研究机构、大学、企业组成了 TRIZ 的研究团体，分析了世界近250万份高水平的发明专利，总结出各种技术发展进化遵循的规律模式，以及解决各种技术矛盾和物理矛盾的创新原理和法则，建立了一个由解决技术、实现创新开发的各种方法、算法组成的综合理论体系，并综合多学科领域的原理和法则，建立起 TRIZ 理论体系。

（一）现代 TRIZ 理论法的核心思想

（1）无论是简单的产品还是复杂的技术系统，都具有相应的客观进化规律和模式。

（2）各种难题、矛盾和冲突的不断解决，是推动这种进化过程的动力。

（3）技术系统发展，其理想状态是使用尽量少的资源实现尽量多的功能。

创新从最通俗的意义上讲就是创造性地发现问题和创造性地解决问题的过程。TRIZ 理论的强大作用正在于它为人们创造性地发现问题和解决问题提供了系统的理论和方法工具。

（二）TRIZ 理论主要内容

1. 创新思维方法与问题分析方法

TRIZ 理论中提供了如何系统分析问题的科学方法，如多屏幕法。而对于复杂问题的分析，则包含了科学的问题分析建模方法——物场分析法，它可以帮助人们快速确认核心问题，发现根本矛盾所在。

2. 技术系统进化法则

针对技术系统进化演变规律，在大量专利分析的基础上，TRIZ 理论总结提炼出8个基本进化法则。利用这些进化法则，可以分析确认当前产品的技术状态，并预测未来发展趋势，开发富有竞争力的新产品。

3. 技术矛盾解决原理

不同的发明创造往往遵循共同的规律。TRIZ 理论将这些共同的规律归纳成 40 个创新原理，针对具体的技术矛盾，可以基于这些创新原理、结合工程实际寻求具体的解决方案。

4. 创新问题标准解法

针对具体问题的物质-场模型的不同特征，分别对应有标准的模型处理方法，包括模型的修整、转换、物质与场的添加等。

5. 发明问题解决算法

该法主要针对问题情境复杂、矛盾及其相关部件不明确的技术系统。它是一个对初始问题进行一系列变形及再定义等非计算性的逻辑过程，实现对问题的逐步深入分析、问题转化，直至问题的解决。

6. 基于工程学原理构建知识库

基于物理、化学、几何学等领域的数百万项发明专利的分析结果而构建的知识库，可以为技术创新提供丰富的方案来源。

（三）TRIZ 解决过程

TRIZ 解决理论的核心是技术进化原理。按这一原理，技术系统一直处于进化之中，解决冲突是其进化的推动力。进化速度随技术系统一般冲突的解决而降低，使其产生突变的唯一方法是解决阻碍其进化的深层次冲突。

在利用 TRIZ 解决问题的过程中，设计者先将待设计的产品表达成为 TRIZ 问题，然后利用 TRIZ 中的工具，如发明原理、标准解等，求出该 TRIZ 问题的普适解或称模拟解，最后设计者把该解转化为领域的解或特解。

（四）TRIZ 常用工具

阿奇舒勒和他的 TRIZ 研究机构提出了 TRIZ 系列的多种工具，如物质-场分析，8 种演化类型、科学效应，40 个创新原理，39 个工程技术特性，物理学、化学、几何学等工程学原理知识库等，常用的有基于宏观的矛盾矩阵法（冲突矩阵法）和基于微观的物场变换法。事实上，TRIZ 针对输入输出的关系（效应）、冲突和技术进化都有比较完善的理论。这些工具为创新理论软件化提供了基础，从而为 TRIZ 的实际应用提供了条件。

（五）TRIZ 优势

相对于传统的创新方法，如试错法、头脑风暴法等，TRIZ 理论具有鲜明的特点和优势。它成功地揭示了创造发明的内在规律和原理，着力于澄清和强调系统中存在的矛盾，而不是逃避矛盾，其目标是完全解决矛盾，获得最终的理想解，而不是采取折中或者妥协的做法，而且它是基于技术的发展演化规律研究整个设计与开发过程，而不再是随机的行为。实践证明，运用 TRIZ 理论，可大大加快人们创造发明的进程而且能得到高质量的创新产品。它能够帮助我们系统地分析问题情境，快速发现问题本质或者矛盾，它能够准确确定问题探索方向，突破思维障碍，打破思维定式，以新的视角分析问题，进行系统思维，能根据技术进化规律预测未来发展趋势，帮助我们开发富有竞争力的新产品。

（六）TRIZ 的应用

TRIZ 是专门研究创新设计的理论，并建立一系列的普适性工具，帮助设计者尽快获得满意的领域解。TRIZ 作为技术问题或发明问题解决的一种强有力方法，并不是针对某个具体的机构、机械或过程，而是要建立解决问题的模型及指明问题解决对策的探索方向。TRIZ 的原理、算法也不局限于任何特定的应用领域。因此，TRIZ 可以广泛应用于各个领域创造性地解决问题。其不仅在苏联得到了广泛应用，在美国的很多企业特别是大企业，如波音、通用、克莱斯勒、摩托罗拉等的新产品中开发中得到了应用，创造了可观的经济效益。2003 年，三星电子采用 TRIZ 理论指导项目研发而节约相关成本 15 亿美元，同时通过在 67 个研发项目中运用 TRIZ 技术成功申请了 52 项专利。仅仅一项创新技术就能对一个跨国企业产生如此大的影响，这种情况是不多见的，TRIZ 的创始人阿奇舒勒对此也始料未及。

从 1997 年三星电子引入 TRIZ 理论到 2003 年三星电子应用 TRIZ，三星电子取得了显著的创新成果，但很多创新环节仍然需要 TRIZ 专家的协助才能完成，而且这些专家往往都有 10 年以上的 TRIZ 应用经验并通晓不同的工程领域，三星电子的这种创新模式为"专家辅助创新"。

（七）TRIZ 常见的基本措施

1. 分割原则

（1）将物体分成独立的部分。

（2）使物体成为可拆卸的。

（3）增加物体的分割程度。

例如，货船分成同型的几个部分，必要时，可将船加长些或变短些。

2. 拆出原则

从物体中拆出"干扰"部分（"干扰"特性）或者相反，分出唯一需要的部分或需要的特性。与上述把物体分成几个相同部分的技法相反，这里是要把物体分成几个不同的部分。例如，一般小游艇的照明和其他用电是艇上发动机带动发电机供给的，关了停泊时能继续供电要安装一个由内燃机传动的辅助发电机。发动机必然造成噪声和振动，建议将发动机和发电机分置于距游艇不远的两个容器里，用电缆连接。

3. 局部性质原则

（1）从物体或外部介质（外部作用）的一致结构过渡到不一致结构。

（2）物体的不同部分应当具有不同的功能。

（3）物体的每一部分均应具备最适于它工作的条件。

例如，为了防治矿山坑道里的粉尘，向工具（钻机和料车的工作机构）呈锥体状喷洒小水珠。水珠越小，除尘效果越好，但小水珠容易形成雾，这使工作困难。解决方法：环绕小水珠锥体外层再造成一层大水珠。

4. 不对称原则

物体的对称形式转为不对称形式。如果物体不是对称的，则加强它的不对称程度。例如，防撞汽车轮胎具有一个高强度的侧缘，以抵抗人行道路缘石的碰撞。

5. 组合原则

把相同的物体或完成类似操作的物体组合起来，把时间上相同或类似的操作组合起来。例如，双联显微镜组，由一个人操作，另一个人观察和记录。

6. 多功能原则

一个物体执行多种不同功能，因而不需要其他物体。例如，提包的提手可同时作为拉力器。

7. 重量补偿原则

将物体与具有上升力的另一物体结合以抵消其重量，如用氢气球吊起广告牌，将物体与介质（最好是气动力和液动力）相互作用以抵消其重量。例如，把调节转子风大机转数的制动式离心调节器安在转子垂直轴上。为了在风力增大时把转子转速控制在小的转数范围内，将调节器离心片做成叶片状，以保证气动制动。有趣的是，在发明公式中明显地反映了发明所克服的矛盾。在给定的风力和给定的离心片质量的条件下，获得了一定的转数。为了减少转数（当风力增大时）必须增大离心片质量。但离心片在旋转，很难靠近它。于是矛盾这样消除，使离心片具有形成气功制动的形状，即把离心片制成具有负迎角的翼状。总的设想显而易见：如果需要改变转动物体的质量，而其质量又不能按照一定的要求改变，那么应使该物体成为翼状的，改变翼片运动方向的倾斜角度，便可获得需要方向的附加力。

8. 预先反作用原则

如果按课题条件必须完成某种作用，则应提前完成反作用，如杯形车刀、车削等，方法是在车削过程中车刀绕自己的几何轴转动。其特征是为了防止产生振动，应预先向杯形车刀施加负荷力，此力应与切削过程中产生的力大小相近，方向相反。

9. 预先作用原则

预先完成要求的作用（整个的或部分的）。预先将物体安放妥当，使它们能在现场和最方便地点立即完成所需要的作用。

10. 等势原则

改变工作条件，使物体上升或下降。

11. 相反原则

不实现课题条件规定的作用而实现相反的作用；使物体或外部介质的活动部分成为不动的，而使不动的成为可动的；将物体颠倒。

12. 球形原则

从直线部分过渡到曲线部分，从平面过渡到球面，从正六面体或平行六面体过渡到球形结构；利用棍子、球体、螺旋；从直线运动过渡到旋转运动，利用离心力。

三、奥斯本检核表法

检核表法就是采用一张一览表，对需要解决的问题逐条进行核计，进而从各个角度诱导出多种创意设想的方法。人们创造出了多种检核表，其中最常用的就是奥斯本检核表。奥斯本检核表法是一种产生创意的方法。在众多的创造技法中，这种方法是一种效果比较理想的技法。由于它突出的效果被誉为"创造之母"。人们运用这种方法产生了很多杰出的创意，以及大量的发明创造。

奥斯本检核表法就是以提问的方式，根据创造或解决问题的需要，列出一系列提纲式的提问，形成检核表，然后对问题进行讨论，最终确定最优方案的方法。

奥斯本检核表法的"三步走"实施步骤：第一步，根据创新对象明确需要解决的问题。第二步，参照表中列出的问题，运用丰富的想象力，强制性地逐个核对讨论，写出新设想。第三步，对新设想进行筛选，将最有价值和创新性的设想筛选出来。

奥斯本检核表法的注意事项：一是对所列举的多项逐条核检，确保不遗漏。二是尽量多核检几遍，以确保较为准确地选择出所需创新、发明的方面。三是进行检索时，可将同一大类问题作为一种单独的创新方法来运用。四是核检方式可根据需要进行多种变化。

奥斯本检核表法突出的优点是使得思考问题的角度具体化，缺点是必须选定一个改进对象然后才能设法加以改进。因此，该方法不是原创型的，但有时候可以产生原创型的创意。奥斯本的检核表法属于横向思维，以直观、直接的方式激发思维活动，是一种强制性思考过程，有利于突破不愿提问的心理障碍。很多时候，善于提问本身就是一种创造，操作十分方便，效果也相当好。

奥斯本在研究和总结大量近、现代科学发现、发明、创造事例的基础上，归纳出对于任何领域创造性地解决问题都适用的9组75个问题，具体如下：

（1）现有的东西（如发明、材料、方法等）有无其他用途？保持原状不变能否扩大用途？稍加改变，有无别的用途？

人们从事创造活动时，往往沿这样两条途径：一种是当某个目标确定后，沿着从目标到方法的途径，根据目标找出达到目标的方法。另一种则与此相反，先发现一种事实，然后想象这一事实能起什么作用，即从方法入手将思维引向目标。后一种方法是人们最常用的，而且，随着科学技术的发展，这种方法将越来越广泛地得到应用。

某个东西，"还能有其他什么用途？""还能用其他什么方法使用它？"……这能使我们的想象活跃起来。当我们拥有某种材料，为扩大它的用途、打开它的市场，就必须善于进行这种思考。德国有人想出了300种利用花生的实用方法，仅仅用于烹调就想出了100多种方法。橡胶有什么用处？有家公司提出了成千上万种设想，如用它制成床毯、浴盆、人行道边饰、衣夹、鸟笼、门扶手、棺材、墓碑等。炉渣有什么用处？废料有什么用处？边角料有什么用处？……当人们将自己的想象投入这条广阔的"高速公路"上，就会以丰富的想象力产生出更多的好设想。

（2）能否从别处得到启发？能否借用别处的经验或发明？外界有无相似的想法，能否借鉴？过去有无类似的东西，有什么东西可供模仿？谁的东西可供模仿？现有的发明能否引入其他的创造性设想之中？

当伦琴发现"X光"时，并没有预见到这种射线的任何用途。因而当他发现这项发现具有广泛用途时，他感到吃惊。通过联想借鉴，现在人们不仅用"X光"来治疗疾病，外科医生还用它来观察人体的内部情况。同样，电灯在开始时只用来照明，后来，改进了光线的波长，发明了紫外线灯、红外线加热灯、灭菌灯等。科学技术的重大进步不仅表现在某些科学技术难题的突破上，也表现在科学技术成果的推广应用上。一种新产品、新工艺、新材料，必将随着它的越来越多的新应用而显示其生命力。

（3）现有的东西是否可以做某些改变？改变一下会怎么样？可否改变一下形状、颜色、音响、味道？是否可改变一下意义、型号、模具、运动形式？……改变之后，效果又将如何？如汽车，有时改变一下车身的颜色，就会增加汽车的美感，从而增加销售量。又如面包，给它裹上一层芳香的包装，就能提高嗅觉诱力。据说妇女用的游泳衣是婴儿衣服的模仿品，而滚柱轴承改成滚珠轴承就是改变形状的结果。

（4）放大、扩大。现有的东西能否扩大使用范围？能不能增加一些东西？能否添加部件，拉长时间，增加长度，提高强度，延长使用寿命，提高价值，加快转速？

在自我发问的技巧中，研究"再多些"与"再少些"这类有关联的成分，能给想象提供大量的构思设想。使用加法和乘法，便可能使人们扩大探索的领域。

"为什么不用更大的包装呢？"——橡胶工厂大量使用的黏合剂通常装在 1 加仑的马口铁桶中出售，使用后便扔掉。有位工人建议将黏合剂装在 50 加仑的容器内，容器可反复使用，节省了大量马口铁。"能改变一下成分吗？"——牙膏中加入某种配料，成了具有某种附加功能的牙膏。

（5）缩小、省略。缩小一些怎么样？现在的东西能否缩小体积，减轻重量，降低高度，压缩、变薄？能否省略，能否进一步细分？袖珍式收音机、微型计算机、折叠伞等就是缩小的产物。没有内胎的轮胎，尽可能删去细节的漫画，就是省略的结果。

（6）代用。可否由别的东西代替，由别人代替？用别的材料、零件代替，用别的方法、工艺代替，用别的能源代替？可否选取其他地点？如在气体中用液压传动来替代金属齿轮，又如用充氩的办法来代替电灯泡中的真空，使钨丝灯泡提高亮度。通过取代、替换的途径也可以为想象提供广阔的探索领域。

（7）从调换的角度思考问题。能否更换一下先后顺序？可否调换元件、部件？是否可用其他型号，可否改成另一种安排方式？原因与结果能否对换位置？能否变换一下日程？更换一下，会怎么样？

重新安排通常会带来很多的创造性设想。飞机诞生的初期，螺旋桨安排在头部，后来，将它装到了顶部成了直升机，喷气式飞机则把它安放在尾部，说明通过重新安排可以产生种种创造性设想。商店柜台的重新安排，营业时间的合理调整，电视节目的顺序安排，机器设备的布局调整都有可能导致更好的结果。

（8）从相反方向思考问题，通过对比也能成为萌发想象的宝贵源泉，可以启发人的思路。倒过来会怎么样？上下是否可以倒过来？左右、前后是否可以对换位置？里外可否倒换？正反是否可以倒换？可否用否定代替肯定？

这是一种反向思维的方法，它在创造活动中是一种颇为常见和有用的思维方法。第一次世界大战期间，有人就曾运用这种"颠倒"的设想建造舰船，建造速度也有了显著的加快。

（9）从综合的角度分析问题。组合起来怎么样？能否装配成一个系统？能否把目的进行组合？能否将各种想法进行综合？能否把各种部件进行组合？

例如，把铅笔和橡皮组合在一起成为带橡皮的铅笔，把几种部件组合在一起变成组合机床，把几种金属组合在一起变成种种性能不同的合金，把几件材料组合在一起制成复合材料，把几个企业组合在一起构成横向联合……

四、组合创新

人类的许多创造成果来源于组合。世界著名科学家布莱斯曾说过："组织得好的石头能成为建筑，组织得好的词汇能成为漂亮文章，组织得好的想象和激情能成为优美的诗篇。"[①]宫、商、角、徵、羽五律变化出无穷无尽的新音调，组成新的音乐作品，每一首都不同。青、白、赤、黑、黄五色组合出目不暇接的新颜色，组成不同的风景，不同的作品。通过对各种家具进行结构上的改进与联系，使得组合家具既有利于组合又便于拆卸，使用效率和有效性大大超过了传统家具，如沙发床，将床与沙发的概念进行整合。这就是组合的力量。

组合创新法是指按照一定的技术原理，通过将两个或多个功能元素合并，从而形成的一种具有新功能的新产品、新工艺、新材料的创新方法；或者是利用创新思维将已知的若干事物合并成一个新的事物，使其在性能和服务功能等方面发生变化，以产生出新的价值。以产品创新为例，可根据市场需求分析比较，得到有创新性的新的技术产物的过程，包括功能组合、材料组合、原理组合等。同样，发明创造也离不开现有技术、材料的组合。

英国有个叫吉姆的小职员，成天坐在办公室里抄写东西，常常累得腰酸背疼，他消除疲劳的最好办法就是在工作之余去滑冰。冬季很容易就能在室外找个滑冰的地方，而在其他季节，吉姆就没有机会滑冰了。怎样才能在其他季节也能像冬季那样滑冰呢？对滑冰情有独钟的吉姆一直在思考如何解决此问题。想来想去，他想到了脚上穿的鞋和能滑行的轮子。吉姆在脑海里把这两样东西的形象组合在一起，想象出了一种"能滑行的鞋"。经过反复设计和实验，他终于做成了四季都能用的"旱冰鞋"。

组合创新法具有的特点：一是将多个特征组合在一起；二是组合在一起的特征相互支持、相互补充；三是组合后要产生新方法或达到新效果，有一定的飞跃；四是利用现成的技术成果，不需要建立高深的理论基础和开发专门的高级技术。

组合型创新常用方法有主体附加法、异类组合法、同物自组法、重组组合法及信息交合法等。

---

① 米莎·布莱斯. 生命万物不可思议的连接方式[M]. 陈灼译. 南京：江苏美术出版社，2017.

1. 主体附加法

以某事物为主体，再增加另一附属事物，以实现组合创新的方法叫作主体附加法。主体附加法是一种创造性较弱、只需稍加动脑和动手就能实现，并能够选择恰当的附加物就可以产生巨大效益的方法。例如，在圆珠笔上安上橡皮头，在摩托车后面的储物箱上装上电子闪烁装置，都具有方便、美观、实用的特点。

2. 异类组合法

将两种或两种以上的不同种类的事物组合产生新事物的方法称为异类组合法。

3. 同物自组法

同物自组法是将若干相同的事物进行组合从而产生新事物的方法。同物自组法在组合时需要多观察数量变化功能能否更好地发挥，或者新的功能、新的意义。例如，将风格相同颜色不同的牙刷包装在一起称为"全家乐"牙刷。

4. 重组组合法

任何事物都可以看作由若干要素构成的整体，各要素之间有序结合是确保事物整体功能和性能实现的必要条件。如果有目的地改变事物内部结构要素的顺序，按照新的方式进行重新组合，以促使事物的性能发生变化即重组组合。简而言之，重新按照新的方式对原有要素进行组合从而改变事物的性能叫重组组合。进行重组组合时，首先，要分析研究对象的现有结构特点。其次，要列举现有结构的缺点，并考虑能否通过重组克服现有的缺点。最后，确定选择合适的重组方式。

5. 信息交合法

信息交合法是建立在信息交合论基础上的一种组合创新技法。

信息交合论有两个基本原理：第一，不同信息的交合可产生新信息。第二，不同联系的交合可产生新联系。根据这些原理，人们在掌握一定信息基础上，通过交合与联系可获得新的信息，从而实现创新。

人类的许多创造成果来源于组合。正如一位哲学家所说："组织得好的石头能成为建筑，组织得好的词汇能成为漂亮文章，组织得好的想象和激情能成为优美的诗篇。"同样，发明创造也离不开现有技术、材料的组合。

五、六顶思考帽法

六顶思考帽法是英国学者爱德华·德·波诺（Edward de Bono）博士开发的一种思维训练模式，也被认为是一个全面思考问题的模型。六顶思考帽法是平行思维工具，是创新思维工具，也是人际沟通的操作框架，更是提高团队智商的有效方法。该方法提供了"平行思维"的工具，避免了将有限的时间浪费在互相争执上。它强调的是"能够成为什么"，而并非"本身是什么"，试图寻求一条向前发展的路径或方法，而非争论对错。运用本方法，可以使混乱的思考变得更清晰，使团体中无意义的争论变成集思广益的创造，使团体中的每个人变得富有创造性。

世界创新思维、概念思维领域的专家爱德华·德·波诺说，每个人都有6顶不同颜色的、代表不同思维方式的帽子，它们分别是：

代表"信息"的白帽，充分搜集数据、信息和所有需要了解的情况；

代表"价值"的黄帽，集中发现价值、好处和利益；

代表"感觉"的红帽，让团队成员释放情绪和互相了解感受；

代表"创造"的绿帽，专注于想点子，寻找解决办法；

代表"困难"的黑帽，只专注缺陷，找到问题所在；

代表"管理思维过程"的蓝帽，安排思考顺序，分配思考时间。

如果你戴着黑色"困难"的帽子，你会觉得"合约制婚姻"充满挑战：孩子怎么办？夫妻哪还有信任可言？如果你戴着黄色"价值"的帽子，或红色"感觉"的帽子呢？你会觉得：反正我就是不喜欢这个主意，就是不喜欢，别和我说，我也不想听。

这6种完全不同的思维方式，在一个人的大脑中彼此对抗，在一群人的讨论中寸土不让，最后浪费了大量的时间，却没有结论。

人们应该训练一种思考能力，让所有人在同一时刻，只戴一顶思考帽，充分思考后，再换另一顶帽子。这种从争论式的"对抗性思维"走向集思广益式的"平行思维"就叫作"六项思考帽法"。例如，关于合约制婚姻的问题，你可以试试"蓝白黄黑绿红蓝"的思考方法。蓝帽主持讨论流程，先让所有人戴上白帽，搜集全球合约制婚姻相关的信息；然后戴上黄帽，专注想想这么做所有可能出现的好处，哪怕是很小的好处；接着，再戴上黑帽，依旧这么做，会带来的所有问题和实施的一切困难；再然后，戴上绿帽，穷尽解决问题、克服困难的方法；再戴上红帽，表达情绪，基于信息、价值、困难、创造，你感觉是否赞同合约制婚姻；最后，蓝帽总结讨论结果。本来三天三夜不会有结果的讨论，很快就会讨论完了，即使最后没有结论，这个"没有结论"也会来得更快一些。

"六项思考帽"的多种戴法——"蓝白黄黑绿红蓝"的思考方法，可以用在很多地方。当然除了这个组合，"六项思考帽"还有很多种戴法。简单问题，可以戴"蓝白绿"；改进流程，可以戴"黑绿"；寻找机会，可以戴"白黄"；保持谨慎，可以戴"白黑"；做出选择，可以戴"黄黑红"，等等。

使用"六项思考帽法"的几个基本建议：一是白帽先行。通常，我们应该从获取信息开始，这会使得其他的思考帽有讨论的坚实基础。二是黄在黑前。先思考价值，再思考困难，有助于我们产生正向的动机，获得正能量。三是黑后有绿。黑帽让我们看到问题、困难、风险，但黑后有绿，鼓励思考者探索黑帽是否有解决方案。

其实，"六顶思考帽法"的逻辑和彩色打印机很相似。彩色打印机有青、红、黄、黑4种颜色，它把每种颜色分4次打印在同一张纸上最终形成了彩色图片。所以，你可以把"六顶思考帽法"称为"彩色思考"。

"六顶思考帽法"是一个操作简单、经过反复验证的思维工具，它给人以热情、勇气和创造力，让每一次会议、讨论、报告和决策都充满新意和生命力。这个工具能够帮助人们提出建设性的观点，聆听别人的观点，从不同角度思考同一个问题从而创造高效能的解决方案，用平行思维取代批判式思维和垂直思维，提高团队成员的集思广益能力。

"六顶思考帽法"的作用和价值：一是这种思维区别于批判性、辩论性、对立性的方法，而是一种具有建设性、设计性和创新性的思维管理工具。二是它使思考者克服情绪感染，剔除思维的无助和混乱，摆脱习惯思维枷锁的束缚，以更高效率的方式进行思考。三是用6种颜色的帽子这种形象化的手段使我们非常容易驾驭复杂性的思维。四是当你认为问题无法解决时，"六顶思考帽法"就会给你一个崭新的方式。五是各种不同的想法和观点能够和谐地组织在一起，避免人与人之间的对抗。六是经过一个深思熟虑的过程，最后去寻找答案。七是避免自负和片面性。6顶帽子代表了6种思维角色的扮演，几乎涵盖了思维的整个过程，既可以有效地支持个人的行为，也可以支持团体讨论中的互相激发。

"六顶思考帽法"已被美、英、澳等50多个国家政府认可，并将其设为教学课程；同时被世界许多著名商业组织作为创造组织合力和创造力的通用工具，如微软、IBM、西门子、波音公司、杜邦及麦当劳等。因为使用"六顶思考帽法"，英国Channel4电视台在两天内创造出的新点子比过去6个月里想出的还要多，施乐公司用不到一天的时间就完成了过去一周才能完成的工作。

第十章 高等教育信息素养提升与培养

进入 21 世纪后,"信息""信息时代""信息化"等词汇充斥着整个社会,可见信息对社会的影响之深、之大。在这种时代环境下,教育领域同样受到了信息的影响。教育跨入信息化时代,当代信息技术的发展使得全球掀起了学习方式变革之风,在这场变革中,高等教育信息素养发挥了极其重要的作用。因此,为了适应教育信息化的发展,赢得高等教育改革的最终胜利,教师要不断提升自身的信息素养。

第一节 信息技术条件支持下的教师专业发展

信息技术不仅是教育实践中的工具,也是教师专业发展有力的手段。本节主要对信息技术条件支持下的教师专业发展进行研究。

一、教师专业发展

对于教师专业发展的内涵,不同的学者有不同的看法。我国部分学者认为:"教师专业发展就是教师专业成长或教师内在专业结构不断更新、演进和丰富的过程。"

国外学者对"教师专业发展"的理解多种多样。霍益尔认为:"教师专业发展是指在教学职业生涯的每一阶段,教师掌握良好专业实践必备知识与技能的过程。"

戴在综合众多学者观点的基础上提出了一个颇具包容性的概念:"教师专业发展包含所有自然的学习经验和有意识组织的各种活动,这些经验和活动直接或者间接地让个体、团体或学校得益,进而提高课堂的教育质量。"

我们认为,教师专业发展就是教师不断提升自己的专业意识,不断接受新知识、提高专业能力的过程。在这一过程中,教师通过不断反思、探究、建构新知识、增长专业技能、培育专业精神、拥有专业自主权、具备专业发展意识,从而达到专业成熟的境界。

二、信息技术条件下教师专业发展的新要求

随着信息技术的大量引入，教师教育中的教师专业发展一直深受信息化的影响，这种影响对教师提出了新的要求，教师不仅要重新定位自己的角色，也要不断提高自身的信息素养。

（一）重新定位角色

在信息化的推动下，新的课程和教学改革使教师所扮演的角色发生了天翻地覆的变化，这就需要对教师重新进行角色定位。在当代社会中，教师的角色定位主要包括以下几个方面的内容。

1. 导师

在现代社会中，高度发达的信息技术给教师的角色定位带来了深远的影响。一方面，发达的信息技术使得人们获取知识变得更为便捷，这在很大程度上弱化了教师作为知识传递者的角色；另一方面，信息技术又有效地强化了教师的导师身份。从整体上来看，教师的导师身份主要体现在引导、指导、诱导、辅导和教导这五个方面。

2. 终身的学习者

在当代社会中，信息技术向教师提出了终身学习的要求。为了适应现代社会发展所提出的新要求，为了把学生培养成为合格的人才，教师必须使自己得到相应的提升。与此同时，信息技术也为教师的终身学习提供了十分便利的条件，教师可以借助先进的技术手段进行学习，提高学习的质量和效益。

3. 信息资源的设计者和查询者

在现代社会中，信息技术高度发达，这种时代环境有利于学生主动探索和对所学知识的意义建构。需要指出的是，学生建构主义式的学习需要教师为其提供各种相关的信息资源。这就要求教师能够熟练地掌握多媒体技术、网络通信技术，学会在网上查找信息，能够确定学习某种主题所需要信息资源的种类和每种资源在学习中的作用。教师只有掌握了这些技术，才有可能为学生的学习活动创造良好的环境。

4. 课程的设计者和开发者

在信息技术条件下，教师应当从宏观上发挥其课程设计者的作用。教师在制定课程体系时，对传统课程内容的改革必须根据社会发展对课程内容的要求，以新的知识、技能、技巧来对传统课程进行整改。

在课程开发与设计工作中，还必须注意相关教育理论对于实践的指导作用。例如，可以建构主义学习理论为基础对课程教学的组织形式、教学策略等进行改革。

5. 协作的研究者

在信息技术条件下，教师的教育活动与科研活动的联系日益密切。在教师教学与科研实践中，不仅要培养富有创新精神的学生，还要不断完善自我。这就要求教师在教学研究中善于通过网络与其他教师进行协作交流，共享教学经验。

在当今信息时代下，无论教师通过怎样的途径和方法去适应时代发展的要求，其目的都是要促进学生在学习中主体作用的充分发挥，最大限度地激发学生的积极性，使学生真正成为学习的主动建构者。

（二）提高信息素养

在当代社会中，信息化在教育领域得到了广泛应用，教育信息的发展要求教师必须具备较高的信息素养水平。教师信息素养的高低在一定程度上决定了其所教育的学生的信息素养水平。因此，当代社会中的广大教师必须学会充分利用各种可利用的因素，努力提高自身的信息素养，培养出更多更好的符合时代需要的人才。

三、信息技术在教师专业发展方面的作用

在现代社会中，信息技术为教师的专业发展提供了相当便利的条件，使之可以更好地实现。具体来说，信息技术对教师专业发展的促进和支持主要体现在促进教师个体专业的发展和教师群体专业的发展两个方面。

（一）信息技术能够促进教师个体专业的发展

信息技术不仅可以成为教师个人的认知工具，还可以帮助教师对其专业发展进行反思和实践，同时支持对其发展过程进行管理。信息技术对教师个体专业发展的影响和支持是比较明显和直接的，主要以个性体现与个人知识管理为主。

1. 信息技术能够帮助教师充分认识个人专业发展

在信息时代，信息技术能够促使教师意识到自身专业发展的必要性和紧迫性，从而促进教师专业发展。信息技术能提供理论指导和技术支持，为教师的个人学习和发展提供资源支持。在当代社会中，诸如微信、QQ 等交流工具以及 VLEs 虚拟学习环境都能够支持教师专业发展。这些软件工具为教师个人的学习和进步以及知识更新带来了极大的便利，利用这些工具，教师能够更加方便地搜集获取各类需要的信息资源，对个人知识进行管理，还可以与其他专家同行进行专业方面的交流。除此以外，现代信息技术为教师的专业发展创造了良好的信息环境，这为教师提供了终身学习的平台，极大地促进了教师的个人专业发展。

2. 信息技术能够为教师专业发展提供技术支持

反思对教师的专业发展有着非常重要的作用，是教师获得专业发展的重要途径。信息技术可以为反思和实践提供有利的技术支持。在教育实践中，教师可以利用 Blog、BBS 平台进行教育叙事研究与反思，在总结经验过程中提高自己。此外，教师也可听取同行、专家的意见，在借鉴他人教育经验的过程中不断完善自己。

3. 信息技术为教师个人专业发展提供管理支持

教师专业发展的效果和成果是最让人关注的，信息技术可以为教师专业发展管理提供有效支持。对现代社会中的教师而言，由于受各方面条件的限制，其自我发展的需求不能得到很好的满足。现代信息技术的飞速发展给教师教育带来了良好机遇，教师可以利用多媒体课件、网络课程、网络平台等，通过远程教育来有效地促进自身的专业发展。

随着信息技术的快速发展，现代数字技术为教师管理个人知识和研究活动提供了极大便利。教师可以将自身的知识加以整理，通过知识的共享与交流，与他人分享经验与教训，积极吸收他人有价值的知识，不断充实自身的知识资源、完善自己的知识结构，最终实现个人与集体的共同提高与成长。

（二）信息技术能够推动教师群体专业发展

教师是群体性的，每一位教师都成长于具体的学校大环境中，因此学校组织和教师群体对教师个人发展是必须重视的。由于信息技术在促进组织内部的协作以及促进个人知识向组织知识发展方面有着巨大作用，所以教师可以通过专门设计和开发的虚拟学习环境，解决目前存在的管理困难与协作不足的问题，以实现教师专业发展的有效协作和群体能力发展。

四、信息技术支持下教师专业发展的趋势

人类社会发展至今，教师专业发展已经取得了可喜的成绩。随着世界教育改革的进一步深化，教师教育和教师专业发展受到了前所未有的重视。在信息时代，教师专业发展表现出了以下几种趋势。

（一）多样化的实现途径

在信息技术环境下，教师专业发展途径开始出现多样化的发展趋势。这集中表现为以下三个方面。

首先，高度发达的信息技术，能够为教师同行之间、教师与专家学者之间提供便捷的交流平台。

其次，可以通过开展"校本研修"活动促进教师专业发展。从本质上来说，校本研修是以学校为基地、通过校外专家和校内有经验教师的专业引领，促使本校教师专业可持续发展及提高学校办学水平的一种教育实践活动。

最后，在信息技术环境下，出现了很多教师学习共同体，如教育论坛、QQ聊天群、微信聊天群等，这些都满足了教师自主发展和群体交流的需要。

（二）综合化的发展模式

目前，信息技术已经在教育领域中得到了广泛应用。教师只有对技术整合的教育目标、教学模式、合作探究等有了深入的了解，才能在教学实践中将信息技术融合进去。在信息技术条件下，教师专业发展必须寻找和探索新的发展模式。但传统的教师专业发展模式并未完全过时，因而在这种新形势下，教师可以根据实际条件和发展需要，综合选择和利用多种发展模式，以达到最佳效果。

（三）动态化、全面化的评价方式

利用评价手段促进教师专业发展是教育管理者应长期关注的一个课题。客观来说，对教师的科学评价能够真实地记录教师在专业发展过程中的关键信息，并就这些信息对教师专业发展的价值进行评判，为教师日后的成长提出一些有针对性的建议。在信息技术支持下，人们可以通过利用现代信息技术工具，实时、准确、完整地记录教师的学习、反思、实践活动，将评价活动与教师专业发展活动紧密结合，制定出一整套相对客观、完善的评价体系，对教师专业发展的过程和结果进行动态、客观的评估，促进教师的专业发展。

（四）从个体专业发展逐渐发展为群体专业发展

仅仅依靠个别或者少数优秀教师是很难提高学校组织中整体的教学质量的。要真正提高学校教学质量，形成学校特色，就必须实现教师群体专业的发展，建立学校组织文化。也正因如此，当代教师的专业发展呈现出从强调教师个体发展到整个团队或群体发展的趋势，教师团队和学校组织成为教师专业发展的重要力量。在信息时代，广大教师必须适应信息化学习环境、资源和方法，真正做到将信息技术自觉地融于课程教学之中。只有这样，才能够保证教学活动的优质、高效，从而更好地实现教师专业发展的目标。

第二节　教育信息化战略规划人才及其培养

人才是一个国家宝贵的资源和财富，是一个国家在激烈的国际竞争中处于优势地位的不竭动力。教育信息化人才，尤其是教育信息化战略规划人才至关重要。本节主要探讨教育信息化战略规划人才及其培养。

一、教育信息化战略规划人才概述

（一）教育信息化战略规划人才的概念

教育信息化战略规划人才是从事教育信息化战略规划研究或实践活动的高层次人才，具体从事教育信息化发展规划、教育信息化发展战略、教育信息化发展趋势、教育信息化政策等战略层面研究，或教育信息化发展规划的研制和教育信息化政策的制定。教育信息化战略规划人才属于教育信息化人才的下位概念，内涵相对较少，是教育信息化人才的重要组成部分。教育信息化战略规划人才既要懂管理，又要懂技术，还需具有很强的沟通协同能力，是典型的复合型人才。

（二）教育信息化战略规划人才的特点

教育信息化战略规划人才所从事工作内容的特殊性，决定了他们具有一般人才不具有的素养。教育信息化战略规划人才具有以下几方面特点。

（1）兼职性。除少数致力于从事教育信息化战略规划研究的专职人才外，大部分教育信息化战略规划人才是兼职人才，在承担教育信息化战略规划研究任务的同时，他们还承担着管理、教学、研究等工作任务。

（2）前瞻性。教育信息化战略规划人才具有视野开阔、思维灵活、前瞻性强的特点。

（3）协同性。教育信息化战略规划人才具有跨学科、跨部门的协同工作能力。

（4）思维性。教育信息化战略规划人才具有较强的思维能力，尤其具有宏观思维能力和系统思维能力。

（三）教育信息化战略规划人才的作用

教育信息化战略规划人才是教育信息化发展的领军人物，是促进教育信息化未来发展的重要力量，其作用主要表现在以下几方面。

第一，教育信息化战略规划人才是教育信息化未来可持续发展的重要保障，是促进教育信息化发挥最佳功能和效益的中坚力量。

第二，教育信息化战略规划人才是教育信息化发展的设计师与引领者。教育信息化战略规划人才是教育信息化研究课题的设计师，是教育信息化研究方向的引领者和把关人。

第三，教育信息化战略规划人才的水平与教育信息化战略规划的水平成正比，只有高水平的教育信息化战略规划人才，才能研制出高水平的教育信息化战略规划，从而保障教育信息化沿着正确的方向前进，避免或减少教育信息化发展过程中的损失。

第四，教育信息化战略规划人才是各级各类教育管理部门、电教馆（教育信息技术中心）、学校、企业等教育信息化战略规划的研制者和研究者，是推进教育信息化实现教育现代化的领军人物。

（四）教育信息化战略规划人才的胜任能力

教育信息化战略规划实践工作的复杂性和前瞻性，决定了教育信息化战略规划人才胜任能力的复杂构成。教育信息化战略规划人才能力包含知识结构、基本素养和基本能力三个方面。

1. 教育信息化战略规划人才应具有的知识结构

作为复合型人才，教育信息化战略规划人才应具备战略规划学、教育战略规划学、教育学、教育技术学、管理学、系统科学、协同学、未来学、预测学等学科的综合理论素养和开阔的学科视野，具有扎实的教育信息化理论知识与实践能力，能够把握教育信息化发展的趋势，创造性地推动教育信息化发展，最大限度地发挥教育信息化的功能与作用，引领与变革教育，最终实现教育现代化。

教育信息化战略规划人才只有拥有跨学科的知识结构，才能以开阔的视野，全面分析教育信息化实践活动中面临的各种问题，创造性地提出解决策略与方法。单一学科的知识结构，容易使人的思维局限于固定思维模式，陷入"只见树木，不见森林"的境地。

2. 教育信息化战略规划人才应具有的基本素养

21世纪既是信息化时代，又是数字化时代，这个时代对人类提出了新的能力要求。为了在21世纪更好地生存，年轻一代应该具有21世纪的素养。教育信息化战略规划人才具有的基本素养包括信息素养、专业素养、职业素养和思维素养等。

（1）信息素养。信息素养是人们步入数字化时代必备的基本素养之一，是一种对信息社会的适应能力，拥有较高的信息素养是21世纪的人才必备的典型特征。信息素养具体包含信息意识、信息能力和信息伦理。

信息意识是客观存在的信息和信息活动在人脑中的反映,表现为人们对信息的敏感力、观察力和判断力。信息意识具体包括信息价值意识、信息获取与传播意识、信息保密与安全意识、信息辨别意识、信息动态变化意识等。

信息能力指获取、处理、传输、存储、表达信息,以及创新利用信息的能力。

信息伦理又称为信息道德,它是处理人们之间以及个人和社会之间信息关系的行为规范。信息道德包含个人信息道德和社会信息道德。

(2)专业素养。专业素养又称为专业素质,指从事某一特定行业所具备的专业理论知识和技能。教育信息化战略规划人才应具有较高的专业素养,具体表现为拥有战略规划学、教育战略规划学、教育学等跨学科的知识结构,掌握教育信息化战略规划的理论与方法,能够开展教育信息化战略规划方面的课题研究,主导教育信息化发展规划研制工作,对教育信息化发展规划进行评估,有效执行教育信息化发展规划。

(3)职业素养。教育信息化战略规划人才的职业素养,是从事教育信息化发展规划研究或研制活动中所表现出来的综合素质,包含职业信念、职业道德、职业技能、职业行为等。教育信息化战略规划人才应该具有推动教育信息化发展、推动社会和人类发展的社会责任感和使命感;具有高尚的职业道德,面对教育信息化战略规划中涉及的各利益相关者,能够做到平等相待、相互支持、共同发展。

(4)思维素养。教育信息化战略规划人才还应具有较高的思维素养,包括宏观思维、发散思维、求异思维、转换思维、逆向思维、迂回思维、急智思维、博弈思维、逻辑思维、定向思维、辩证思维、推理思维、形象思维、直觉思维、互动思维、系统思维、复杂性思维、线性思维与非线性思维等思维能力,养成良好的思维品质和思维习惯,以便游刃有余地处理教育信息化发展过程中的各种问题。

3.教育信息化战略规划人才应具有的基本能力

教育信息化战略规划人才应具有的基本能力包括教育信息化领导力、学习力、决策力、领导力、执行力、管理能力、沟通协同能力、预测能力、评估能力。

第一,教育信息化领导力,又经常被称为信息化领导力、教育技术领导力、信息技术领导力、技术领导力、IT领导力、科技领导力等。教育信息化领导力是教育信息化战略规划人才必备的基本能力之一,对推动教育信息化建设与发展起着至关重要的作用。

第二,学习力包含学习动力、学习毅力和学习能力三要素。学习力是把知识资源转化为知识资本的能力;学习能力是由学习动力、学习毅力直接驱动而产生的接受新知识、新信息,并运用新知识、新信息分析问题和解决问题的能力。

第三,决策力是每个人都具有的能力,但并不是每个人都具有很强的决策力。教育信息化战略规划人才所面对的很多工作,都需要做出决策判断,因而需具有较强的决策力。

第四，领导力是领导者素质的核心，是指领导者应具有的领导魅力和领导能力。教育信息化战略规划人才是教育信息化建设与发展的领导者，除应具有教育信息化领导力外，还应具有优秀管理者所具备的领导力。

第五，教育信息化战略规划的实施效果，在很大程度上取决于有效执行程度。教育信息化战略规划的有效执行程度越高，实施效果就越好。为促使有效执行教育信息化战略规划，教育信息化战略规划人才需具有很强的执行力。

第六，教育信息化战略规划人才扮演着重要的角色，应具有很强的管理能力。具体包括教育信息化管理、战略管理、绩效管理、风险管理、战略规划团队管理能力等。

第七，在教育信息化战略规划研制过程中，需强化教育信息化战略规划团队的协同能力，加强彼此间的沟通与协调，拓展沟通途径、加大沟通力度。极其复杂的教育信息化战略规划过程，决定了教育信息化战略规划人才需具有很强的沟通协同能力。教育信息化系统各部门之间沟通协同融洽与否，直接影响着教育信息化系统的运转效率。

第八，教育信息化战略规划人才应具有较强的预测能力，可以较为准确地预知教育信息化战略规划实施后的预期结果，从而增强教育信息化战略规划的精准性。教育信息化战略规划人才具有较强的预测能力，还可避免因决策失误而带来的精力、物力、财力等方面的损失。

第九，教育信息化战略规划人才的评估能力，既包含对教育信息化现状、功能效益的评估，也包括对教育信息化战略规划研制过程、实施过程和实施效果的评估。适时对教育信息化和教育信息化战略规划进行评估，是促进教育信息化和教育信息化战略规划发展的重要措施。

二、教育信息化战略规划人才的培养

战略规划人才的培养具有很大的难度，是最难培养的人才之一。培养教育信息化战略规划人才，应从以下几方面入手。

（一）重视教育信息化战略规划人才的培养

当前，教育信息化领域对教育信息化战略规划人才的地位和作用认识不透彻，对教育信息化战略规划人才的重视程度不够，更没有意识到应加强教育信息化战略规划人才的培养。当前教育信息化战略规划人才多是从教育信息化人才的基础上自发成长，由于研制教育信息化战略规划的需要而被动成为教育信息化战略规划人才。这就使得教育信息化战略规划人才的专业化程度不高，严重影响了教育信息化战略规划的进度。教育信息化战略规划实践活动是一项专业化程度很强、复杂程度很高的工作，因而迫切需要专业化的教育信息化战略规划人才。

（二）创立教育信息化战略规划学

任何一个学科创建伊始，其人才培养目标的定位、课程资源的建设、师资队伍的组建等都面临着很多问题。学科创建伊始的诸多问题都是一个从不清晰到逐渐清晰的过程，也是一个学科从潜学科逐渐成长为显学科的过程。由于教育信息化战略规划人才多具有兼职性的特点，因而暂不适合设立教育信息化战略规划学学士学位，不宜招收教育信息化战略规划学本科生，但是可招收教育信息化战略规划学方向的硕士生、博士生，可设立教育信息化战略规划学博士后科研流动站和博士科研工作站。

（三）开发教育信息化战略规划系列课程

课程资源是培养教育信息化战略规划人才的重要基础，课程资源的质量与水平直接影响着教育信息化战略规划人才培养的质量与水平。只有拥有高质量、高水平的教育信息化战略规划课程资源，才能够培养出教育信息化战略规划人才。

（四）加强教育信息化战略规划研究

尽管目前已有专家学者开始关注教育信息战略规划研究，但是教育信息化战略规划研究成果还相当匮乏。教育信息化战略规划的理论与方法、教育信息化战略规划人才的培养、教育信息化战略规划的有效执行、教育信息化战略规划的评估、中外教育信息化战略规划比较、教育信息化战略规划课程建设、教育信息化领导力，以及教育信息化项目规划、管理与评估等有待进一步研究。

（五）组建跨学科、跨领域、跨机构的教育信息化战略规划学师资队伍

教育信息化战略规划人才应具有跨学科的知识背景、多种基本素养和基本能力，这对教育信息化战略规划学师资队伍提出了非常高的要求。组建跨学科、跨领域、跨机构的教育信息化战略规划学师资队伍是培养教育信息化战略规划人才的必要手段，有利于从多视角培养教育信息化战略规划人才，从而为教育信息化战略规划人才形成开阔的视野、养成宏观灵活的思维方式奠定基础。

第三节 教师信息素养的结构及其提升措施

信息时代对教育提出了新的要求,教育已不再仅仅是为学生打下扎实的知识基础,还包括全面提升学生的素质,其中一个重要内容就是对信息的归纳、概括及分析判断能力。这就需要高校教师不断完善自身的信息素养和技术能力结构,只有这样,才能够适应教育信息化的发展。本节主要对高等教育教师信息素养的结构及其提升措施进行分析研究。

一、教师信息素养的结构

教师信息素养是指教师在传递信息的实践基础上,根据社会信息环境和发展要求,自觉接受教育和进行完善而逐步形成的对待信息活动的态度,以及利用信息去解决问题的能力。

具体而言,教师应具备的信息素养主要包括信息意识、信息知识、信息能力、信息道德、信息创新。

(一)信息意识

所谓信息意识,就是指人在信息活动过程中表现出的敏感度、判断力和洞察力,以及形成的认识和观念。信息意识的树立与培养,是教师在教育教学过程中自觉运用信息技术的基本前提。同时,教师也只有不断增强自身的信息意识,才能够做到主动积累信息知识、提高自身的信息能力,进而促进信息素养的提升。相关实践表明,如果教师拥有较强的信息意识,就会在教学过程中表现出较强的敏感性,时时刻刻把信息技术"记"在心头。

总的来说,信息意识具体体现在以下三点。

第一,能够充分认识到信息在社会发展中发挥的重要作用,并树立终身学习、积极创新的观念。

第二,具有强烈的获取信息的欲望。只有具备获取信息的欲求,才会产生获取信息的行为,进而适应社会的发展。

第三,对信息具有较强的敏感性,能够准确筛选出有价值的信息。

（二）信息知识

信息知识是指与信息的产生、传播、运用相关的内容。作为信息素养的重要组成部分，信息知识主要包括基本信息知识、终身学习、外语知识、课程整合知识、网络知识、多媒体知识六个方面。

1. 基本信息知识

信息时代，教师想要提升自身的信息处理能力，就必须具有一定的阅读能力，有效地获取有价值的信息，了解信息技术的基本常识与历史、掌握基本的信息知识。

2. 终身学习

终身学习与信息素养的培养具有密切的联系。人们通过终身学习，能够获得发展所需的知识、价值、技能，并在任何任务、情况和环境中合理应用它们。

3. 外语知识

信息化社会是开放性的、全球性的，互联网是人们主要的信息交流平台。互联网上的信息80%是英语，教师只有掌握一定的外语知识，才能够实现信息的交流，适应当代教育信息化发展的要求。

4. 课程整合知识

为实现信息技术与学科课程的整合，教师要能够熟练地将信息技术与不同媒体进行重新整合，从而实现信息技术与学科教学的有机融合。

5. 网络知识

随着信息技术的飞速发展以及互联网的广泛应用，网络技术在教学中发挥着越来越重要的作用。在信息化时代，远距离教育和自主学习是两种重要的人才培养方式。各种教育机构、科研机构和公开文化设施通过计算机网络密切联系在一起，为学生营造了良好的学习环境。因此，在信息化教学中，教师必须掌握网络基本知识，具备网络的基本操作能力。

6. 多媒体知识

信息时代，在教学实施过程中会运用到多种媒体，这就要求教师了解软件的作用与特征、掌握各种软件的使用方法。

（三）信息能力

教师的信息能力主要包括基本信息能力和教育信息能力两大类型。

1. 基本信息能力

基本信息能力主要可以分为以下四个方面。

（1）信息系统的应用能力。信息系统的应用能力既包括对信息系统硬件系统的操作能力，又包括对软件系统的使用能力。例如，教师能够对多媒体计算机进行熟练操作，能够熟练运用网上通信、查询、浏览等软件工具。

（2）信息搜索获取能力。信息搜索获取能力是指教师搜集、获取信息的效率和质量。教师信息搜索获取能力的强弱主要取决于其对信息源的了解程度，以及对信息检索工具和检索方法运用的熟练程度。

（3）信息的加工能力。从实质上讲，信息加工在原有信息的基础上对信息的重新再造，包括对信息的分类、理解、综合和评价。

第一，分类，即按照一定标准对信息进行筛选和分类的处理。

第二，理解，即准确把握不同信息的内涵和特点，了解信息的内在价值和意义。

第三，综合，即在对信息进行分类和理解的基础上，将有用的信息进行重新组合。

第四，评价，即从信息的时效性、科学性出发，对其进行科学的价值评判。

（4）信息的应用能力。信息的应用能力就是在获取信息、加工信息的基础上，实现对信息的优化、表达和再生。

第一，优化，即通过对收集的信息进行加工处理，最大限度地发挥其效益。

第二，表达，即能够将自己的思想通过信息的形式呈现出来，向他人进行传播。

第三，再生，即利用信息工具对原有的信息资源进行重新整合，生成新的信息产品。

此外，与信息密切相关的其他各项活动的一般能力，如语言能力、思维能力、观察能力等有时也归为基本信息能力。

2. 教育信息能力

教师的教育信息能力主要包括以下几方面。

（1）进行信息化教学的能力。随着时代的进步，科学技术的飞速发展，信息化教学受到了越来越高的重视。信息化教学以计算机多媒体技术、网络技术、人工智能等现代信息技术为支持，对教学进行了全方位变革。

（2）信息技术与学科教学整合能力。在信息化时代背景下，基础教育课程改革的一项重要内容就是实现信息技术与学科教学的整合，这也是实现信息技术课程目标的重要方式。因此，教师应具备信息技术与学科教学整合能力，深刻理解学科课程、熟练运用信息技术，并在此基础上实现教学设计。

需要强调的是，在信息技术与学科教学整合过程中，应将信息技术作为一种认知工具，积极引导学生获取信息、探索问题、解决问题和建构知识，实现学科教学与信息技术的融合。

（3）教育知识管理能力。教育知识管理能力是指在面对庞杂的网络信息资源时，能够及时获取有效的信息，并对其进行加工、处理，将各种教学资源转化为具有网状联系的规范知识集合，并对这些知识进行有效管理和利用。

教育知识管理能力要求教师遵循知识管理的基本原则，即积累、共享、交流的原则。积累是进行管理的基础，是对知识资源数量和质量的要求；共享要求学习组织内各成员之间的知识具有开放性；交流要求组织内成员之间要进行积极的沟通。

另外，教师还要对包括知识的生成工具、编码工具、转移工具在内的知识管理工具有一个深入的了解，并且能够做到熟练运用。

（4）信息教育的能力。在信息教育中，一方面，教师要通过自身的努力学习，不断提升自身的能力；另一方面，要积极引导学生接受信息技术教育。这就要求教师在实际教学过程中不断渗透信息教育的内容，并且在现实生活中能够自觉运用信息技术。

（四）信息道德

现代信息技术充斥着我们的生活，为教育教学信息的获取、加工、传输带来极大便利的同时，也带来了许多不容忽视的问题，如网络黑客、版权问题、个人隐私问题等。这些问题的出现给我们的道德教育提出了新课题，它对信息社会的每一个人都提出了新的要求。在信息化社会，就教师而言，不仅自身要具有良好的道德修养，还应具备进行信息道德教育的能力。

信息道德是指人们在获取、利用信息过程中，必须具备的信息道德思想，以及必须遵循的行为准则。教师在面对网络时，应具有高度的社会责任感，这是信息素养的首要道德。在进行每一项研究时，应考虑到会造成多大影响，应考虑到社会效应。在信息道德规范下，教师在面对十分庞杂的信息时，应选择有用的、有积极影响的信息进行整合，形成有利于社会和学生的信息，并指导学生学会判断、选择信息，为提升学生的信息道德水准做出表率。

一般来说，教师的信息道德修养主要包括以下几点。

第一，对文化多样性和各民族文化传统的关系有一个正确的认识。

第二，对全人类利益和民族利益的关系有一个正确的认识。

第三，能够有效排除信息技术环境的不良因素。

第四，自觉遵守网络环境下的行为规范。

第五，提高道德的主体性，遵循信息伦理道德标准。

（五）信息创新

随着社会的不断发展，竞争无处不在，因此要注重对创新型人才的培养。而承担着培养创新人才任务的教师，只有从自身出发树立创新意识，提升创新能力，才能为学生树立良好的榜样，促进学生创新能力的提升。

1. 教师的创新意识

教师的创新意识具体包括以下几点。

第一，保持怀疑，要对一些传统的观念和看法进行大胆发问，要善于发现和观察，关注其他人忽略的事物，在一些习以为常的事物中发现新的问题，敢于质疑大家公认的真理。

第二，对新事物要保持好奇心，并积极弄清它们的发展趋势，提出有价值的问题。

第三，能够敏感地发现问题，注意到某一情境中存在的问题。

第四，对问题的新颖性进行分析，能够提出与众不同又有科学依据的观点。

2. 教师的创新能力

教师的信息创新能力的重点应是能创造出各种条件来培养学生的创新能力。具体而言，教师要努力做到以下三点。

第一，转变传统的教学观念。教师不再是向学生灌输书本知识，而应注重调动起学生参与课堂的积极性，最大限度地激发学生的自主性。教师在利用多媒体信息网络教室进行教学时，不仅仅要向学生传授知识，更要教会学生掌握适合自己的学习方法。

第二，为学生营造良好的创新环境，鼓励学生进行大胆质疑，积极表达自己的意见和观点，培养学生的创新意识。当意识到学生提出的观点不正确时，不应立刻对其进行否定，而应逐步引导其认识到自身的问题所在，并积极探索出正确的结论。

第三，合理利用多媒体点播系统，以激发学生创新思维。教师在进行课程综合设计时，要发掘一些有利于训练学生创新能力的课题，启发学生自己发现问题、自己解决问题，使学生逐步养成独立获取知识和创造性地运用知识的习惯。培养学生发现问题、提出问题和解决问题的能力。利用多媒体网络，让学生对所学的知识有一个直观的认识，让学生通过实际操作不断加深印象；通过网上查阅让学生遨游网络世界，并在教师的指导下获得大量知识。

3. 教师的创造性思维

教师的创造性思维主要表现在对学生的创造性思维的培养上，应遵循培养创造性思维的四个环节。

第一，积极培养发散性思维，做到同中求异，正向反求。

第二，积极培养形象思维，启发联想，大胆想象，不要孤立地培养形象思维，要用与逻辑思维相结合的观点培养形象思维。

第三，积极培养逻辑思维，提升对事物的分析、综合、概括能力。

第四，积极培养辩证思维，对问题进行实事求是的分析。

二、教师信息素养的提升措施

（一）营造良好的信息素养培养环境

1. 成立领导教师信息素养教育工作的专门部门

培养信息素养的环境应该有一个和谐的人文环境，这就需要从教育行政层面成立专门部门领导教师信息素养教育工作。教育行政部门对整个教育事业的发展方向、规模、速度以及师资队伍的建设、师资素质的要求起着规划、决策作用。教育行政部门要充分利用各种场合和手段，进行宣传教育，使广大教师在认识到教育的历史责任感和使命感的基础上，强化信息意识和观念紧迫性、重要性的认识，从而牢固树立信息意识与信息观念。

2. 加强学校信息基础设施建设

为了提升教师的信息素养，学校要加强基础设施建设，落实学校现代化教育技术装备，对此，应从校园网建设、计算机中心建设和现代教育技术中心建设等几方面入手。

（1）校园网建设。学校信息化建设的第一个基础设施就是校园网，这是学校实现信息化的一个重要平台。建设校园网，首先，要建好学校网站，丰富学校网站网页内容；其次，要加快校园网资源建设，特别要为教学提供丰富的网络资源；最后，学校还应尽量为每位教师接触和下载网络资源提供便利。

（2）计算机中心建设。学校要加强对教师多媒体软件制作和使用方法以及网络操作技能的培训。做到这一点，就需要学校加快对计算机中心的建设，如接入局域网或国际互联网，将校园网接入各个教师的办公室，并配备相应的课件素材库，为教师提供一个强有力的硬件基础。同时，应该让信息点延伸到学校的每个角落，使网络无处不在。

（3）现代教育技术中心建设。要提高教师的信息技术素养，现代教育技术中心建设是必不可少的。因此，有条件的地区和学校，应加大资金投入，增加教育技术所需的硬件设备，为教师信息技术素养的培养提供必要的物质基础。例如，可建立校园广播、视频点播系统；创办自己学校的电视接收系统；设置多个多媒体教室，有条件的课程都在多媒体教室上课；在专业的指导下，组织教师进行学习课件的制作和相关软件的使用。

3.积极引导教师参与信息能力培育的讲座和研讨会

为了营造良好的信息素养培养环境,学校应该多举办一些由信息能力培育机构组织相关单位的专家教授开展的讲座和研讨活动,并出版与信息素养有关的报纸、刊物、书籍等,建立信息技术网站,使教师耳濡目染,及时交流经验,提高教师获取信息的能力。

(二)强化教师自身观念的转变

要提升教师的信息素养,除了要营造一个良好的环境外,关键还要强化教师自身观念的转变。对此,在对教师进行信息技术素养培训时,培训者应努力引导教师认识到信息技术的重要性,认识到更新教育观念的重要性,努力使教师不断更新观念、解放思想、树立新型的教育理念。教师自身也要不断努力,在教学过程中努力改变传统的教学手段和教学模式。

(三)采用不同层次的培训策略

由于我国教育发展水平的区域性差异,不同地区不同学校教师的信息技术素养水平也存在较大差异。因此,要基于不同的教师群体采用不同层次的培训策略,摆脱过去单一的培训层次。

1.基础层次

基础层次的信息技术素养培训,主要包括对信息基础知识的培训、对基础的信息操作技能的培训、对基本的信息意识的教育以及对基本的信息技术的信息化教学设计和整合能力的培训。培训时,要各有侧重,培训内容要有针对性。

2.应用层次

(1)采取基于任务的培训方式。这种面向课程整合的教师信息技术培训,需要教师带着解决问题的思想进行培训,一般教师都会带着自己的任务来接受培训。在培训过程中,培训者应不断地完善培训计划,使接受培训的教师不仅仅掌握在本学科教学中所需要用到的信息技术,更能通过获取、分析和处理信息,加强信息化教学设计的能力,提高他们的整体信息素养。在每次培训结束后,教师都应做到带着培训理念回到学校,并应用到课堂教学中。培训者也可直接到学校中去指导学员的课堂教学实践。

(2)信息技术与学科课程的整合。信息技术与学科课程的整合,简单来说就是指将信息技术引入学科教学中。在对教师进行信息技术与学科课程整合的培训时,要注意以下两方面。

首先，要使教师认识到，将信息技术与学科课程整合的重要意义。其次，要指导教师将信息技术与学科课程整合的方式综合起来，主要有把信息技术作为学习资源的获取工具、把信息技术作为演示工具、把信息技术作为情境探究式学习和发现式学习的工具、把信息技术作为评测和反馈工具这几种方式。

（3）推行跨学科的培训方式。在传统的教师信息技术素养培训过程中，各学科之间教师缺少交流，而新的教育课程倡导打破学科界限，要求教师有跨学科教育的视野与思维。因此，在培训过程中，培训者应打破学科界限，让不同学科的教师共同参与学习，顺应教育课程改革发展的需要。推行跨学科培训能够使各学科教师得以开阔视野，实现多渠道、多层次的交流与协作，这是一个更高层次的培训策略。

（四）采取多元化的培训形式

面对教师信息技术素养普遍偏低、参差不齐的现状，我国应该加强对教师进行信息技术素养培训，并且培训的形式应该是多元化的，特别是在职培训，应采取校本培训、校外培训、短期培训及自发研修等多种形式。

1. 教师职前培训

从通常意义上讲，教师职前培养课程是指教师入职前的师范学习阶段的课程。它包括实习期，反映的主要是师范学习阶段师范生的学习活动、身心体验和发展状况。同时，职前教育课程不仅包括学校正规的学科教学，也应该涵盖未来教师自己安排的学习、活动的总体计划和学习、活动本身及其过程中的非计划因素。此外，教师职前教育是由一定的教育培养机构承担的有目的、有计划、有组织的正规教育。因此，它主要是指在学校指导之下提供给师范生的一些活动和经验。

加强对师范生的信息技术素养的培养，关系着未来教师的信息素养水平，关系着未来教育及教育信息化的大力发展。因此，师范院校要适时加强信息技术等相关专业建设，树立师范生信息观念。要注重开设与师范生所学专业相结合的信息应用课程，主要包括现代教育技术与教学设计理论、多媒体计算机操作、互联网使用与课件编制等课程。此外，师范院校还要注重加强有关教育信息化的公共选修课，选修课要避免偏重程序设计语言的学习，着重加强基本信息知识与信息伦理道德的培养。在职前培训过程中，师范生也要密切配合培训者，重视相关课程的学习。

2. 教师在职培训

目前，我国的教师信息技术素养培训仍集中在在职教师的培训上要采用多种培训方式，以提高教师的信息素养。

（1）校本培训。校本培训是指各个学校利用教师工作时间以外的时间自行组织的教师信息素养培训活动。校本培训的次数可多可少、时间可长可短。其形式灵活多样，可以是信息专题讲座，也可以是计算机知识培训、教学观摩等。其内容比较有针对性，强调实用性，能够有效将信息技术与学科课程结合起来，使整个培训活动更具活力和效果。

（2）校外培训。校外培训是指教师暂时放下手中的教学任务，专门花一定时间全身心地投入信息技术素养培训当中，也就是所谓的"脱产"。这种培训方式也较为普遍，它的最大优势就是能使教师系统地学习理论知识，获取更多的信息。校外培训的方式主要有本科、专科学位的自考与函授和信息技术教育、教育技术等学科的教育硕士学位等的学习。

（3）短期培训。短期培训主要是指由地方教育管理部门、各大专院校或师资培训中心等组织的有计划、大范围、短期集中进行的信息技术应用培训活动，如由政府部门组织的骨干教师技能培训等。

（4）自发研修。自发研修是指非组织性的、自发的教师自我提升信息素养的活动组织。这一培训方式要求培训人员要引导教师为提高信息技术水平和信息素养能力自发地学习相关知识、掌握相关技能和进行相关研究的活动。具体而言，教师可采取以下一些自发研修的方式。

第一，自行参加相关的专业培训或业务研讨会，利用网络资源自学，发表教学成果。

第二，利用闲暇时间阅读教育技术和信息技术教育方面的相关杂志、专业书刊。

第三，参加网络论坛的专题讨论，交流经验、自由发言、展示自我、争取支持等。

参考文献

[1] 李玉枝. 我国高等教育发展方式转变研究 [D]. 广州：华南理工大学，2021.

[2] 樊安群. 高等教育发展规模论 [D]. 厦门：厦门大学，1992.

[3] 倪维芳. 黑龙江省高等教育发展促进区域经济发展问题研究 [D]. 长春：东北师范大学，2007.

[4] 段阳萍. 我国高等教育大众化阶段普通高校成人高等教育发展的反思 [D]. 北京：中央民族大学，2006.

[5] 贾同. 大数据对高等教育发展的推动研究 [D]. 重庆：西南大学，2015.

[6] 王娟. 我国经济增长与高等教育发展关系的实证研究 [D]. 重庆：重庆大学，2005.

[7] 孙泽厚. 高等教育发展进程中高校毕业生就业问题研究 [D]. 上海：华东师范大学，2002.

[8] 于富增. 国际高等教育发展与改革比较 [M]. 北京：北京师范大学出版社，1999.

[9] 房剑森. 高等教育发展的理论与中国的实践 [M]. 上海：复旦大学出版社，1999.

[10] 山西省教育厅. 山西高等学校发展纪实 [M]. 太原：山西教育印刷厂，2005.

[11] 陆映波. 阿拉伯高等教育发展任重道远 [M]. 北京：社会科学文献出版社，2014.

[12] 郝瑜，孙二军. 区域高等教育发展战略与政策保障 [M]. 北京：社会科学文献出版社，2014.

[13] 邹冬生. 中国高等教育发展新思路探索 [M]. 长沙：中南大学出版社，2008.

[14] 范文曜. 高等教育发展的治理政策 [M]. 北京：教育科学出版社，2010.

[15] 黄宇智，杨锐，吴二持. 中国高等教育发展宏观背景研究 [M]. 广州：广东高等教育出版社，1995.

[16] 李文成. 国外私立高等教育发展研究 [M]. 郑州：郑州大学出版社，2007.

[17] 卢晓中. 现代高等教育发展研究（中国高等教育学中青年学者论丛）[M]. 青岛：中国海洋大学出版社，2009.

[18] 孟明义. 高等教育发展战略简论 [M]. 北京：社会科学文献出版社，1987.

[19] 徐辉. 高等教育发展的新阶段：论大学与工业的关系 [M]. 杭州：杭州大学出版社，1990.

[20] 阎金童，唐德海，何茂勋. 高等教育发展战略研究 [M]. 桂林：广西师范大学出版社，2002.

[21] 吴松，沈紫金. WTO与中国高等教育发展 [M]. 北京：北京理工大学出版社，2002.

[22] 房剑森. 高等教育发展论 [M]. 桂林：广西师范大学出版社，2001.

[23] 王依然，谭丽丽. 高校工会推进大学与附属学校创新发展的实践与思考 [J]. 办公室业务，2023（6）：127—129.

[24] 胡晓丽. 高等教育管理信息化建设与创新路径研究：评《高等教育管理新论》[J]. 中国高校科技，2023（3）：1.

[25] 黄淑成，刘凯莉，王学兵，等. 高质量高等教育体系建设背景下农林高校产教融合创新发展路径探索 [J]. 高教学刊，2023，9（2）：37—40.

[26] 胡淑云. 数字劳动主导下的大学生劳动教育创新发展研究 [J]. 黑龙江教育：高教研究与评估，2023（5）：3.

[27] 孙小娟. 大学生创新能力培养的价值认知：评《高等教育管理与大学生创新能力培养研究》[J]. 科技管理研究，2023（1）：231.

[28] 马陆亭. 高等教育如何支撑创新型城市发展：深圳案例与国际视角 [J]. 国内高等教育教学研究动态，2023（3）：1.

[29] 余东升，郑小霞，袁东恒. 一流大学与组织创新：以美国高等教育的两次转型发展为例 [J]. 高教文摘，2023（1）：4.

[30] 王帅国. 学堂在线平台：以创新推动高等教育数字化升级 [J]. 中国高等教育，2023（2）：6.